高海拔内燃牵引铁路隧道运营通风技术研究

孙三祥　张云霞　著

中国铁道出版社

2015年·北　京

内 容 简 介

本书借鉴低海拔地区内燃牵引隧道运营已有成熟的经验，进行高海拔地区内燃牵引隧道运营通风设计参数、通风方案的研究，提出了高海拔内燃牵引隧道运营通风标准，进行了活塞风、隧道污染物模拟计算，为完善和提高内燃牵引条件下隧道运营通风的理论和实践水平奠定良好基础。

图书在版编目(CIP)数据

高海拔内燃牵引铁路隧道运营通风技术研究/孙三祥，张云霞著. —北京 ：中国铁道出版社，2015.4
ISBN 978-7-113-20021-3

Ⅰ. ①高… Ⅱ. ①孙… ②张 Ⅲ. ①高纬度地区—铁路隧道—隧道通风—研究 Ⅳ. ①U459.1

中国版本图书馆 CIP 数据核字(2015)第 039032 号

书　　名:高海拔内燃牵引铁路隧道运营通风技术研究
作　　者:孙三祥　张云霞

策　　划:曹艳芳
责任编辑:曹艳芳　　**编辑部电话:**010-51873017　　**电子邮箱:**chengcheng0322@163.com
封面设计:崔　欣
责任校对:孙　玫
责任印制:郭向伟

出版发行:中国铁道出版社(100054，北京市西城区右安门西街 8 号)
网　　址:http://www.tdpress.com
印　　刷:北京铭成印刷有限公司
版　　次:2015 年 4 月第 1 版　2015 年 4 月第 1 次印刷
开　　本:710 mm×1 000 mm　1/16　印张:12.5　字数:236 千
书　　号:ISBN 978-7-113-20021-3
定　　价:39.00 元

前 言

高海拔地区具有自然风速大，高温隧道热位差效应显著，内燃机车燃烧不完全，烟气排放浓度高等特点。借鉴低海拔地区内燃牵引隧道运营已有成熟的经验，进行高海拔地区内燃牵引隧道运营通风设计参数、通风方案的研究，将为完善和提高内燃牵引条件下隧道运营通风的理论和实践水平奠定良好基础。

该技术研究工作开始于2007年。基于对羊八井、关角、奎先等高海拔内燃牵引隧道内、外自然风速、风向、温度、湿度、大气压力以及列车通过时隧道内CO、NO_X、总固体颗粒物(TSP)、含氧量为期两天的监测，拉日线隧道隧址区大气温度、湿度、气压、自然风速、风向、含氧量为期三个月(4月～6月)的观测，确定了隧道内污染物扩散系数，参照相关文献，提出了高海拔内燃牵引隧道运营通风标准，进行了活塞风、隧道污染物模拟计算。分析了拉日铁路隧道2.0～4.0 km自然通风可行性，对隧道不同通风方案进行比较，提出了推荐方案。

为了与专业界同行共享研究成果，我们在《拉萨至日喀则铁路工程——高原区内燃牵引隧道通风技术研究报告》、《高岩温、高水温隧道施工热害防治及运营通风技术研究报告》的基础上，完成了此书。本书绪论，第一章二、三节，第二、四、八章由孙三祥编写；第一章一节，第三、六章由张云霞编写；第五、七章由余南阳、李炎、张云霞编写。全书由孙三祥统稿。

研究工作得到原铁道部科技开发计划项目(20070301)、中国铁建股份有限公司科技研究开发计划重点课题(2011-02A)的资助支持，中铁第一勘察设计院集团有限公司给予了大力支持，在此深表谢意。

本书引用了相关教材、著作及文章的相关内容，在此一并致谢。

真诚希望前辈、同行、读者对本书多提宝贵意见，以便纠正和改进。

作　者

2015年1月

目　录

绪　论

一、背　景

根据国内外长大隧道的工程实例和国内铁路隧道通风发展的技术现状，目前，对于内燃牵引的铁路隧道，从技术上解决低海拔地区长隧道的运营通风是可行的，要解决低海拔地区特长隧道的运营通风还有一定的困难。而且由于近年来电气化铁路的迅猛发展，内燃牵引的隧道运营通风问题未得到很好解决。

对于高海拔地区内燃牵引的长隧道以及特长隧道运营通风的研究仍处于起步阶段，已建成的内燃牵引的高原隧道基本以洞口帘幕式通风为主，在一定程度上解决了隧道内的污染问题。高海拔地区特殊的地理环境和气候条件对现有机车车辆的要求已超出相关现行技术标准范围，目前高海拔地区长隧道通风设计所建立的模型和计算模式是按内地平原地区考虑的，获得的数据并不符合高海拔地区。

青藏铁路使用的部分机车是美国制造的 NJ_2 型内燃机车，燃料采用柴油，格拉线客货两用 DF_{4B} 型内燃机车数量最多。拉萨至日喀则铁路线是青藏铁路的首条延伸线，共设 29 座隧道，拉日线平均海拔高程 3 800 m，该线路设计为内燃机车牵引，长度大于 3 km 的隧道有 10 座。其中，最长的隧道为 10.41 km，而目前国内最长的内燃牵引铁路隧道不超过 8 km，采用铁路隧道成熟的通风方式不能很好地解决该隧道的运营通风问题。

借鉴低海拔地区内燃牵引隧道运营已有较为成熟的经验，根据高海拔地区自然风速大，高温隧道热位差效应，内燃机车燃烧不完全，烟气浓度高等特殊性，进行高海拔地区内燃牵引隧道运营通风设计影响参数、通风方案研究，为通风方式的选择提供充分资料，为相关技术标准的制定提供可靠的依据，从而在理论和实践上完善和提高内燃牵引条件下隧道运营通风的应用水平。

2007 年 4 月～6 月，中铁第一勘察设计院集团有限公司委托兰州交通大学进行了拉萨至日喀则铁路工程隧道通风方案研究及环境背景值观测。先后对羊八井、关角、奎先隧道内外自然风速、风向、温度、湿度、大气压力以及每列火车通过后隧道内 CO、NO_X、总固体颗粒物（TSP）、含氧量分别进行了为期两天的监测，对拉日线长隧道隧址区大气温度、湿度、气压、自然风速、风向、含氧量等进行了为期三个月（4 月～6 月）的观测。在此工作基础上，会同西南交通大学进行了自然风影响下活塞风风速及活塞风长度的计算。分析研究了拉日铁路隧道长度 2～4 km 及 4～4.2 km 运营通风方式，6.5～10 km(及大于 10 km)隧道不同通风方案比较，提出了推荐方案，并确定了相关计算参数。

研究工作中，基于隧道施工通风观测资料，分析了热位压作用对隧道内自然风的影响、隧址区自然风对隧道内自然风的影响，确定拉日隧道自然风取值。建议隧道正式运营后进行隧道内外自然风风速、列车通过隧道时污染物时空分布特征监测。同时对大气温度、湿度、气压、含氧量进行观测。

二、国内外现状

1. 国内既有内燃牵引隧道通风效果

(1)奎先隧道

南疆线吐鲁番至库尔乐段的奎先隧道长 6 152 m，坡顶标高 2 984.9 m，两洞口高差 49.7 m。隧道内为人字坡，最大坡度为 13.5‰，采用东风 4 型内燃机车双机牵引，装配高原增压器，运营通风采用机械式洞口帘幕自控通风(现为纵向式射流通风)。在 1984 年 9 月由乌鲁木齐铁路局和铁一院共同主持对洞口机械帘幕和通风设备进行通风工况及劳卫测试：双机牵引车尾通过测点时，有害气体 NO_X 最高浓度为 92.8 mg/m^3，CO 为 87.5 mg/m^3，主机室在关闭车窗情况下，室内未测得 NO_X 和 CO，辅机室直接受主机排烟的污染，列车在上坡(13.5‰)时，逸入室内机车 NO_X 为 13.1～13.8 mg/m^3，CO 为 13.8 mg/m^3，列车尾部守车污染严重，因门窗密封性差，主辅机的烟气逸入守车内较多，NO_X 达到 30.4 mg/m^3。2002 年 7 月在奎先隧道发生人员中毒事故，其主要原因是列车在洞内持续低速运行，柴油机废气浓度过高，空气质量达不到机车工作要求，导致柴油机不能正常燃烧，不能保持机车规定的功率。2007 年 4 月兰州交通大学对奎先隧道机械通风效果监测结果表明，机械通风条件下，列车驶出隧道 11 min 后 NO_X、CO、TSP 浓度达标。

(2)老关角隧道、羊八井Ⅰ号隧道

老关角隧道全长 4 010 m，洞内最高处路肩设计高程为 3 690 m。洞身全部在直线上，隧道线路纵坡除进口 430 m 长度为 2‰上坡外，其余坡段沿出口方向为 4‰和 8‰的连续下坡，两端洞口高差 17.62 m。1987 年将喷嘴式通风改为洞口风幕式风道通风。通风系统由风道、通风风机、风幕系统和控制系统等部分组成，系统设在隧道的出口端。通风方式为上行列车车尾出洞后进行纵向吹入式机械通风。

羊八井Ⅰ号隧道全长 3 345 m，海拔 4 264 m，距拉萨 80 km，是青藏铁路线上唯一要安装通风系统的隧道。在设计中采用全纵向射流式通风。2007 年 3 月，两次对老关角隧道、羊八井Ⅰ号隧道运营通风现场监测，结果表明：在自然通风条件下，列车通过隧道后 15 min，NO_X、CO 浓度均可达标。

(3)分水关隧道

分水关隧道是横(峰)南(平)铁路穿越武夷山脉的长大越岭隧道,全长 7 252 m。隧道 1993 年开工建设,1996 年建成。近期内燃机车牵引,远期电气化。运营通风风道设于进口端线路前进方向左侧,风道长度 46 m。根据列车在洞内运行时速(上坡)22 km,允许通风时间 8.85 min 等要求,原设计采用洞口风道吹入式通风和射流通风相结合的方案。后来在运营实践中,发现近期安装 28 台射流风机进行射流纵向通风即可满足初、近期行车对数需要,故该隧道运营通风采用全射流通风方案,现场测试表明,通风效果可达到近期设计要求。

(4)彭莫山隧道

焦柳线牙屯堡——水团站之间彭莫山隧道全长 5 592 m,平面为直线,下行方向 0～971 m 为 1‰的上坡,971～5 528 m 和 5 528 m 至出口分别为 9‰和 8.3‰的连续下坡。隧道行车密度为 22～26 对/日,上行为内燃机车双机牵引,吨位数 2 061～3 500 t,隧道内通行速度 34～42 km/h。现为 2 台 95 kW 轴流风机和 10 台 15 kW 射流风机,一台 500 kV·A(10 kV/0.4 kV)变压器。采用提前通风方案:上行列车车尾入洞后 1 min,启动 10 台射流风机及 1 台轴流风机。正常通风方案为上行列车车尾入洞后 6 min,启动 10 台射流风机及 2 台轴流风机。

柳州铁路局环境监测站 2004 年监测结果表明:

①自然通风工况,上行方向为 8.3‰～9‰的连续上坡,双机牵引,车速低,有害气体超标。隧道内有害气体浓度、排出时间与上行机车牵引重量吨位数、车速成正比,即牵引重量越重,车速越慢,则隧道内有害气体浓度越高,通风效果就越差,有害气体排出所需的时间就越长。在自然通风工况下,隧道内通风效果差。

②提前通风工况,2 列上行货车通风达标时间为 11～15 min,CO 指标符合部标标准,但 15 min 加权平均浓度 NO_X指标超标,需增大机械通风风量,延长通风时间。

③ 正常通风工况,15 min 加权平均浓度 CO、NO_X均达标,最佳通风时间为 9～14 min。

4～6 月是南方雨季天气,气压低,空气潮湿,而且隧道内湿度大,这些因素也影响着隧道内有害气体的排出。测试期间,在自然通风工况下,有害气体从隧道口排出时间可长达 20～30 min。

(5)荒沟隧道、南山隧道

东北东部铁路通道白河至和龙线荒沟隧道和南山隧道,海拔为 831～854.19 m 和 749.84～821.72 m,坡度为 0.35%和 0.95%,正线数目为单线,限制坡度为 1.45%,隧道长分别为 6 610 m 和 7 566 m,内燃牵引,牵引质量近期 1 500 t,远期双机 3 000 t。

通风设计为上坡单方向进行通风控制,由帘幕(10 台 15 kW 射流风机)、4 台

132 kW通风机组成的三级控制(手动控制级别、PLC 自动控制级别和智能控制级别)的通风系统。荒沟隧道距进洞口 70 m 和 143 m 处有 53 m 和 107 m 长 2 个通风洞,通风洞断面 14.6 m^2;南山隧道距进洞口 70 m 和 140 m 处有 65 m 和 117 m 长 2 个通风洞,通风洞断面 14.6 m^2,每个通风洞内分别安装 2 台通风机。测试时,列车尾部进洞后 20 s 分别开启每个通风洞内的 1 台通风机。

吉林铁路疾病预防控制所于 2009 年 2 月 20 日～23 日对荒沟隧道和南山隧道通风装置排烟除尘效果进行了测试,结果表明:

荒沟隧道达到排烟除尘效果的最佳通风时间为 25 min,所测定的各项卫生学指标可降低到本底值或接近本底值;由于南山隧道坡度大、隧道长,达到排烟除尘效果的最佳通风时间为 33 min,所测定的各项卫生学指标可降低到本底值或接近本底值。

(6)江底坳等隧道

怀化铁路卫生防疫站于 1994 年 7 月对张家界至怀化南站区段 DF_4 型内燃机车双机牵引通过长隧道群时的劳动环境影响进行了实验研究。区段长短隧道 151 座,坡度 0.2‰～1.2‰。2 km 以上隧道 8 座,最长 4 338 m。隧道累计总长度 93.4 km。张家界机务段 DF_4 型内燃机车功率 1 950 kW,单机牵引吨位 1 500～1 600 t,双机牵引试验车 3 150 t。隧道内有害气体浓度较单机牵引增大 4 倍,且严重超标。双机牵引试验车室有害气体浓度大部分超标。江底坳等隧道内单机牵引列车通过后,有害气体浓度超标。如果该区间实施 DF_4 型内燃机车双机牵引扩能,建议逐步分期对上述几座主要长隧道采用机械通风。

(7)梨树沟隧道

2006 年,北京交通大学针对铁路内燃机车对北京密云县梨树沟隧道 NO_2 和 TSP 浓度的采样分析,其中 NO_2 浓度日平均值 0.11 mg/m^3(最大日平均值 0.13 mg/m^3,最小日平均值 0.10 mg/m^3),TSP 浓度日平均值 0.31 mg/m^3(最大日平均值 0.38 mg/m^3,最小日平均值 0.26 mg/m^3),均超过国家环境空气质量二级标准。而铁路内燃机车作为主要的污染排放源,对 NO 和 TSP 浓度的贡献不容忽视。同时,通过富集因子法对颗粒物中的元素组分分析也进一步证实,内燃机车的燃油排放又造成了 S、Zn 元素在所采集颗粒物中的明显富集。

2. 铁路隧道机械通风方式

根据现行的《铁路隧道运营通风设计规范》(TB 10068—2010)的有关规定,对于内燃机车牵引、长度在 2 km 以上的单线隧道宜设置机械通风。

迄今全国已完成运营通风设计的铁路隧道,其中大部分为无帘幕洞口风道式,而在一些长隧道中通过技术经济比选,采用了帘幕式洞口风道通风,其消耗的动力较少;在一定程度上解决了洞内的污染问题,但目前大部分被全纵向射流式通风代替。而竖井式和斜井式辅助坑道分段通风方式一般系结合施工使用的竖井和斜井用作风道，采用得较少，尤其是不采用机械通风而利用竖井加强自然通风的隧道，基本上是不成功的。

综合国外的经验来看，内燃牵引的长隧道通风问题已经有行之有效的解决方法，萨卡托喷嘴式通风是较早采用的机械通风形式，其结构简单。但对长大隧道由于该种通风方式风机动力消耗较大，实际效果也不甚理想，后即被辅助坑道分段式通风和自动监控的帘幕洞口风道式机械通风所代替。这些比较复杂的通风系统要求有完善可靠的通风监控系统才能保证通风系统安全和正常运营，同时帘幕也由新型的脆性材料制成，即使在通风监控系统失效的情况下，列车也可以直接穿帘幕而过。这些成熟的经验对我国的内燃牵引隧道运营通风设计有着很好的借鉴意义。目前我国内燃牵引的铁路隧道尚未有成功的采用竖井(斜井)分段式机械通风系统的实例。

进入 20 世纪 90 年代以来，随着国内射流通风机生产工艺的成熟及其控制技术的完善，射流通风方式愈来愈广泛地应用在铁路隧道中。采用射流通风可充分利用列车活塞风、易于实现双向通风、气流组织明确、风量控制容易且较准确。射流风机与常用的轴流风机相比，其构造、功率和所引起的土建工程等方面都有着独特的优点，无论是单独使用还是配合轴流风机使用，都取得了较理想的效果。对于长大隧道，由于风机台数多，管理维护有困难。但射流通风设计如何才能做到经济合理，值得研究和探讨。

2010 年，东北地区铁路白河至和龙段南山单线长大隧道内燃牵引通风方案中取消机械帘幕，改由风帘幕代替机械帘幕，解决以往影响行车安全的问题。根据计算，风帘幕压力值取 2～3 倍用射流风机的压力，在左右两侧布置，经喷嘴将风喷出形成风幕帘。射流风机风量可根据隧道断面积控制速度 3.5～5.0 m/s 确定，通过现场观察测试，使用效良好，满足使用要求。

分水关隧道分别作了有帘幕洞口风道吹入式(列车出洞关帘幕吹风、车尾进洞关帘幕提前吹风)通风方案，无帘幕洞口风道吹入式(列车车尾出洞开风机吹风、列车进洞顺列车提前吹风)通风方案以及射流纵向式全射流纵向通风、全射流提前通风、射流加洞口风道式通风方案。是对 7 km 以上长隧道(不设帘幕)运营通风的新尝试和探索，在我国尚属首次。运营实践表明近期安装 28 台射流风机采用全射流通风方案即可满足初、近期数需要。

在一些山区铁路中，受线路条件限制需要采用内燃机车双机牵引，而在一些长大隧道中，双机牵引的后续机车往往会吸入前方机车排出的废气，从而使内燃机车燃烧不充分，更主要的是造成机车内部过热，使机车功率下降甚至在隧道中出现停机现象。根据调查，在我国内燃牵引的长隧道中，双机牵引的列车在通过隧道约 4 km 后很容易发生这种现象，因此在长隧道运营通风设计时，必须将机车降热通风和排出废气一并考虑，而前馈式通风则是解决问题的有效方法。这是铁路隧道运营通风的一个新课题，有待于进一步的深入研究和设计实践。

1997年，卢传福提出了隧道运营通风“同步跟踪”的新概念，介绍了“同步跟踪射流通风”的隧道通风方式。提出了“进洞通风、风随车走、车出气除”的新观念和新的隧道通风方式。同年，铁道部第二勘察设计院的曾满元、张开鑫在电气化铁路隧道中提出了移动式运营通风的概念，但同时指出，对于牵引动力为蒸汽、内燃机车的铁路隧道，污染源主要为蒸汽及内燃机车排放的有害气体，隧道内空气污染较重，每通过一趟上坡列车都需要通风，通风的频率高，适合采用固定式运营通风系统。

20世纪中叶，欧洲各国的铁路网已基本形成，在铁路隧道通风方面并无多大发展。随着铁路运输量的增加，机车类型开始采用牵引力大的电力机车。

而在北美地区，由于牵引动力一度由电力改为内燃，曾对内燃机车牵引的隧道通风问题进行过一些研究。如美国 Hoosac 隧道(7 645 m)1946年由电力牵引改为内燃牵引时，研究了兼顾排除烟气与解决机车超热的通风方案，采用了洞口风道式机械通风，配置有自动遥控启闭的帘幕装置；加拿大内燃牵引的 Mount Macdonald 隧道(14.5 km)是北美地区最长的单线隧道，该隧道采用了复杂的竖井分段式通风系统，隧道进口和中部设置有通风帘幕，利用隧道中部的通风竖井，根据列车在隧道内的不同位置，通过通风监控系统综合控制帘幕的开闭和风机的运转，满足了机车降热和排除烟气的通风要求。与 Mount Macdonald 隧道相邻的 Mount Shaughnessy 隧道长约1.86 km，该隧道采用了20台射流风机来解决隧道内机车降热通风问题。

3. 相关技术问题研究

(1)列车活塞风

列车活塞风作为隧道通风的一个重要基础研究，还需要深入细致的研究成果且尚待完善，离达到实际应用仍有距离。1990年前，北京交通大学荣深涛教授领导的课题组对列车通过隧道的空气阻力进行了较多的研究。1996年，在新龙门隧道的通风计算中，西南交通大学赵海恒、冯炼等人采用了非恒定流理论，并对活塞风和污染物沿隧道浓度分布进行了数值模拟。2010年，于连广引入了宏观动量守恒定律，建立了一种新型非恒定流活塞风一维解析方程，修正了常规一维解析方程物理意义不明确的缺陷，解析方法具有较高的精度。

1999年，王韦等建立了高速列车在隧道中不同位置处行驶时，以及反映竖井和会车影响的非恒定流列车活塞风计算式。2006年，贺江波等运用不同位置处行驶时非恒定流活塞风计算公式，通过 MATLAB 软件数值求解活塞风速。

2010年李炎等从运动列车与隧道气流的功能转换出发，以列车作用段作为活塞风压源，利用流体力学的基本原理、基本方程和湍流半经验理论，提出了活塞风压力和速度的计算方法。以现场实车的隧道空气动力学试验资料为参照进行对比，活塞风速度的计算值与实测符合度较好，这表明以不可压缩定常流动为计算模型的活塞风简化计算方法可为活塞风的工程实际应用提供理论基础。

2013年史宪明采用一维非定常可压缩流动模型和特征线法，建立了列车通过高速铁路隧道时产生的活塞风的计算方法，并将该方法与国外学者模型试验数据及常规一维非定常不可压缩流动模型计算结果进行对比，证明其有较高的精度。得出对活塞风的影响程度从大到小分别为列车速度、阻塞比、列车长度和隧道长度。

(2)空气阻力计算

1999年，王韦等在经典的原朝茂公式基础上，对有竖井和会车工况下的高速列车的空气阻力进行了解析计算。

2010年史宪明等对单列列车通过无辅助坑道长大铁路隧道时的空气阻力计算方法进行探讨，建立基于非恒定流和车头车尾压差的空气阻力计算公式，在通过现场试验对此方法进行验证后进行大量工况的计算，分析得出影响隧道内列车空气阻力最主要的因素是列车速度，其次分别为阻塞比、隧道和列车长度。

2012年，史宪明提出了长大铁路隧道列车相向及同向运行时空气阻力的理论计算公式，并相应得出了空气阻力的一般规律。田峰等根据黏性流体力学的非稳定流理论，提出了在自然风速影响下列车相会以及减速相会时的活塞风速计算方法，认为列车活塞效应的影响因素主要有隧道净空尺寸、自然风速和阻塞比。李炎根据相对运动原理，采用一维不可压缩稳态流动模型导出车头绕流阻力系数的基本关系，认为车头压力损失系数体现列车自身的特性，车头绕流阻力系数体现隧道中列车的运行特性。

陈荣等利用计算流体动力学软件Star-CD，建立了列车通过隧道时的二维动网格模型，模拟在不同车速下，隧道内活塞风和压力场的动态变化规律，并比较不同外形和运行速度时列车所受到的空气阻力。模拟结果表明：列车通过隧道时的运行速度越大，产生的活塞风风速越大，相对压力越大，列车所受的空气阻力越大；列车通过隧道内某一测量点时，活塞风风速会发生突降，活塞风最大风速在列车尾流中形成；车头到达隧道入口时，最大压力突增，并很快达到最大值，随后逐渐减小；车尾到达隧道入口时，车尾最小压力突降；车身在隧道内时，车尾的最小压力波动较小；流线型列车所受的空气阻力约为钝形列车的0.5～0.7倍。

(3)隧道污染物扩散

隧道污染物扩散规律研究是国外近十年针对铁路隧道运营通风方面的研究主要内容之一。研究方法大多采用理论分析、数值模拟计算，实地测量较少。所采用的计算软件也各有不同，如AIRPAK、ANSYS CFX、FDS、FLUENT、OPENFOAM、COMOSAL、SES、STARCD等。采用的运营通风方式大部分考虑了消防应急疏散，在后来发展的通风系统研究中增加了静电除尘器的应用，用以过滤机车排放污染物。针对隧道内除尘和有机气体的净化方面，挪威、日本等国家研究工作起步较早，这些国家在多条运营隧道中采用了静电除尘器、二氧化碳净化器等废气净化设备。

20 世纪 60 年代，随着双线隧道和内燃牵引盛行，隧道内的防排烟问题和活塞风的应用开始得到进一步发展。日本的酒井恒美对北陆隧道(13 871 m，双线)进行了现场实地测量，通过实验数据分析，得出了隧道内以及司机室和车厢内有害气体的分布规律，并论述了污染物浓度对人体健康的影响。日本福地合一在 1978 年提出了隧道内的活塞风和污染物浓度计算的一维非恒定流方法。

W. K. Chow 对隧道内纵向通风时烟气特征进行了研究，并对香港地区隧道通风和火灾时污染物 CO、NO_X等的控制标准进行了分析。

J. Modic 利用数学模型计算了不同风速下隧道内 NO_X、CO 和烟尘的污染物浓度随空间分布规律，提出了自然通风和机械通风的分界线。

Robert Gehriga 等对列车穿过隧道时产生的烟尘、PM10、铁、锰、铜等物质尺寸、分布等规律进行了研究，A. D. Ferreira 采用风洞试验，对运煤货车通过隧道时产生的扬尘进行了实验研究。

1997 年，冯炼提出了按具有运动污染物一维非恒定流模型计算隧道内气流速度和污染物浓度分布的方法，并对新龙门隧道进行了数值模拟，阐述了内燃机产生的有害气体的危害及组成成分，并接牵引功率计算出排污量，分析了影响污染物浓度分布的各种因素。对列车在洞内交会地点、射流风机工作时间及风机的送风方向进行了综合比较，提出最有利工况和最佳通风方式。

2012 年，陈文艺根据大气扩散方程建立了铁路隧道内空气污染物浓度分布模式，采用有限体积法求解，结果表明内燃机车污染物排放源强和隧道内风速是影响铁路隧道内空气污染物浓度分布的关键因素，初始浓度和边界浓度的影响也较为显著，扩散系数的影响很小，在有风的情况下可以忽略。针对青藏铁路羊八井一号隧道进行模拟，结果表明隧道内 NO_X浓度最大值出现在机车车头所在的位置，最大浓度为 15.02 mg/m^3。

随着计算机的快速发展，研究人员对隧道通风的研究多专注于数值模拟方面，通过建立数学模型，可以对列车活塞风、隧道污染物扩散特性以及隧道机械通风系统进行研究。

三、研究内容

针对青藏铁路特殊气候条件内燃牵引机车通过隧道时的运营通风问题，研究工作主要包括以下几部分：

1)通过对国内外内燃牵引机车隧道内污染物浓度控制标准比较以及拉日线现场气候对污染物浓度的影响，提出高海拔隧道内燃牵引运营通风时隧道内空气的控制标准建议值。

2)通过对羊八井Ⅰ号隧道、老关角隧道和奎先隧道内有害气体现场监测,分析高原气候条件下隧道内污染物随时间和空间的迁移规律,通过求解污染物扩散方程,分析隧道内污染物扩散规律。

3)通过对拉日铁路隧址处现场环境背景值的实测,分析隧道内、外自然风速等环境背景值对隧道运营通风的影响,探讨高海拔隧道自然通风的界限。

4)利用ANSYS FLOTRAN中动网格生成技术,建立空气流动的控制方程,对单列车在隧道内恒速运行时产生的活塞风进行数值模拟,分析活塞风环隙流场分布特性,并对计算结果进行验证。

5)利用CFX中动网格生成技术,对单列车在隧道内加速、恒速、减速运行时的速度场、压力场进行分析验证。在此基础上进一步研究壁面热流及高海拔低气压对隧道内速度场、压力场及温度场的影响。

6)利用一维非恒定流软件,模拟隧道内气流速度和污染物浓度的时空分布,分析机械通风的隧道长度、利用辅助坑道进行分段式通风方案的可行性以及机械通风设备配置的合理性。利用商业CFD模拟软件(STAR-CD),建立竖井(斜井)送排式通风的三维模型,模拟不同短道长度,不同排风量、不同送、排风道与隧道轴线夹角等工况下隧道内速度场和压力场,模拟分析相邻两隧道洞口间污染物的相互影响。

7)进行了不同岩石温度情况下通风降温计算,得出了隧道内壁气温降至28 ℃,不同通风时间对应的需风量及功率,并提出了隧道运营期热湿环境控制相关建议。

8)进行高海拔、内燃牵引特长(长)隧道运营通风方案研究。

第一章　高海拔内燃牵引隧道运营通风环境影响因素及卫生标准

铁路隧道运营通风的目的是把隧道内有害气体浓度降到规定的标准以下，确保列车乘务人员、旅客和隧道作业人员身心健康，减少有害气体、湿度、高温等对隧道衬砌及有关设备的腐蚀和影响。目前高海拔地区部分铁路依旧采用内燃牵引，低气压、缺氧、大风等特殊的气候条件对隧道运营通风的影响，没有现行的相关技术标准可参考，因此，有必要对高海拔气候条件下隧道运营通风的环境影响因素及卫生标准进行分析。

内燃机车排出的烟气成分很复杂，在不同工况下工作，排出的烟气会有很大不同，主要是柴油在高温、高压下进行燃烧时产生各种成分的混合体。内燃机车烟气中主要有害成分有氮氧化物（NO_X）、一氧化碳（CO）、二氧化碳（CO_2）、二氧化硫（SO_2）、含氧碳氢化合物（如甲醛、乙醛）以及未燃烧充分的燃料微粒所形成的烟类等。空气中污染物的浓度一般用每立方米被污染的大气中含有多少毫克污染物（mg/m^3）表示。有时也用百万分体积浓度（ppm）计量。1 ppm 是指在常温常压下，1 m^3 被污染的空气中含有 10^{-6} m^3 有害气体，即按体积计的浓度为百万分之一。1 克分子（摩尔）气体在常温常压（25 ℃，760 毫米水银柱）下占有 24.45 L 的体积，因此 ppm 和 mg/m^3之间的单位换算关系为

$$1\ \text{ppm}=\frac{M}{24.45}\ \text{mg/m}^3 \tag{1.1}$$

式中　M——该气体的分子量。

第一节　有害气体及其危害

一、氮氧化物（NO_X）

氮氧化物包括多种化合物，如氧化亚氮（N_2O）、一氧化氮（NO）、二氧化氮（NO_2）、三氧化二氮（N_2O_3）、四氧化二氮（N_2O_4）和五氧化二氮（N_2O_5）等。除二氧化氮以外，其他氮氧化物均极不稳定，遇光、湿或热会变成二氧化氮及一氧化氮，一氧化氮又变为二氧化氮。因此，职业环境中接触的是几种气体混合物，常称为硝烟（气），

主要为一氧化氮和二氧化氮，并以二氧化氮为主。其中，一氧化氮(NO)为无色气体，分子量 30.01，熔点 −163.6 ℃，沸点 −151.5 ℃，蒸气压 101.31 kPa(−151.7 ℃)，溶于乙醇、二硫化碳，微溶于水和硫酸，水中溶解度 4.7%(20 ℃)，性质不稳定，在空气中易氧化成二氧化氮($2NO+O_2 \rightarrow 2NO_2$)。二氧化氮($NO_2$)在 21.1 ℃时为红棕色刺鼻气体，在 21.1 ℃以下时呈暗褐色液体，在 −11 ℃以下温度时为无色固体，加压液体为四氧化二氮，分子量 46.01，熔点 −11.2 ℃，沸点 21.2 ℃，蒸气压 101.31 kPa(21 ℃)，溶于碱、二硫化碳和氯仿，微溶于水，性质较稳定。

氮氧化物对上呼吸道的刺激作用较小，而易于侵入呼吸道深部细支气管和肺泡，对呼吸系统可引起多种多样的损伤作用，包括对呼吸道组织学损伤、肺免疫功能下降以及肺功能的改变等等。此外，氮氧化物还可对中枢神经系统、心血管系统等产生危害作用。

特别的对于职业接触中的主要氮氧化物二氧化氮，据有关资料介绍，当其在空气中的浓度达到 0.004%(19.5 mg/m^3)时，2～4 h 就会引起中毒；当浓度达到 0.006%(29.2 mg/m^3)时，会引起咳嗽、胸部发痛；当浓度达到 0.01%(48.7 mg/m^3)时，短时间内对呼吸器官就有很强烈刺激作用，咳嗽、呕吐、神经麻木；当浓度达到 0.025%(121.7 mg/m^3)时，可很快使人窒息死亡。

此外，同一氧化碳等有毒气体相比，二氧化氮更加危险，主要表现在二氧化氮中毒后有较强的潜伏期，初期没有感觉(经过 4～12 h，甚至 24 h 以后才发生中毒征兆)，即使在危险的浓度下，初期也只是感觉呼吸道受刺激，开始咳嗽吐黄痰，呼吸困难，但很快就会面临死亡。不同浓度二氧化氮对人体的影响见表 1.1。

表 1.1　二氧化氮对人体的影响

NO_2浓度		主要症状
(mg/m^3)	(ppm)	
10	5	闻到强烈臭味
20～51	10～25	对耳、鼻、喉有刺激
103	50	1 min 时引起呼吸不畅
164	80	3～5 min 时引起胸疼
>411	>200	瞬时暴露时，有生命危险或死亡

二、一氧化碳(CO)

一氧化碳为无色、无味、无刺激性的气体，分子量为 28，密度为 1.25 kg/m^3，熔点 −205 ℃，沸点 −191 ℃，在水中的溶解度很低，但易溶于氨水。一氧化碳性极毒，当经呼吸道进入肺泡，被吸入血液后，能与血红蛋白(Hemoglobin)结合成碳氧血红蛋白(COHb),使得一部分血红蛋白不是在肺中吸收氧气而是吸收 CO,从而降低了人体血液中的氧气和输氧能力,导致血液中的氧气浓度降低。血液输氧的减少会引起视力、听力下降,头痛,眩晕,动作迟钝,痉挛等症状。为了维持人体必要数量的氧气就必须增加心脏工作量。所以当 CO 浓度增加时,典型的症状就是血管痉挛。因此,一氧化碳也是环境空气中对人伤害较大的一种有毒气体。一氧化碳对人体的影响除与其浓度有关外,还与人体暴露在一氧化碳中的时间有关,一氧化碳的浓度与暴露时间的乘积称为一氧化碳的剂量。空气中不同剂量的一氧化碳对人体的影响见表 1.2。

表 1.2 一氧化碳对人体的影响

CO 剂量		主要症状
mg/(m^3 · h)	ppm · h	
<375	<300	无影响
<750	<600	多少有些异常感
<1 125	<900	头疼、呕吐
<1 500	<1 200	生命危险

三、二氧化碳(CO_2)

二氧化碳在通常状况下是一种无色、无味的气体,能溶于水,分子量为 44,密度为 1.94 kg/m^3,固态二氧化碳俗称干冰。

一般情况下,二氧化碳不能燃烧也不支持燃烧,更不具有爆炸性,但能与水反应生成碳酸。二氧化碳本身无毒,但当人吸入高浓度的二氧化碳时,会出现昏迷及脑缺氧情况,称为二氧化碳中毒。空气中不同浓度的二氧化碳对人体的影响见表 1.3。

表 1.3 二氧化碳对人体的影响

CO_2浓度		主要症状
(mg/m^3)	(ppm)	
10 804	5 500	在 6 h 暴露中无异常
19 643～39 286	10 000～20 000	引起不舒适
58 929～78 571	30 000～40 000	刺激呼吸中枢、呼吸增快、脉搏加速、血压上升、头晕
117 857	60 000	呼吸困难
137 500～196 429	70 000～100 000	数分钟内意识模糊、发绀、死亡

四、二氧化硫(SO_2)

二氧化硫别名亚硫酸酐，常温下为无色有刺激性气味的气体，分子量为 64，密度为 2.91 kg/m^3，密度比空气大，熔点 −75.5 ℃，沸点 −10 ℃，易液化，易溶于水。二氧化硫为非可燃性气体，不具有爆炸性，不助燃。二氧化硫具有酸性，可与空气中的其他物质反应，生成微小的亚硫酸盐和硫酸盐颗粒，这些颗粒被人体吸入后，将聚集于肺部，是呼吸系统症状和疾病、呼吸困难、过早死亡的一个原因。

二氧化硫与飘尘一起被吸入，飘尘气溶胶微粒可把二氧化硫带到肺部使毒性增加 3～4 倍。若飘尘表面吸附金属颗粒，在其催化作用下，使二氧化硫化为硫酸雾，其刺激作用比二氧化硫增强约 1 倍。长期工作在污染的环境中，由于二氧化硫和飘尘的联合作用，可促使肺泡纤维增生，如果增生范围波及广泛，形成纤维性病变，发展下去可使纤维断裂形成肺气肿。不同浓度的二氧化硫对人体影响见表 1.4。

表 1.4　二氧化硫对人体的影响

SO_2浓度		主要症状
(mg/m^3)	(ppm)	
0.86～2.86	0.3～1	可感到一种味道
8.6	3	易闻到臭味
17～34	6～12	对鼻、喉有刺激
57	20	刺激眼睛
143～286	50～100	可承受 30～60 min
1 143～1 429	400～500	有生命危险

五、含氧碳氢化合物

内燃机车排出的烟气中有未燃或部分未燃的碳氢化合物，它会以气体的形式与氮氧化物一起在阳光作用下发生光化学反应，产生光化学烟雾，引起呼吸道疾病和眼睛发炎。对植物、材料也有破坏作用，甚至影响可见度。而且一些高分子芳族碳氢化合物是致癌物质。

六、粉　　尘

粉尘即漂浮在空气中的所有微小颗粒。根据这些颗粒物的不同，粉尘种类有很多，如石英(主要含二氧化硅)粉尘、动植物性粉尘(棉花、棉织物、亚麻、毛和绒毛的粉尘)以及碳类粉尘等等。根据颗粒物的大小又将那些能够进入呼吸道的粉尘叫做呼吸性粉尘，呼吸性粉尘连同不能进入呼吸道的粉尘一起称为总粉尘。

粉尘对人体的危害主要表现为如下几个方面。

(1)对呼吸道黏膜的局部刺激作用

沉积于呼吸道内的颗粒物,产生诸如黏膜分泌机能亢进等保护性反应,继而引起一系列呼吸道炎症,严重时引起鼻黏膜糜烂,溃疡。

(2)中毒

颗粒物在环境中的迁移过程可能吸附和富集空气中的其他化学物质,或和其他颗粒物发生表面组分交换。表面的化学毒性物质主要是重金属和有机废物,在人体内直接被吸收产生中毒反应。

(3)变态反应

有机粉尘如棉、麻等及吸附着有机物的无机粉尘,引起支气管哮喘和鼻炎等。

(4)感染

在空气中长时间停留的粉尘,会携带多种病原菌,经吸入引起人体感染。

(5)致纤维化

长期吸入矽尘、石棉尘可引起进行性、弥漫性和纤维细胞和胶原纤维增生为主的肺间质纤维化,从而发生尘肺病,这是粉尘生产现场人员最容易发生的职业病之一。其中,粉尘在肺泡里的沉积量是发生尘肺病的首要条件。粉尘粒径越小、表面活性越大、所带电荷越多、越容易在肺泡内沉积。其次,粉尘中的游离二氧化硅(不与其他元素化合物结合在一起的二氧化硅)含量越高,发病时间越短,病变发展越快,危害越大。再次,作业场所中粉尘的浓度越高、有尘作业的劳动强度越大、接触粉尘的时间越长,粉尘的吸入量就越多,就越容易得尘肺病。

随着人们对粉尘危害认识的深入,世界各国开始制定和不断完善有关粉尘的卫生标准。在美国国家标准中呼吸性粉尘浓度标准与呼吸性石英标准的关系见表 1.5。

表 1.5 粉尘石英含量与呼吸性石英标准的关系

石英含量(%)	呼吸性粉尘浓度(mg/m³)	呼吸性石英浓度(mg/m³)
5	2	0.1
10	1	0.1
50	0.2	0.1
100	0.1	0.1

由表 1.5 可知,美国采用的呼吸性粉尘浓度标准虽然随着粉尘中石英含量的不同而有所不同,但其呼吸性石英标准且为一定值即 0.1 mg/m^3。

上述有害气体对人体的危害汇总见表 1.6。如果这些有害气体不及时排除,将会对列车乘务人员、旅客和隧道作业人员产生很大危害。

表 1.6　隧道内有害气体对人体的危害

有害气体	对人体的危害
NO_X	使人感到头痛脑昏，胸闷咳嗽，严重呼吸困难，昏迷
CO	CO 气体中毒，轻者恶心、呕吐，重者立即昏倒
SO_2	引起呼吸道疾病
含氧碳氢化合物	呼吸道感染，并有全身致毒
烟尘	污染空气，妨碍司机视线，影响行车安全

第二节　高海拔地区环境对隧道污染物的影响

一、内燃机车废气排放

内燃机车废气排放是影响铁路隧道运营通风的主要因素，运营通风的目的是将内燃机车排放的有害气体浓度降到规定的标准以下。而有害气体浓度的大小关系到通风方式的选择和通风量的大小。

拉日线设计机车机型为 NJ_2 型，NJ_2 型内燃机车排放标准见表 1.7，检测结果见表 1.8。为便于比较，将东风 4B 型内燃机车运行工况下的排放量列于表 1.9、表 1.10，该成果通过了原铁道部组织的专家评审，可作为制订标准和进行通风设计的依据，见铁科技机〔1996〕27 号文。机车柴油机标定工况污染物排放量及限制标准见表 1.11，与国标 TB/2783—97 和 UIC 的对比可以看出，国内外柴油机排放量已趋于一致。

内燃机车排出的烟气成分很复杂，是柴油在高温、高压下进行燃烧时产生各种成分的混合体，在不同工况下工作，排出的烟气会有很大不同。一般内燃机车烟气中主要有害成分有氮氧化物（NO_X），一氧化碳（CO），二氧化碳（CO_2），二氧化硫（SO_2），含氧碳氢化合物（如甲醛、乙醛）以及未燃烧充分的燃料微粒所形成的烟类等。这些污染物对人体有较大危害，其危害性见表 1.6。

表 1.7　NJ_2 型内燃机车排放标准

成　分	海拔 2 828 m，20 ℃	海拔 5 072 m，10 ℃
HC	0.75 g/(kW·h)	0.75 g/(kW·h)
CO	2.99 g/(kW·h)	2.99 g/(kW·h)
NO_X	15.64 g/(kW·h)	17.0 g/(kW·h)
微粒	0.61 g/(kW·h)	0.61 g/(kW·h)
烟度	25%不透明度	25%不透明度

注：试验时，按照 FRA49CFR92 标准进行测试。柴油机的润滑油和燃油应满足 M1-00102 的规定要求。表中数值为机车总排放量，包括柴油机、牵引机车、辅助电机等（不包括制动机车）设备排放量。

表 1.8　NJ2 型内燃机车排放指标检测值

	HC g/(kW·h)	CO g/(kW·h)	NO_X g/(kW·h)	微粒 g/(kW·h)	烟度（不透明度）%
	限值/实测值	限值/实测值	限值/实测值	限值/实测值	限值
海拔 2 828 m、20 ℃	0.75/0.39	2.99/1.31	15.64/12.97	0.61/0.61	25
海拔 5 072 m、10 ℃	0.75/0.31	2.99/1.52	17.0/14.38	0.61/0.61	25

表 1.9　大连厂东风 4B 型（造）16V240ZJB 柴油机运行工况测得的排放值（1993.9）

序号	转速 (r/min)	功率 (kW)	燃油耗量 (kg/h)	烟度 (Rb)	比排放量(g/(kW·h))				排放指数(g/kg 燃料)			
					CO	NO_X	SO_2	颗粒物	CO	NO_X	SO_2	颗粒物
1	430	0	14.5	0.5					0.34	1.12	0.79	27.9
2	430	147	40.6	0.7	0.07	0.30	0.08	1.15	0.26	1.09	0.30	4.17
3	580	404	5.2	0.9	0.11	0.27	0.11	0.54	0.48	1.14	0.47	2.31
4	735	882	204.8	1.1	0.40	1.31	0.11	0.35	1.71	5.63	0.49	1.50
5	890	1 654	343.7	0.9	1.40	6.52	0.13	0.26	6.50	31.39	0.63	1.23
6	1 000	2 426	503.2	0.6	1.05	10.26	0.17	0.64	5.08	49.45	0.81	3.09

表 1.10　戚墅偃厂东风 4B 型（修）16V240ZJB 柴油机运行工况测得的排放值（1993.11）

序号	转速 (r/min)	功率 (kW)	燃油耗量 (kg/h)	烟度 (Rb)	比排放量(g/(kW·h))				排放指数(g/kg 燃料)			
					CO	NO_X	SO_2	颗粒物	CO	NO_X	SO_2	颗粒物
1	430	0	22.0	0.5					27.2	1.49		
2	430	147	49.3	0.7	1.24	0.60	0.33	0.69	3.71	1.79	1.55	4.23
3	580	404	112.2	0.9	0.49	0.67	0.19	0.30	1.77	2.42	1.00	2.05
4	735	882	224.8	*2.0	2.20	1.64	0.17	0.14	8.62	6.43	0.67	1.08
5	890	1 654	359.7	*2.1	2.29	8.12	0.29	0.11	10.52	37.33	1.32	0.56
6	1 000	2 426	521.7	*1.7	2.03	11.28	0.36	0.14	9.46	52.43	1.70	0.51

注：* 超过部标规定限度。

表 1.11　机车柴油机标定工况污染物排放量及限制标准

柴油机型号	转速 (r/min)	功率 (kW)	烟度 (Rb)	比排放量[g/(kW·h)]			
				CO	NO_X	SO_2	颗粒物
16V240ZJB	1 000	2 426	0.6	1.05	10.26	0.17	0.64
16V240ZJB(修)	1 000	2 426	1.7	2.03	11.28	0.36	0.14

续上表

柴油机型号	转速(r/min)	功率(kW)	烟度(Rb)	比排放量[g/(kW·h)]			
				CO	NO_X	SO_2	颗粒物
16V280ZJA	1 000	3 874	1.1	1.57	13.23	0.55	0.34
12V240ZJ6	1 000	1 620	0.6	1.30	7.89	0.76	0.29
UIC在97年后执行标准				3	12		0.8
TB/T 2783—97				4	16		1.6

注：本表摘自铁科技机〔1996〕27号文件。UIC为国际铁路联盟。TB/T 2783—97铁路牵引用柴油机排放污染物限制标准。

根据《铁路隧道运营通风设计规范》(TB 10068—2010)，内燃机车牵引的运营隧道内空气卫生标准应满足下列要求：列车通过隧道后15 min以内，空气中CO浓度小于30 mg/m^3，NO_X浓度应小于10 mg/m^3。由于NO_X难以准确直接检测，因此，规范规定在测定NO_X浓度时，采用真空采样Saltzman法，使NO_X全部转化成NO_2，得到NO_X浓度，即得到内燃机废气中主要污染物指标NO_X的浓度。

实践表明，当采用通风方法使隧道内NO_X的浓度达到卫生标准时，CO的浓度自然满足卫生标准的要求，所以隧道通风设计应以NO_X浓度达标为设计依据。由于有害气体对人体的危害既与气体浓度有关，也与接触时间有关。而该标准只限制了容许浓度，而未限制容许浓度下持续接触的时间，没有反映列车通过隧道后，隧道内维修、养护人员接触有害气体的持续时间与浓度大小的关系。故对隧道内有害气体的防治缺乏指导作用。

二、高原恶劣的自然环境增加了许多职业病的危害因素

例如，高原低氧环境会导致发生职业性高原病，发生尘肺病的几率升高；高原低氧环境与毒物的联合作用易导致人体对有毒物质敏感性增强、耐受力降低，易发生职业中毒；高原低氧环境易发生高温、噪声、振动、电离辐射等其他职业危害。列车在该特殊的高原环境中运营时，相对于平原地区而言，隧道内有害气体的危害程度被扩大，目前没有适合于这种特殊地理环境和气候条件的相关规范和标准。无论对机车污染物的排放、对旅客列车的室内环境品质、对隧道检修人员的身体健康的影响，都是值得探讨的问题。

(1)低气压、缺氧

根据中国科学院大气物理研究所多年研究成果，含氧量随着海拔高度的增加迅速减小，在海拔3 000 m高度上，含氧量只有海平面的73%。在海拔4 000 m高度上，含氧量只有海平面的66%，具体数值参见表1.12。

表 1.12　海拔高度与含氧量的关系

海拔高度(km)	0	1	2	3	4	5	6	7	8
含氧量(10^{-3})	26.2	23.3	21.0	19.1	17.2	15.5	13.8	12.4	11.1

(2)平均气温低

青藏高原年平均气温均在 0 ℃以下，极端高温可达 25 ℃～26 ℃，极端低温可达 −45 ℃～−36 ℃。海拔 4 500 m 以上区域夏季最大温差达 22 ℃。

(3)风速大

在青藏高原，随着海拔高度的增加，地面风速日较差也迅速增大，日风速较差从海拔 3 500～5 000 m 大约增加 4～5 倍，即下午的风速为上午风速的 4～5 倍，不同海拔高度日风速较差见表 1.13。

表 1.13　不同海拔高度日风速较差

站名	绒布寺	定日	拉萨
海拔高度(m)	4 950	4 300	3 670
日风速较差(m/s)	5.8	4.5	1.3

三、高海拔地区气候对隧道内污染物浓度的影响主要有以下三方面

(1)污染物浓度增大造成的负面影响

一方面，污染物浓度在低压环境下会增大，有研究显示，在高原低压环境下，多种污染物受其影响，当大气压由标准大气压降至 74 981 Pa(0.74 atm)时，物理性来源的 CO 含量增加。NO 和 NO_2初始浓度增加了近 10 倍。另一方面，低压缺氧气候导致内燃机效率下降，牵引力降低，燃料的不充分燃烧导致废气污染加重。原铁道部产品质量监督检验中心机车车辆检验站作为 NJ_2 型内燃机车综合性能验收试验的承担单位与上海沪江柴油机排放检测科技有限公司共同合作，于 2006 年 8 月分别在格尔木(海拔 2 828 m)和唐古拉山(海拔 5 072 m)对 NJ_2 型内燃机车进行了排放测量，实测值均低于合同限值，结果见表 1.14。因此，高原气候中的低压缺氧环境对污染物的产生非常不利，但这种影响在选定机车时已经解决。

表 1.14　排放指标检测值

地　点	HC	CO	NO_X	微粒	烟度
	g/(hp・h)	g/(hp・h)	g/(hp・h)	g/(hp・h)	(不透明度)(%)
	限值/实测值	限值/实测值	限值/实测值	限值/实测值	限值/实测值
格尔木(20 ℃)	0.55/0.29	2.2/0.96	11.5/9.54	0.45/0.45	25
唐古拉山(10 ℃)	0.55/0.23	2.2/1.12	12.5/10.57	0.45/0.45	25

(2)污染物危害程度扩大产生的负面影响

实践证明,绝大多数人在青藏高原环境下会出现不同程度的高原反应,比如:头痛、乏力、嗜睡、气短等,有些人还会出现嘴唇发紫、精神亢奋等。高原反应使得人体抵抗污染物能力的阈值降低,所谓的阈值是指人体对某些毒物具有一定的自我清除能力或在某一浓度下污染物产生的毒害作用可以忽略。人体吸收污染物剂量计算公式为:

$$D=CVt \tag{1.2}$$

式中 D——人体吸入污染物的量,mg;

C——污染物的浓度,mg/m^3;

V——呼吸速率,m^3/h,随年龄、活动方式、所处环境不同而有差异;

t——暴露时间,h。

根据原铁道部劳动卫生研究所推荐的工人短时间内一次接触平均浓度在30 mg/m^3以内的 NO_X 不超过 30 min,不致发生急性影响进行计算。可知在 $C=30\ mg/m^3$,$t=30$ min 条件下,人体吸收污染物的剂量与呼吸速率成正比。正常成人呼吸频率约 16~18 次/ min。而在 4 800 m 的高原环境下移居者的男性呼吸频率为23.63 次/ min。高原环境下人的呼吸频率约为平原环境的 1.3~1.5 倍,说明在相同时间、相同污染物浓度下进行工作,高原环境下人体吸入的污染物剂量约是平原环境的 1.3~1.5 倍,污染物的危害程度被扩大。因此,青藏高原高海拔气候对人体抵抗污染物毒害产生不利影响比平原地区扩大了 1.3~1.5 倍。

(3)隧道外自然风有利于污染物扩散

常年大风是高海拔地区气候的主要特点,隧道所在山区的风向风速又往往受地形的影响,与平原地区有着很大的差别,峡谷自然风对污染物扩散有着重要的正面影响。隧道内运营通风采用自然通风,就是不用风机等设备,完全依靠列车的活塞风与自然风共同作用,将污染空气排出隧道。当活塞风与自然风方向相同时,自然风有推助力作用,净化空气较快;当两者方向不同时,自然风对活塞风作用有消减影响,使得净化空气时间增长,但当列车通过隧道后,反向自然风就会将污染物反推出隧道,同样能起到净化空气的作用。

根据陈定梅等对泽当、贡嘎、琼结三个气象站建站以来的地面气象数据进行分析,雅江中游河谷地区每年都会有大风天气出现,全年最多大风日数达 172 d。以日喀则为例,全年大风日数 59.5 d,冬半年占全年的 83.7%;全年≥5.0 m/s 起沙风历时 754.2 h,冬半年占全年的 90.4%。并且午后出现峡谷风的频率很高。历年最大风速可达到 25 m/s(泽当 1995 年 1 月 17 日),20 世纪 90 年代至今(除 1995 年外),均小于 15 m/s,平均风速为 2.8 m/s。日风速较差从海拔 3 500~5 000 m 大约增加4~5倍,即下午的风速为上午风速的 4~5 倍。

不管隧道内的自然风风向为正向还是反向，当列车出隧道后，在下趟列车进入隧道前，较大的风速能将污染物较快推移出隧道。因此，高原气候下的大风环境对污染物的扩散产生有利影响。

第三节　高海拔内燃牵引隧道运营通风标准

国内现行隧道运营通风相关规范中有关有害气体允许浓度的规定针对低海拔地区，未针对在高海拔地区（海拔>3 000 m），国内其他行业相关规范（标准）规定的某些有害气体最高容许浓度比国外标准要求高。因此，有必要根据低海拔的隧道通风标准和已建成的高海拔隧道的运营通风情况，考虑高海拔地区自然风速大、隧道局部地段岩温较高、缺氧造成燃烧不完全，内燃机车有害气体排放浓度大等特点，制定高海拔隧道运营通风标准。

一、《铁路隧道运营通风设计规范》(TB 10068—2010)卫生标准的制订依据

该规范 NO_X（换算成 NO_2）浓度的卫生标准是根据《铁路运营隧道空气中机车废气容许浓度和测试方法》(TB/T 1912—2005)制订的。其他指标的制订依据《矿山安全条例》第六节第五十一条：在工人作业地点的空气中，有害物质的容许浓度不得超过《工业企业设计卫生标准》(GBZ 1—2002)的规定。而《工业企业设计卫生标准》第 5.1.3条规定：工作场所有害物质浓度达到《工作场所有害因素职业接触限值》(GBZ 2—2002)要求（表 1.15），《工作场所有害因素职业接触限值》(GBZ 2—2002)限定了高海拔工作场所 CO 气体最高容许浓度(MAC)。

表 1.15　工作场所空气中有毒物质容许浓度

中文名	最高容许浓度 (mg/m^3)	时间加权平均容许浓度 (mg/m^3)	* 短时间接触容许浓度 (mg/m^3)
二氧化氮(NO_2)	—	5	10
一氧化氮(NO)	—	15	30 *
一氧化碳(CO) 非高原 高　原	—	20	30
海拔 2 000～3 000 m	20	—	—
海拔>3 000 m	15	—	—

注：* 指时间加权平均容许浓度的接触上限值。

《工作场所有害因素职业接触限值》规范性附录正确使用说明指出：工作场所中有毒物质的浓度必须控制在最高容许浓度以下，不容许超过此限值。工作时间不足 8 h 者，仍以 8 h 计。对浓度变化较大的工作地点，进行监测评价（一般采集接触 15 min的空气样品；接触时间短于 15 min 时，以 15 min 的时间加权平均浓度计算）。

杨磊，易桂林指出：短时间接触是指接触每次不得超过 15 min，每天不超过 4 次，两次接触的间隔至少 60 min。2002 年，全国卫生标准技术委员会、劳动卫生标准专业委员会将《工业企业设计卫生标准》（TJ 36—79）修订为两个强制性标准，即《工业企业设计卫生标准》（GBZ 1—2002）和《工作场所有害因素职业接触限值》（GBZ 2—2002）。对非高原地区，放弃了最高容许浓度（MAC）指标，采用时间加权平均容许浓度、短时间接触容许浓度和最高容许浓度等指标。2007 年又将《工作场所有害因素职业接触限值》（GBZ 2—2002）分为《工作场所有害因素职业接触限值—化学有害因素》（GBZ 2.1）和《工作场所有害因素职业接触限值—物理因素》（GBZ 2.2）。现行的行业标准除《金属非金属矿山安全规程》（GB 16423—2006）外，均与现行国家标准一致。这说明修改行业卫生标准受到国内、国外不同标准的影响。

实践表明，当通风措施使隧道内 NO_X浓度达到卫生标准时，CO 的浓度自然满足卫生标准。

分析原铁道部标准《铁路运营隧道空气中机车废气容许浓度和测试方法》（TB/T 1912—2005）和《铁路隧道运营通风设计规范》（TB 10068—2010）可知，即使每次列车出洞后，隧道内 CO 和 NO_X的浓度都在 15 min 内由高峰浓度降至规定限值以下，也无法保证隧道内 CO 和 NO_X的日平均浓度和 15 min 加权平均浓度一定满足《铁路运营隧道空气中机车废气容许浓度和测试方法》（TB/T 1912—2005）的规定（表 1.16），因此也就无法保证隧道养护工人的身体健康。

表 1.16 铁路运营隧道空气中内燃牵引机车废气容许浓度

监测标准	容许浓度（mg/m^3）		
NO_X（以 NO_2计）	日平均	15 min 加权	机械通风停止时
	10	20	10
CO	30	100	30

原铁道部劳动卫生研究所工业毒物研究室在《关于运营隧道内空气中内燃机车废气容许浓度的建议》中提出：根据铁路运营隧道内工人在隧道内间断和波动性接触有害废气的特点，建议采用工作日平均浓度作为隧道内废气的卫生学标准，只要废气不超过工作日平均浓度，可容许接触短暂的高峰浓度，但要控制高峰持续时间和连续多次高峰的出现。从战备需要出发，提出一次通车 30 min 的容许浓度，以防急性中

毒事故的发生。

对长隧道和运输较繁忙的隧道，达到 15 min 加权允许浓度未必达到日平均浓度。影响养路工身体健康的有害浓度应该是日平均浓度。长期以来，国内在铁路隧道、公路隧道、煤矿、冶金、矿山等相关劳动卫生安全规范中所采用的是最高容许浓度，要求工作地点有害气体一个工作日内任何时间均不得超过的规定的浓度。这与《工业企业设计卫生标准》(TJ 36—79)的规定是一致的。然而，当今某些发达国家的卫生标准制订速度快、数量多，我国的劳动卫生标准数量较少，且规定的劳动卫生标准大多数偏严(表 1. 17 和表 1. 18)。

二、NO_2气体最高容许浓度

1. NO_2浓度职业接触限值(表 1. 17)

表 1. 17　部分国家 NO_2浓度职业接触限值对比表

有害气体	职业接触限值种类	职业接触限值			
		中国	美国	德国	日本
NO_2	8 h 平均浓度(mg/m^3)	5	—	—	—
	短时间平均浓度(mg/m^3)	10	—	9	—
	上限值(mg/m^3)	—	9	—	—

由表 1. 17 可知，我国对 8 h 平均 NO_2浓度规定较严格，美国、日本、德国等国未规定 NO_2 的 8 h 平均浓度，只规定了短时间平均浓度及上限值标准。

2. NO_2对健康安全的影响

NO_2浓度为 53. 4 mg/m^{3}时鼻腔和呼吸道黏膜出现明显的刺激反应，可引起咳嗽及喉头、胸部的烧灼感，在 411～617 mg/m^{3}下暴露 30～60 min，可导致呼吸道阻塞，出现呼吸困难、紫绀等症状，甚至因窒息死亡。

按照 NO_2毒理性研究成果分析及国内外标准，即使在高原地区，NO_2浓度为 5～8 mg/m^{3}也能满足人体生理卫生健康的要求。因为氮氧化物气体除了 NO_2外，还有 NO 和 N_2O_3等，这些氮氧化物气体混合后，对人体的影响就没有纯 NO_2影响大。当然，只有对 NO_2严格规定，才能保证施工管理人员和作业人员的健康。

三、CO 气体最高允许浓度

1. 国内外 CO 职业接触限值(表 1. 18)

表 1. 19 为国内铁路、公路隧道施工规范(简称“隧规”)中的规定与其他国家、地区及国际类似标准的对比。由表 1. 19 看出，各国制定的 CO 容许浓度有所不同，尚

无统一标准。在低海拔地区，我国 CO 最高容许浓度比国外严格。

表 1.18　CO 气体职业接触限值国内外对比表

有害气体	职业接触限值种类	职业接触限值			
		中国	美国	德国	日本
CO	8 h 平均浓度(mg/m^3)	20	55	33	57
	短时间平均浓度(mg/m^3)	30	—	66(30 min)	86
	上限值(mg/m^3)	—	—	—	—

表 1.19　不同国家和地区规范对 CO 最高容许浓度规定的比较

国别或标准	CO 最高容许浓度
铁路、公路隧道施工规范(简称“隧规”)	$\leqslant$30 mg/m^3
日本山岭隧道施工技术规范	控制值:100 ppm;设计通风值:50 ppm
前德意志民主共和国	55 mg/m^3
前德意志联邦共和国	110 mg/m^3
国际化学品安全卡	美国 25 ppm/德国 30 ppm
中国台湾地区管理标准	$\leqslant$50 ppm
前苏联(卫生基准 245-63)	20 mg/m^3
美国(1963 年)	110 mg/m^3
捷克斯洛伐克	30 mg/m^3(平均 150 mg/m^3一次最高限)
南斯拉夫	58 mg/m^3
意大利	55 mg/m^3

2. 国外对 CO 最高容许浓度规定

此外，美国国家科学研究理事会毒理委员会就曾向美国海军推荐应急标准：在 CO 浓度为 200 ppm、400 ppm、800 ppm、1 500 ppm 时，可暴露时间分别为 24 h，60 min，30 min，10 min。在该标准范围内，可能使机体不适，但易于恢复，但此种浓度不应反复暴露。前苏联规定 CO 容许浓度工作时间不超过 1 h 为 50 mg/m^3；30 min 以内为 100 mg/m^3；15 min 为 200 mg/m^3。我国 1963 年制定的 CO 容许浓度为 30 mg/m^3；1 h 以内 CO 最高容许浓度为 50 mg/m^3；30 min 为 100 mg/m^3；15 min 为 200 mg/m^3；5 min 为 600 mg/m^3。

3. CO 对健康安全的影响

研究表明，当人体暴露于 100 ppmCO 浓度环境中，2.5 h 以内无任何影响；暴露于 80 ppm CO 浓度环境中，16 h 才会出现较轻恶心、头晕症状，若 CO 浓度降至 50 ppm后，人体的不适感也会随之减轻或消失。而作业人员在隧道中工作时间为小于8 h。可以认为 80 ppm 满足作业卫生健康要求。

四、粉尘容许浓度

前苏联 1971 年公布的《工业企业设计卫生标准》(CH-245-71)中有关粉尘的相关规定见表 1.20。

表 1.20　前苏联有关粉尘最高容许浓度的规定(mg/m^3)

类别	物质名称	最高容许浓度
含有二氧化硅的粉尘	(1)含有 70%以上结晶型二氧化硅的粉尘:石英、方石英、鳞石英的粉尘(石英岩、矽砖等)	1
	(2)含有 70%以上无定型二氧化硅的凝聚气溶胶(硅和硅铁合金生产时的升华物,气溶胶 175 和气溶胶 300 等)	1
	(3)无定型二氧化硅并混有氧化锰的凝聚气溶胶(当其含量均大于 10%时)	1
	(4)含有 10%～70%结晶型二氧化硅的粉尘(花岗岩、黏土砖、耐火黏土,云母原料、煤岩粉尘等)	2
	(5)含有 2%～10%结晶型二氧化硅的粉尘(油页岩,硫化铜矿、煤岩和煤尘、黏土等)	4
植物性和动物性粉尘	(1)混有 10%以上二氧化硅的粉尘(壳粒、树皮,棉花,棉织物、亚麻、毛和绒毛的粉尘)	2
	(2)混有 2%～10%二氧化硅的粉尘	4
	(3)混有 2%以下二氧化硅的粉尘(面粉、棉织品、木质粉尘)	6
碳类粉尘	(1)焦碳——石油的、沥青的、岩页的、电极的	6
	(2)金刚石——天然的和人工的	8
	(3)二氧化硅含量在 2%以下的煤尘	10

我国标准《工作场所有害因素职业接触限值》(GBZ 2—2002)对工作场所中的各种粉尘均制定了较为详尽的规定，涉及面非常广泛，其具体规定见表 1.21。

表 1.21　《工作场所有害因素职业接触限值》标准有关粉尘的部分规定(mg/m^3)

序号	中　文　名		日均浓度	15 min 加权浓度
1	白云石粉尘	总尘	8	10
		呼尘	4	8
2	大理石粉尘(1317-65-3)	总尘	8	10
		呼尘	4	8

续上表

序号	中 文 名		日均浓度	15 min 加权浓度
3	硅灰石粉尘(13983-17-0)	总尘	5	
4	滑石粉尘(游离 SQ 含量<10%)(14807-96-6)	总尘	3	
		呼尘	1	
5	活性炭粉尘(64365-11-3)	总尘	5	
6	煤尘(游离 SQ 含量<10%)	总尘	4	
		呼尘	2.5	
7	皮毛粉尘	总尘	8	
8	砂轮磨尘	总尘	8	
9	石膏粉尘(10101-41-4)	总尘	8	
		呼尘	4	
10	石灰石粉尘(1317-65-3)	总尘	8	
		呼尘	4	
11	石棉纤维及含有 10%以上石棉的粉尘(1332-21-4)	总尘	0.8	
		纤维	0.8 f/ml	
12	水泥粉尘(游离 SiO_2 含量<10%)	总尘	4	
		呼尘	1.5	
13	碳化硅粉尘(409-21-2)	总尘	8	
		呼尘	4	
14	其他粉尘 *		8	

注:*“其他粉尘”指不含有石棉且游离 SiO_2 含量低于 10%不含有毒物质,尚未制订专项卫生标准的粉尘。

日本产业卫生协会 1972 年公布的对车间环境空气中的粉尘容许浓度的相关规定见表 1.22。

表 1.22 日本尘肺性粉尘容许浓度(mg/m^3)

类别	物质名称	容许浓度
第一种粉尘	含有 30%以上游离二氧化硅的粉尘,滑石,腊石,铝,氧化铝,硅藻土,黄铁矿,石棉	2
第二种粉尘	游离二氧化硅含量低于 30%的矿物性粉尘,氧化铁,石墨,碳黑,活性炭,煤	5
第三种粉尘	其他粉尘	10

目前,我国《铁路隧道设计规范》当中规定:含有 10%以下游离二氧化硅的粉尘

浓度应小于 10 mg/m³。这一规定源于原铁道部发布的《铁路隧道运营通风设计规范》(TB 10068)。查阅其他相关资料还可知,对于含有 10%以上游离二氧化硅的粉尘浓度规定为应小于 2 mg/m³。由此可见,铁路运营隧道所要防范的粉尘主要是石英粉尘,这也是符合实际情况的。但铁路运输货物多种多样,运营隧道内的粉尘除了石英粉尘以外,仍会有其他如动植物性粉尘造成人体的损害。明显的例子是大遥山隧道,过往列车运输牲畜所遗留在隧道当中的动植物性粉尘是造成大遥山隧道粉尘污染的一个重要组成部分。因此,对于铁路运营隧道空气中粉尘的有关标准不能只规定石英粉尘,对动植物性粉尘也进行相应的规定是有必要的。此外,现有规定中没有明确指出所规定的浓度值是 15 min 加权平均浓度还是最高容许浓度,这也需要进行确认。

五、公路隧道有害气体的极限容许浓度

1. 国外

1989 年,美国国家环境保护局对高海拔公路隧道采用的 CO 容许浓度做了补充。海拔高度大于 1 500 m 的公路隧道 CO 浓度限值列于表 1.23。新标准同时强调,在隧道内行驶时间超过 15 min 或由于紧急事故,必须采取其他降低空气污染的措施。

表 1.23 美国高海拔公路隧道 CO 浓度设计限值

暴露时间(min)	CO 浓度设计限值(mg/m³)	
	海拔高度 1 500～3 660 m	海拔高度>3 660 m
15	156	175
30	81	87
45	56	62
60	44	44

与美国类似,世界道路协会(PIARC)对公路隧道内污染物浓度限值的要求也经历了随时间不断严格的过程。1971 年,PIARC 推荐公路山岭隧道 CO 容许浓度为:

正常状态:150 ppm;阻塞状态:250 ppm(15 min)。

1991 年,PIARC 推荐在公路隧道设计中采用标准为:

正常状态:100～150 ppm(125～187 mg/m³);阻塞状态:150～200 ppm(187～250 mg/m³)。

同时指出,当隧道海拔高度超过 1 500 m,必须对 CO 浓度限值进行修正。

2. 国内

1985 年交通部颁布《公路养护技术规范》(JTJ 073—85)，第 6.6.1 条款规定，公路隧道内 CO 浓度标准(在养护条件下)为 100 ppm。采用 100 ppm CO 浓度限值设计的较长公路隧道有深圳梧桐山隧道(2 257 m)和上海隧道(2 761 m)等。当时 CO 浓度设计限值已与发达国家标准接近。1990 年，《公路隧道设计规范》(JTJ 026—90)规定，在公路隧道正常营运时，CO 浓度限值为 150 ppm，而发生事故时，短时间(15 min)内 CO 浓度限值为 250 ppm。1999 年编制的《公路隧道通风照明设计规范》(JTJ 026.1—1999)中提出的公路隧道内 CO 浓度的限值见表 1.24。根据该规范条文解释，CO 设计浓度限值与瑞士相关的隧道设计规范一致。

表 1.24　《公路隧道通风照明设计规范》(JTJ 026.1—1999)CO 浓度的限值

类　型		隧道长度(m)		车速
隧道类型(正常行驶)	全横向、半横向通风	≤1 000	≥3 000	
		250	200	设计车速
	纵向通风	250+50	200+50	
交通阻滞		300 ppm 经历时间不超过 20 min		平均车速 10 km/h

六、国内铁路隧道有害气体实际调查结果

1974 年初至 1975 年 9 月，成都铁路局中心防疫站及科学技术研究所与铁科院西南研究所等 13 个单位共同就成昆铁路(北段)内燃机车废气对隧道空气污染情况进行了调查研究，并于 1976 年 2 月提交了调查试验报告。该报告比较全面地分析了废气中有害物质对人体健康的危害(表 1.25)。

表 1.25　废气中有害物质对人体健康的危害

有害物质		危　害
NO_X	NO	NO_X 浓度达到 200～400 mg/m^3，30～60 min 后中毒，6 h 后出现死亡征兆；600 mg/m^3 以上，30～60 min 致死
	NO_2	
CO		浓度达 200 mg/m^3，数小时后中毒；500～1 000 mg/m^3，30～60 min 后中毒；1 000 mg/m^3 时，6 h 后出现死亡征兆

原铁道部劳动卫生研究所 1969 年及 1974 年通过对凉风娅、梅花山、沙木拉打等 12 座隧道的调查，得出以下结论：隧道内 NO_X浓度达 19 mg/m^3(35 min 平均值)，仅引起少数工人的主观不适反应。浓度为 79.5 mg/m^3 时，15 min 对呼吸脉搏变化无明显反应。因此推断工人一次接触 NO_X平均浓度 30 mg/m^3 不超过 30 min，不致发生急性影响。

根据凉风垭的调查，工人在隧道内接触 30 min NO_X平均浓度为 13.2～85.4 mg/m^3，连续作业 3～4.5 月，未发现明显的生理及生化学方面的异常改变；NO_X浓度在19 mg/m^{3}以下，较长时间内不出现明显的不适感觉。从而可以认为：在长隧道内作业的工人，每日接触上下坡车排出的间断性高峰浓度废气，NO_X日平均浓度小于10 mg/m^3，不致产生慢性危害。

七、小　　结

国内在铁路隧道、公路隧道等相关劳动卫生安全规范中所采用的是最高容许浓度，要求工作地点有害气体一个工作日内任何时间均不得超过的规定的浓度。这与《工业企业设计卫生标准》的规定是一致的。然而，当今某些发达国家的卫生标准制订速度快、数量多，我国的劳动卫生标准数量较少，且规定的劳动卫生标准大多数偏严。高原地区有害气体扩散速率比低海拔地区快，浓度衰减较快。对高海拔隧道内燃牵引运营通风有害气体容许排放浓度应适当放宽。

综合国内外健康卫生安全要求及公路、铁路隧道相关规范容许浓度比较，结合相关单位现场调研资料，初步建议高海拔运营隧道内空气中内燃机车废气的容许浓度为：

(1)NO_X(以 NO_2计)：工作日内平均容许浓度为 10 mg/m^3，工作日内任何一次 30 min 内接触废气的平均浓度不超过 30 mg/m^3。

(2)CO：工作日内平均容许浓度为 30 mg/m^3，工作日内任何一次 30 min 内接触废气的平均浓度不超过 90 mg/m^3。CO 容许浓度世界尚无统一标准，各国制定的 CO 容许浓度有所不同。容许浓度的确定还需要专业人员进行更多的调研。

第二章　高海拔内燃牵引隧道内有害气体监测

为了借鉴既有内燃牵引隧道现场运营通风经验，对老关角隧道、羊八井Ⅰ号隧道和奎先隧道内有害气体进行现场实测。考虑冬季气温较低，内燃机车产生有害气体浓度较高，2007 年 3 月 17 日～27 日，中铁第一勘察设计院集团有限公司委托兰州交通大学对三条隧道进行列车通过时有害气体的现场监测。

老关角隧道全长 4 010 m，洞内最高处路肩设计高程为 3 690 m。洞身全部在直线上，隧道线路纵坡除进口 430 m 长度为 2‰上坡外，其余坡段沿出口方向为 4‰和 8‰的连续下坡，两端洞口高差 17.62 m。采用洞口风幕式风道通风方式，由一台最大风量为 220 000 m^3/h 的轴流风机吹成风幕，风幕系统由风机、风管和射流发生器组成。另两台风量为 330 000m^3/h 的风机并联，设于隧道的出口端，当上行列车车尾出洞后进行纵向吹入式机械通风。风道设在隧道出口右侧，与隧道中线夹角 20°。

羊八井Ⅰ号隧道全长 3 345 m，海拔 4 264 m，隧道位于青藏高原腹地的当雄—羊八井盆地与拉萨谷地间的堆龙曲峡谷之中。羊八井Ⅰ号隧道采用射流通风方式，数台射流风机设于隧道穹顶。

奎先隧道全长 6 152 m，海拔 2 932～2 985 m，位于南疆线吐鲁番至库尔勒间的奎先达板分水岭，距离低洞口端 82.1 m 位于缓和曲线上，其余为直线。洞身为人字坡，两洞口高差 49.7 m。奎先隧道在低洞口端修建长 16 m、宽 7.2 m 的引风洞，由引风洞内 12 台风机，总功率 460 kW，组成一道空气帘幕。通风方式分别采用机车出洞后通风和提前通风两种方式。由于行车条件限制，自然通风条件无法实现，在奎先隧道测试期间只能进行机械通风的排烟效果测试。

第一节　有害气体浓度的监测方法

一、监测点设置

在距老关角隧道西宁方向端、羊八井Ⅰ号隧道格尔木方向端、奎先隧道库尔勒方向端 400 m、800 m、1200 m、1 500 m 和 2 000 m 处共设 5 个监测点，分别命名为 S1、

S2、S3、S4、S5。在每个监测点分别测定 NO_X、CO 和总悬浮颗粒物(TSP)浓度，隧道采样点位置见示意图 2.1。

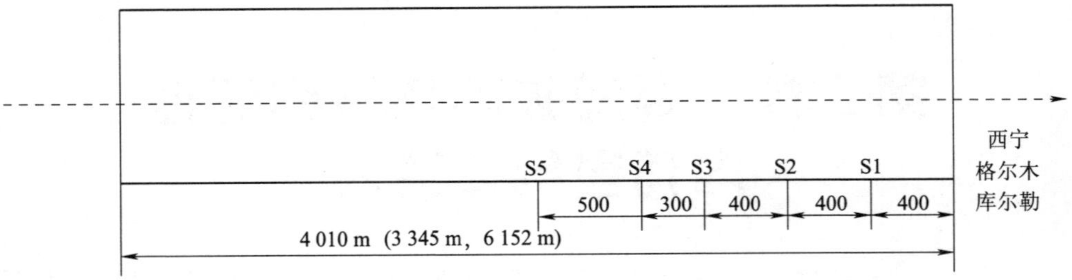

图 2.1 隧道采样点位置示意图

二、监测项目及监测方法

在上述 5 个监测点冬季两次分别采集了 CO、NO_X、TSP 的空白样 2 份及机车尾部通过测点时 0、1、3、5、7、10、14、17、20 min 时 CO 和 NO_X 样品各 2 份，以测定隧道内 CO、NO_X 和 TSP 浓度。同时，在 1、3、5 测点测定温度、湿度、风速，观察隧道内的主导风向。监测项目及监测方法见表 2.1。

表 2.1 监测项目及监测方法

监测项目	监测方法
NO_X	采用经标定容量、内装 10 mL 吸收液并抽成真空的单口采样管，于工人呼吸带高度(距地面 1.6 m 处)采集瞬时气样，以盐酸萘乙二胺比色法分析 NO_X 含量
CO_2	采用 SO-2200 型便携式红外线 CO_2 分析仪测量
CO	采用国产 GXH-3060BX 型气体滤波相关红外线 CO 分析仪分别在 5 个测点直接测定空气中的 CO 浓度
风速	采用国产 N962A 风速仪，不定点进行监测
温度、湿度	采用 HM4 型温湿度计测定
含氧量	采用平行采样器测定
大气压力	采用高原气象压力盒测定

监测过程分别在自然通风和机械通风两种情况下进行。在自然通风条件下，对火车通过老关角隧道、羊八井Ⅰ号隧道监测点后进行两个周期的监测；在机械通风条件下，对火车通过羊八井Ⅰ号隧道、奎先隧道监测点后进行一个周期的监测。

第二节 有害气体浓度的监测结果

一、老关角隧道

1. NO_X含量随时间的变化

老关角隧道自然通风条件下列车通过时各测点 NO_X 浓度随时间的变化见图 2.2～图 2.3。监测过程中根据污染物浓度降至最小确定采集时间(最长 15 min，最短5 min)。

从图 2.2 和图 2.3 可以看出，在自然通风条件下，五个测点的 NO_X浓度在列车通过测点 15 min 后均小于 2 mg/m^3。货车在正常运营状态下产生的 NO_X浓度最大值为 45.6 mg/m^3，客车通过隧道时，NO_X浓度最大值为 37.7 mg/m^3。在测试的 20 列列车中，有 13 列列车通过测点后 5 min NO_X浓度达到了 2 mg/m^3。

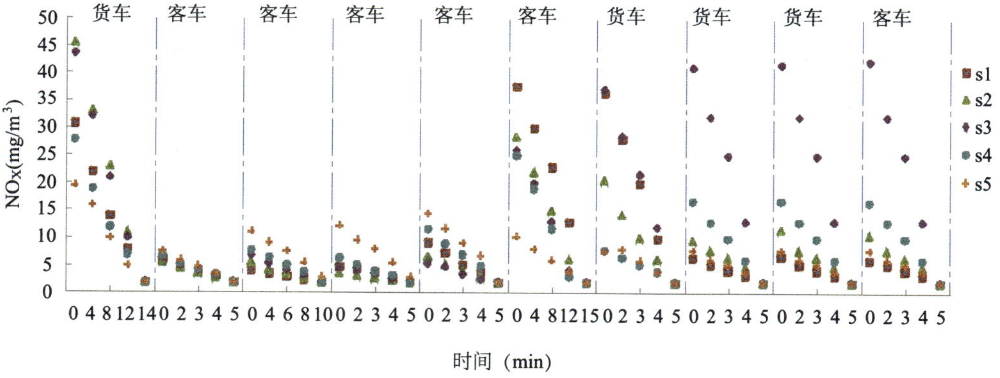

图 2.2 老关角隧道第一周期各测点 NO_X浓度随时间的变化

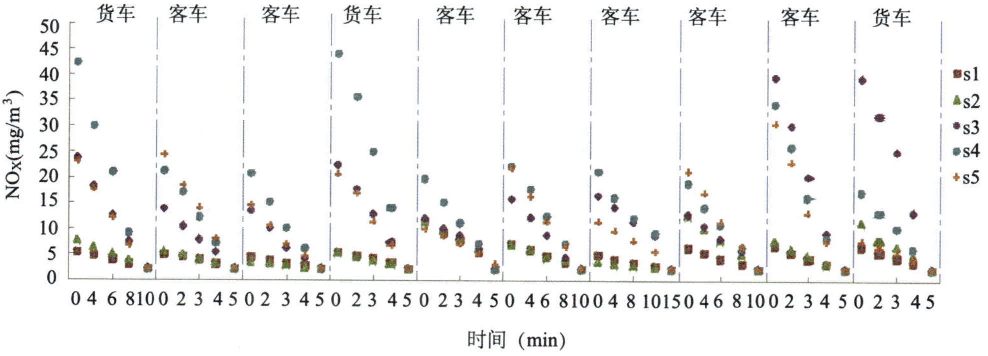

图 2.3 老关角隧道第二周期各测点 NO_X浓度随时间的变化

选取最不利一列货车通过时监测数据，计算 30 min 内 NO_X 加权平均浓度为 13.00 mg/m³，假设每天 15 列列车计算，工作日内 NO_X 平均容许浓度为4.06 mg/m³。根据第一章高海拔运营隧道内工作日内 NO_X 平均容许浓度限值10 mg/m³，工作日内任何一次 30 min 内接触 NO_X 的平均容许浓度限值为 30 mg/m³ 的建议，老关角隧道在正常运营状态下，自然通风也能使隧道内 NO_X 浓度远低于此标准。

2. CO 含量随时间的变化

自然通风条件下第一周期和第二周期各测点 CO 浓度含量随时间的变化见图 2.4、图 2.5。

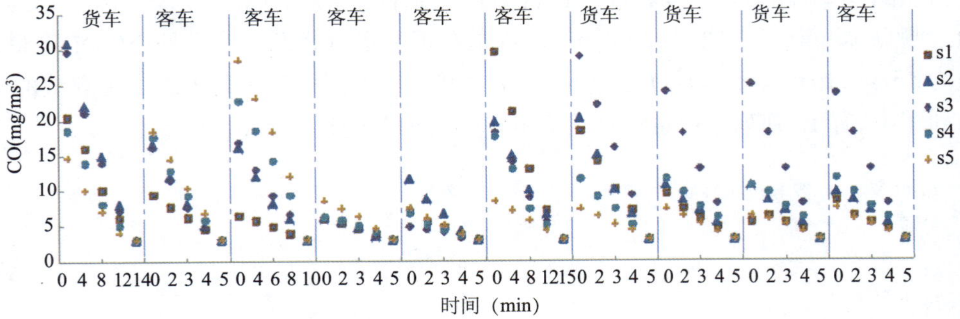

图 2.4　老关角隧道第一周期各测点 CO 浓度随时间的变化

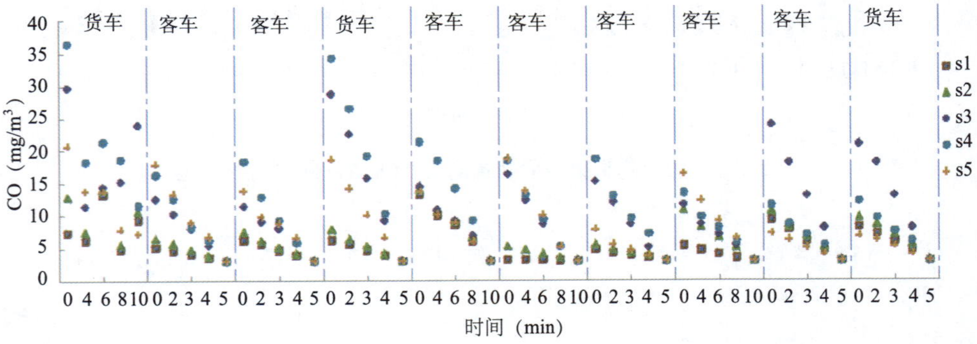

图 2.5　老关角隧道第二周期各测点 CO 浓度随时间的变化

从图中可以看出，在自然通风条件下，五个测点的 CO 浓度在列车通过隧道 15 min后均小于 3 mg/m³。货车通过隧道时，CO 浓度最大值为 36.5 mg/m³，客车通过测点时，CO 浓度最大值为 29.3 mg/m³。在测试的 20 次列车中，有 13 次列车通过隧道后 5 min CO 含量就达到了 3 mg/m³，占总测试列车次数的 65%。

选取最不利一列货车通过时监测数据计算，30 min 内 CO 加权平均浓度为

10.14 mg/m³，假设每天通过 15 次列车，计算得工作日内 CO 平均容许浓度为 3.17 mg/m³。根据第一章高海拔运营隧道内工作日内 CO 平均容许浓度限值为 30 mg/m³，工作日内任何一次 30 min 内接触 CO 的平均容许浓度限值为 90 mg/m³ 的建议，老关角隧道在正常运营状态下，自然通风也能使隧道内 CO 浓度远低于此标准。

3. NO_X、CO、TSP 浓度的空间分布

第一周期和第二周期 10 列列车通过时各测点的 NO_X、CO、TSP 浓度空间分布见图 2.6～图 2.8。列车通过后，隧道内的 NO_X 最大浓度为 45.6 mg/m³，CO 最大浓度为 36.5 mg/m³，TSP 最大浓度为 11.1 mg/m³。有害气体最大浓度多集中于测点 1 200～1 500 m 区段，即距离隧道西宁方向端约 1/3 段。分析客货列车通过隧道时污染物浓度分布，货车产生的有害气体浓度高于客车。

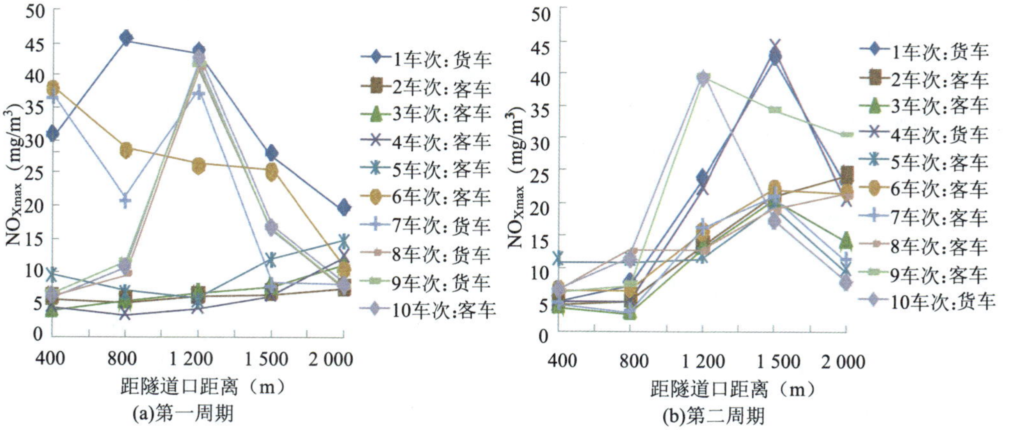

图 2.6　老关角隧道各测点 NO_X 浓度的空间分布

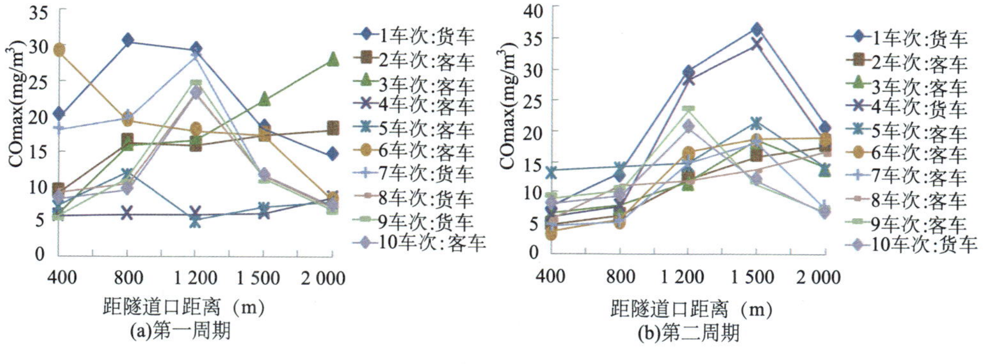

图 2.7　老关角隧道各测点 CO 浓度的空间分布

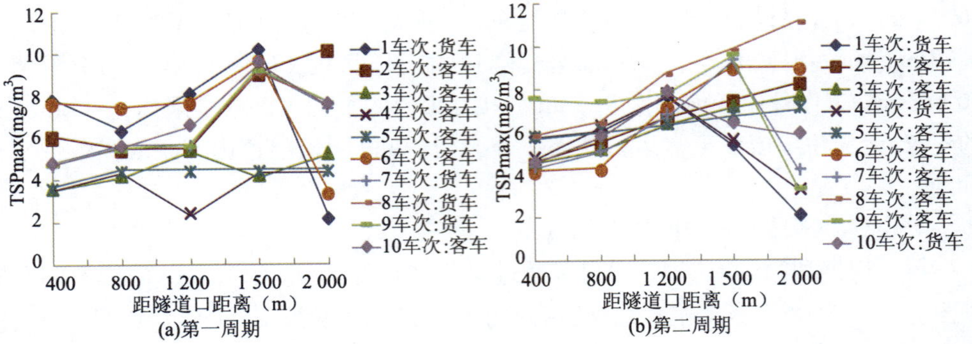

图 2.8　老关角隧道各测点 TSP 浓度的空间分布

4. 结论

在自然通风条件下，列车通过隧道 15 min 后，NO_X浓度均小于 2 mg/m³，CO 浓度均小于 3 mg/m³。按照《铁路隧道运营通风设计规范》(TB 10068—2010)规定“内燃机车牵引，长度大于 2 km 的铁路隧道宜设置机械通风”要求，老关角隧道长度超过 2 km，宜设机械通风，但现场监测数据表明自然通风条件也可使有害气体浓度降至容许浓度，表明高海拔地区污染物扩散速度比平原地区快，对应的高海拔地区污染物扩散系数大。

二、羊八井Ⅰ号隧道有害气体监测

1. NO_X浓度随时间的变化

羊八井Ⅰ号隧道在自然通风条件下第一周期和第二周期监测结果以及机械通风条件下各测点NO_X浓度含量随时间的变化关系见图 2.9～图 2.11。测试期间，羊八井Ⅰ号隧道内通过的全部是客车，无论隧道内为自然通风还是机械通风，在列车通过隧道 4 min 后，NO_X浓度均小于 2 mg/m³。在测试的 21 列列车中，有 9 列列车通过后测点NO_X浓度非常低。NO_X浓度最大值为 42.4 mg/m³，根据最不利客车通过时监测数据计算得：30 min 内NO_X加权平均浓度为 4.8 mg/m³，工作日内NO_X平均容许浓度为 1.5 mg/m³，远远低于容许浓度建议值。

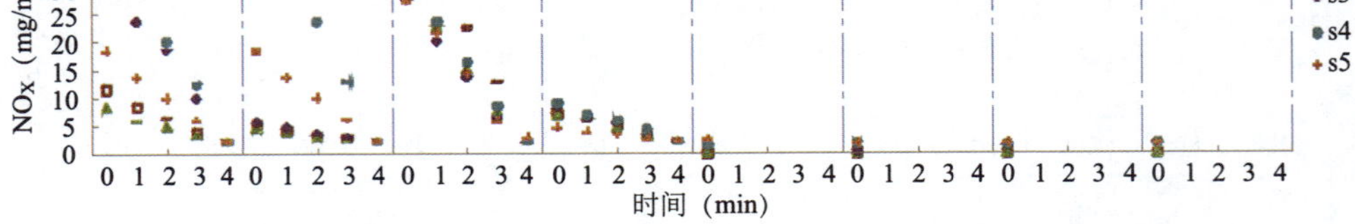

图 2.9　羊八井Ⅰ号隧道第一周期各测点NO_X浓度随时间的变化

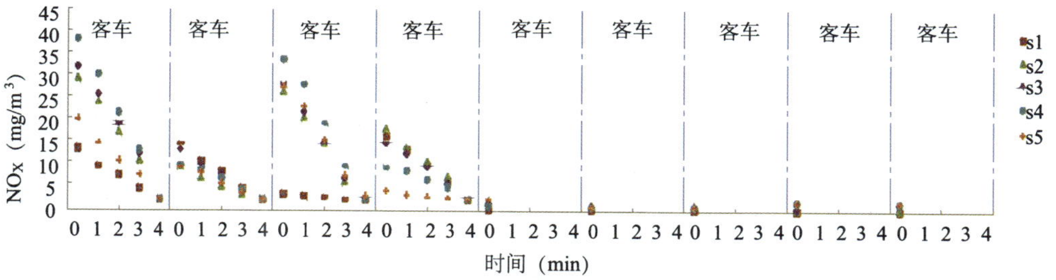

图 2.10　羊八井Ⅰ号隧道第二周期各测点 NO_X 浓度随时间的变化

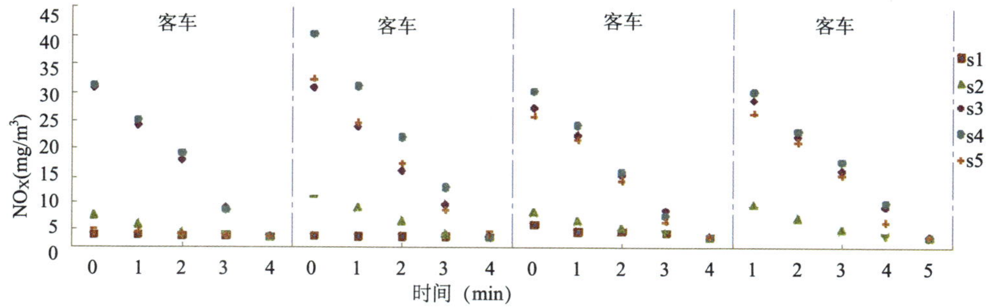

图 2.11　羊八井Ⅰ号隧道风机开启各测点 NO_X 浓度随时间的变化

2. CO 浓度随时间的变化

羊八井Ⅰ号隧道在自然通风条件下第一周期和第二周期监测结果以及机械通风条件下列车通过时各测点 CO 浓度含量随时间的变化关系见图 2.12～图 2.14。从图中可以看出，测试期间，无论是自然通风还是机械通风，当列车通过隧道 4 min 后，CO 浓度小于3 mg/m³。在测试的 21 列列车中，有 9 列列车通过后测点 CO 浓度非常低。比较自然通风和机械通风两种条件下监测结果发现，当自然风速较大时，隧道内的污染物测试浓度要小于机械通风工况下，此时自然通风就可以达到净化空气的效果，风机可以关闭。CO 浓度最大值为 22.2 mg/m³，根据最不利客车通过时监测数据计算得：30 min 内 CO 加权平均浓度为 4.24 mg/m³，工作日内 CO 平均容许浓度为 1.33 mg/m³，远远低于前面建议的标准值。

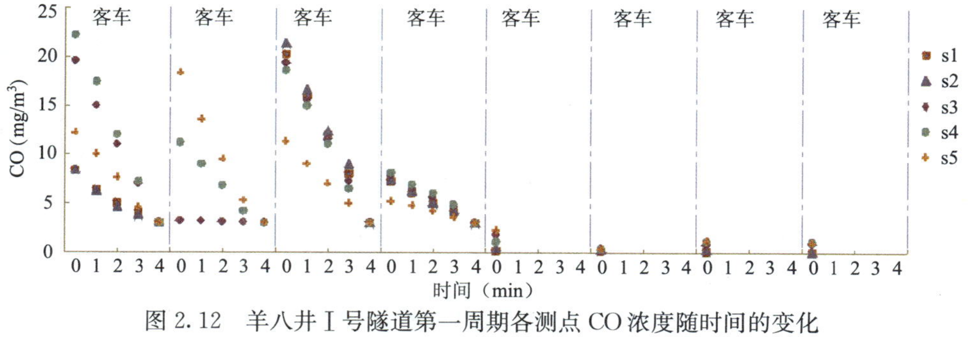

图 2.12　羊八井Ⅰ号隧道第一周期各测点 CO 浓度随时间的变化

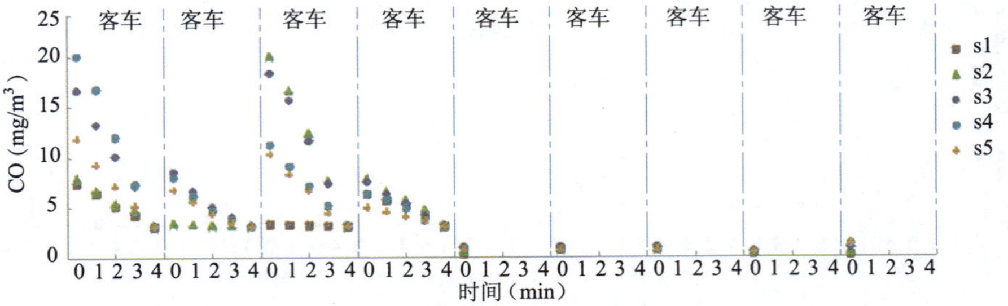

图 2.13　羊八井Ⅰ号隧道第二周期各测点 CO 浓度随时间的变化

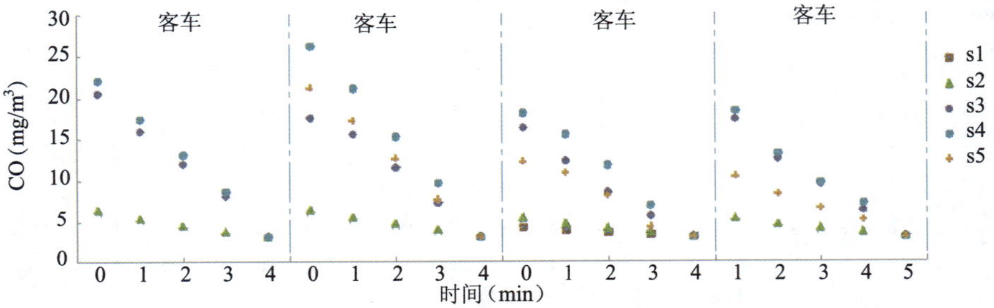

图 2.14　羊八井Ⅰ号隧道风机开启各测点 CO 浓度随时间的变化

3. NO_X、CO、TSP 含量的空间分布

羊八井Ⅰ号隧道第一周期和第二周期以及开风机条件下列车通过时各测点的 NO_X、CO、TSP 含量在空间上的分布见图 2.15～图 2.20。从图中看出，NO_X、CO 和 TSP 最大值多集中于距格尔木端 1 200～1 500 m 区段。由于监测期间羊八井Ⅰ号隧道通过均是客车，自然通风条件下，不同车次在同一测点引起的空气污染物浓度变化较大，从而得知，自然通风时隧道外风速对污染物的扩散影响较大。当机械通风时，不同车次在同一测点引起污染物浓度变化较小，有害气体浓度空间分布规律性好，说明机械通风时，风机风速对 NO_X，CO 和 TSP 空间分布影响较大，隧道外自然风速影响减小。比较图 2.8 和图 2.20 中 TSP 浓度，羊八井Ⅰ号隧道客车产生的 TSP 浓度高于货车通过老关角隧道产生的浓度。

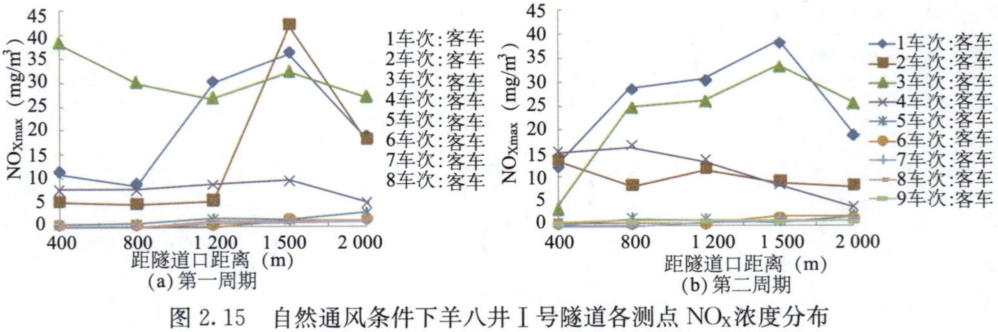

图 2.15　自然通风条件下羊八井Ⅰ号隧道各测点 NO_X浓度分布

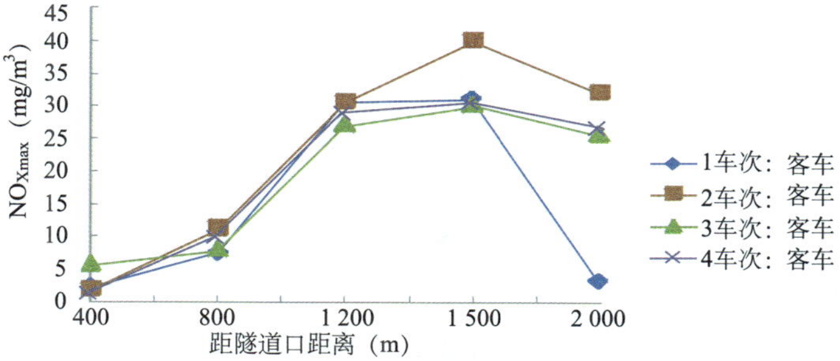

图 2.16　机械通风条件下羊八井Ⅰ号隧道各测点 NO_X 浓度分布

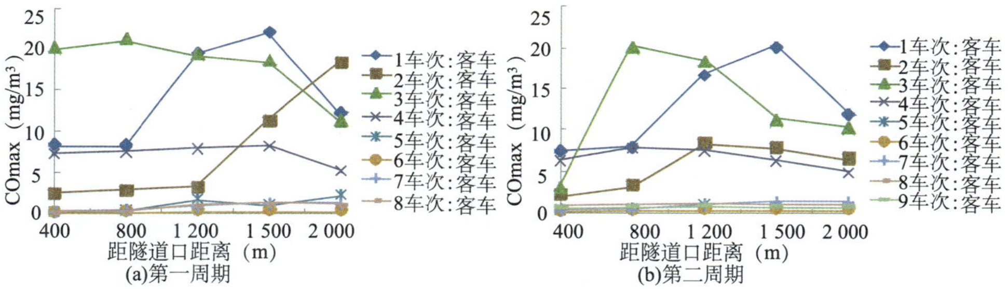

图 2.17　自然通风条件下羊八井Ⅰ号隧道各测点 CO 浓度分布

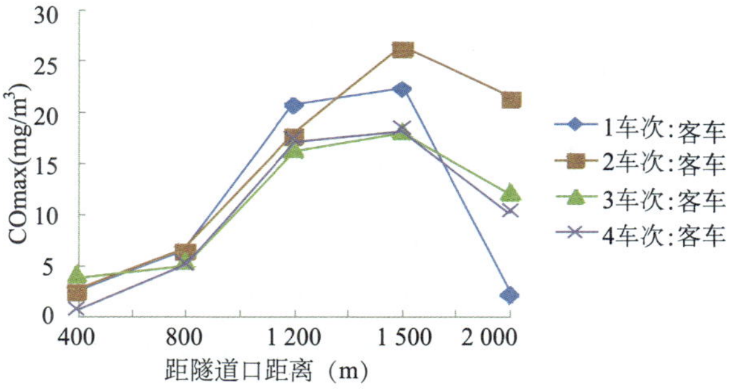

图 2.18　机械通风条件下羊八井Ⅰ号隧道各测点 CO 浓度分布

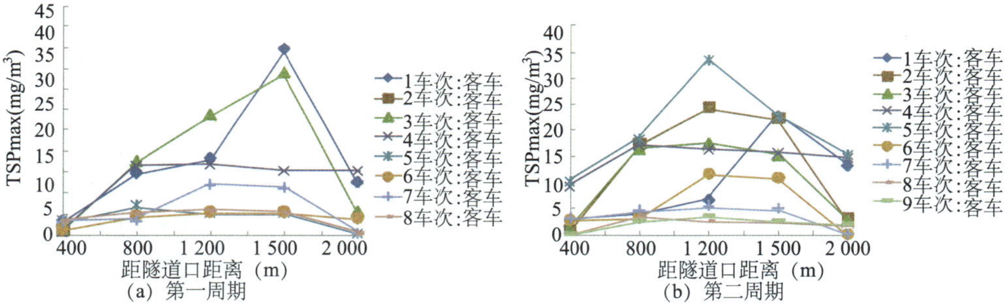

图 2.19　自然通风条件下羊八井Ⅰ号隧道各测点 TSP 浓度分布

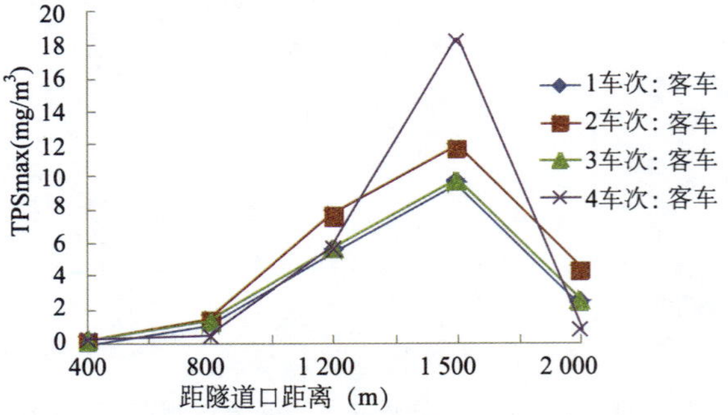

图 2.20　机械通风条件下羊八井Ⅰ号隧道各测点 TSP 浓度分布

4. 结论

无论自然通风或机械通风，客车通过隧道羊八井Ⅰ号 4 min 后，NO_X浓度均小于 2 mg/m^3、CO 浓度均小于 3 mg/m^3。现场监测数据表明自然通风条件也可使有害气体浓度降至容许浓度值，即实现自然通风。

羊八井Ⅰ号隧道 TSP 高于老关角隧道的原因，考虑老关角隧道地下水渗漏比较大，路面结冰严重，相对湿度大，对 TSP 具有吸附作用，而羊八井Ⅰ号隧道没有地下水渗漏，相对湿度较小，因此 TSP 相对较高。

随着海拔高度的增加，青藏高原地面风速日较差也迅速增大，日风速较差从海拔 3 500～5 000 m 大约增加 4～5 倍，即下午的风速为上午风速的 4～5 倍。关角隧道、羊八井隧道有害气体扩散快，与风速大有密切关系。

三、奎先隧道有害气体监测

1. NO_X、CO、TSP 浓度随时间的变化

奎先隧道在机械通风条件下列车通过时各测点 NO_X、CO、TSP 浓度随时间的变化关系见图 2.21～图 2.23。列车经过测点 11 min 后，NO_X 浓度均小于 2.0 mg/m^3，CO 浓度均小于 3 mg/m^3，TSP 均小于 10 mg/m^3。列车在正常运营状态下产生的 NO_X浓度最大值为 59.3 mg/m^3，CO 浓度最大值为 26.8 mg/m^3，TSP 浓度最大值为 30.1 mg/m^3。从图中还可以看出，货车产生的 NO_X、CO 浓度低于客车，与老关角隧道差别较大，而 TSP 浓度货车高于客车，与老关角隧道相同，可见货车通过时产生的扬尘较多。与羊八井Ⅰ号隧道和老关角隧道相比，奎先隧道有害气体浓度降至标准以下，需设置机械通风，最长通风时间为 11 min。因此，可以根据监测结果合理分配列车穿过不同隧道的时间间隔。按最不利列车通过时监测数据计算 30 min 内 NO_X 加权平均浓度为 12.86 mg/m^3，CO 加权平均浓度为 6.67 mg/m^3，工作日内 NO_X平均容许浓度为 4.02 mg/m^3，工作日内 CO 平均浓度为 2.08 mg/m^3，低于浓度标准建议值。

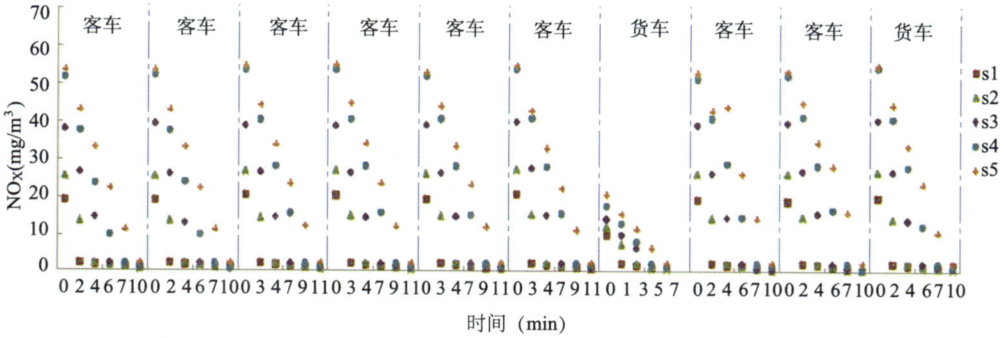

图 2.21　奎先隧道风机开启各测点 NO_X 浓度随时间的变化

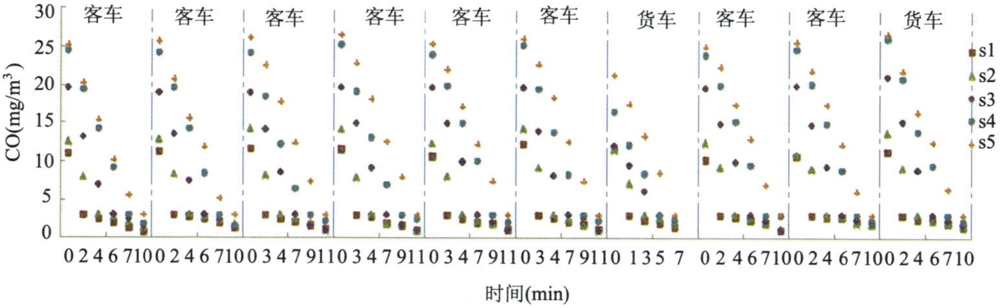

图 2.22　奎先隧道风机开启各测点 CO 浓度随时间的变化

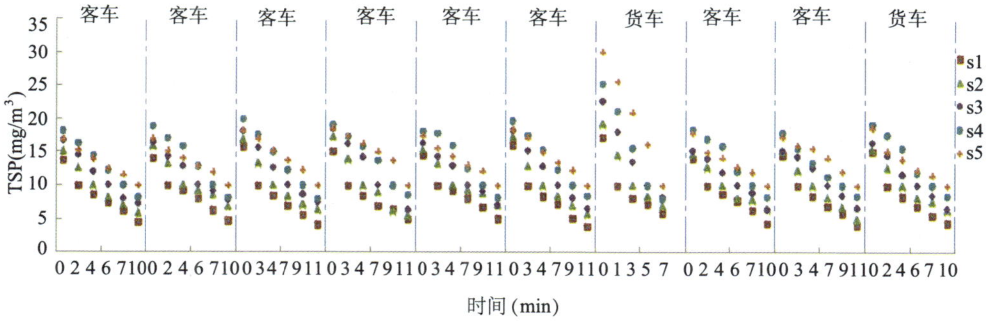

图 2.23　奎先隧道风机开启各测点 TSP 浓度随时间的变化

2. NO_X、CO、TSP 浓度的空间分布

奎先隧道机械通风条件下列车通过时各测点 NO_X、CO、TSP 浓度随空间的变化见图 2.24。机械通风条件下，10 列列车通过隧道时，一列货车外，其余列车对应测点 NO_X、CO、TSP 浓度空间分布规律基本一致，总体趋势是浓度从库尔勒端口沿程增加，NO_X、CO 最大浓度出现在距库尔勒端口 2 800 m 处，沿程有可能继续增加。TSP

最大值出现在距库尔勒端口 2 000 m 处(有一列货车例外)。说明风机风速对污染物浓度空间分布影响较大。

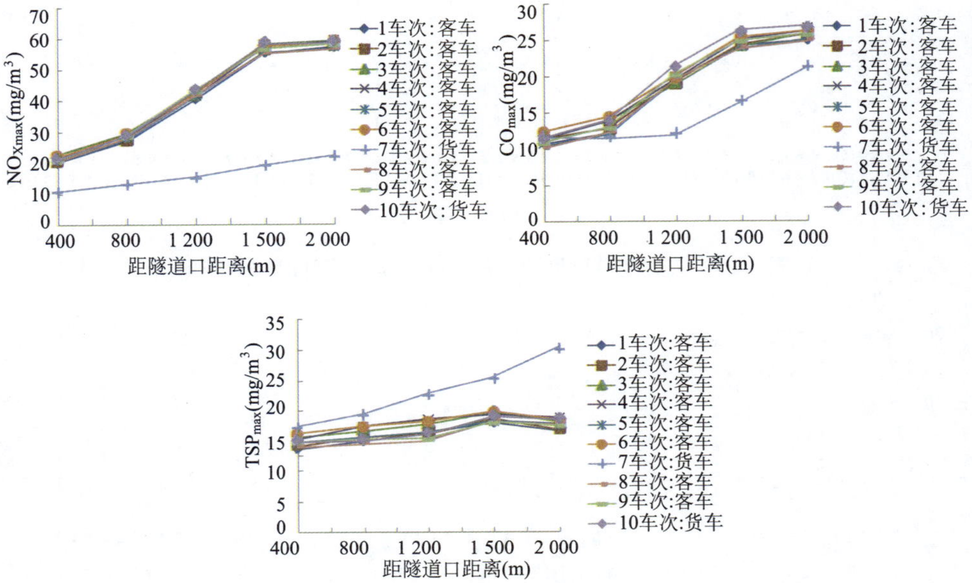

图 2.24　机械通风条件下奎先隧道各测点 NO_X、CO、TSP 浓度分布

3. NO_X、CO、TSP 相关性分析

奎先隧道在机械通风条件下列车通过 S1 监测点和通过 5 个测点时 CO/NO_X、TSP/NO_X与 NO_X之间关系曲线见图 2.25～图 2.26。从图中可以看出,当 NO_X浓度超过20 mg/m^3,CO/NO_X、TSP/NO_X趋于定值,采用 SPSS 软件分析有害气体浓度间的相关系数,结果见表 2.2。从表中可以看出,NO_X、CO 和 TSP 之间呈幂函数关系,相关系数均在 0.9 以上。

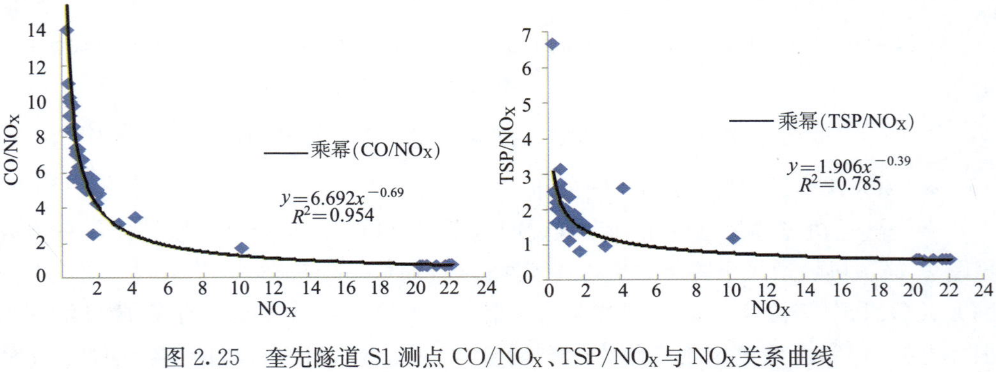

图 2.25　奎先隧道 S1 测点 CO/NO_X、TSP/NO_X与 NO_X关系曲线

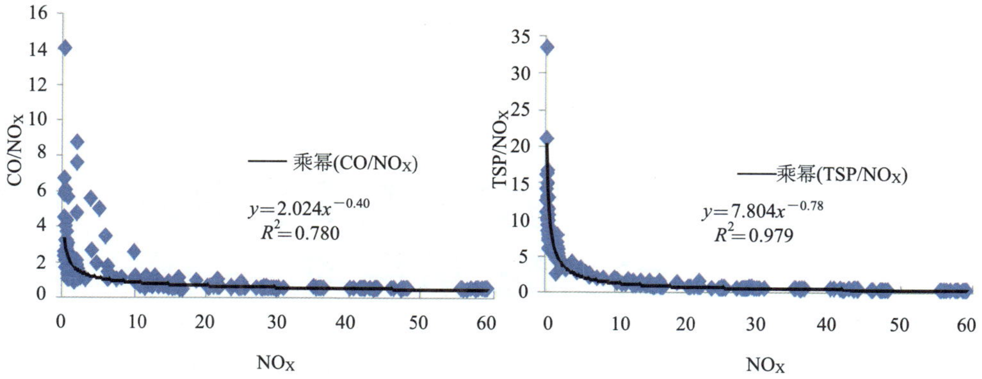

图 2.26 奎先隧道 5 个测点 CO/NO_X、TSP/NO_X 与 NO_X 关系曲线

表 2.2　五个监测点有害气体的相关性

项目	NO_X	CO	TSP
NO_X	1	0.929(0.937)	0.902(0.922)
CO	0.929(0.937)	1	0.946(0.958)
TSP	0.902(0.922)	0.946(0.958)	1

注:( )内为只考虑 S1 监测点数据。

4. 结论

(1)通过对奎先隧道内空气污染物分布情况分析,列车在运营状态下通过隧道时,产生的 NO_X浓度最大值为 59.3 mg/m^3,CO 浓度最大值为 26.8 mg/m^3,TSP 最大值为 30.1 mg/m^3。货车产生的 NO_X、CO 浓度低于客车,而 TSP 高于客车。10 趟列车通过隧道时,列车经过测点最长 11 min 后,NO_X浓度均小于 2.0 mg/m^3,CO 浓度均小于 3 mg/m^3,TSP 浓度均小于 10 mg/m^3。

(2)正常运营状态下实施机械通风,有害气体浓度降至最小值长至 11 min,短至仅 1 min。按最不利列车通过时监测数据计算 30 min 内 NO_X加权平均浓度为 12.86 mg/m^3,CO 加权平均浓度为 6.67 mg/m^3,假设一天通过 15 次列车计算,工作日内 NO_X平均容许浓度为 4.02 mg/m^3,工作日内 CO 平均浓度为 2.08 mg/m^3,低于高海拔运营隧道内浓度标准建议值。

第三章　高海拔内燃牵引隧道污染物扩散系数

扩散系数是衡量污染物扩散能力的物理量，鉴于影响污染物扩散的因素较多，扩散模式及相关参数差异较大，目前部分文献将隧道内污染物扩散系数取为常数。高海拔地区隧道污染物扩散系数取值有必要进行分析。现根据污染物一维扩散基本方程，结合隧道现场实测污染物浓度随时间变化规律，推算老关角隧道、羊八井Ⅰ号隧道及奎先隧道内污染物扩散系数。

第一节　污染物扩散基本方程

列车在隧道内运行时，内燃机车沿途排出的烟气与周围的空气混合并运动。考虑到一列车只有机车才排出烟气，通过对有界条件下污染物点源、线源扩散方程比较，确定采用瞬时点源一维随流扩散基本方程描述隧道内污染物扩散：

$$C = C_0 \exp\left(-\frac{(x-ut)^2}{4Dt}\right) \tag{3.1}$$

式中　C——隧道内采样点空气污染物浓度，是时间 t 和位置 x 的函数，mg/m^3；

C_0——隧道内采样点初始时刻空气污染物浓度，mg/m^3；

u——隧道内风速，m/s；

D——污染物扩散系数，m^2/s。

将隧道内采样点的初始浓度及随时间变化的污染物浓度以及风速等参数代入式(3.1)，即可求得隧道内不同测点在不同时刻的扩散系数，将结果求平均，获得不同测点不同风速下的扩散系数。

第二节　污染物扩散系数确定

一、老关角隧道

根据式(3.1)和老关角隧道有害气体监测结果及监测时刻隧道内风速(西宁方向为正向)，计算各测点在不同时刻 NO_X 和 CO 扩散系数，见图 3.1。

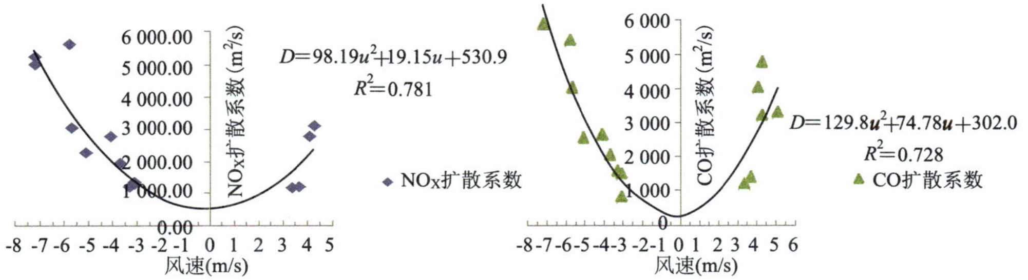

(a)NO_X　　(b)CO

图 3.1　老关角隧道不同风速下 NO_X 和 CO 扩散系数

从图 3.1 可知，隧道内污染物扩散系数并非定值，在自然通风条件下，老关角隧道内污染物扩散系数较平原地区大，NO_X 和 CO 扩散系数随风速变化趋势相同，扩散系数随风速的增大而增大，与风向关系较小。隧道内扩散系数与风速的关系符合二次函数：

NO_X：　$D=98.19u^2+19.15u+530.9$　　$R^2=0.781$；

CO：　$D=129.8u^2+74.78u+302.0$　　$R^2=0.728$。

图 3.2 为老关角隧道 NO_X 和 CO 扩散系数随测点分布情况，NO_X 和 CO 扩散系数从测点 S1 向 S4 逐步降低，距隧道口端 S5 测点反而增高，说明端口自然风速对扩散系数产生影响，各测点 CO 扩散系数均大于 NO_X。隧道内污染物扩散系数与风速和位置密切相关。

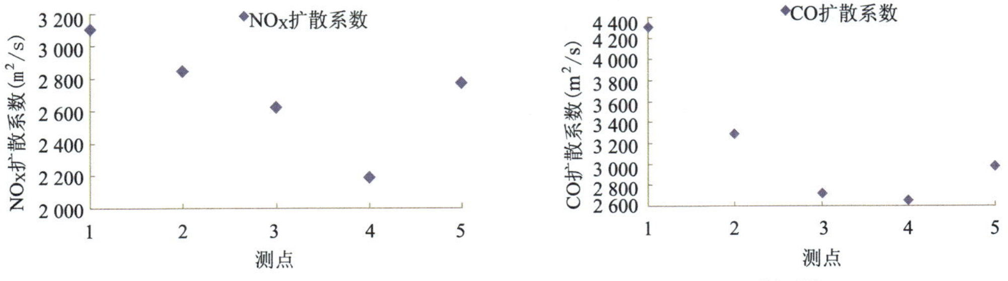

(a) NO_X　　(b) CO

图 3.2　老关角隧道 NO_X 和 CO 扩散系数随测点分布

二、羊八井Ⅰ号隧道

图 3.3 为羊八井Ⅰ号隧道在自然风速条件和机械通风条件下 NO_X 和 CO 扩散系数随风速分布情况(格尔木方向为正向)。从图中可以看出，在相同风速时，机械通风条件下的扩散系数大于自然通风，CO 扩散系数大于 NO_X。隧道内扩散系数随风速增大而增大，关系符合二次函数：

NO_X：$D=28.12u^2+51.35u-16.97$　　$R^2=0.995$；

CO：$D = 45.15u^2 + 22.41u + 13.96 \qquad R^2 = 0.985$。

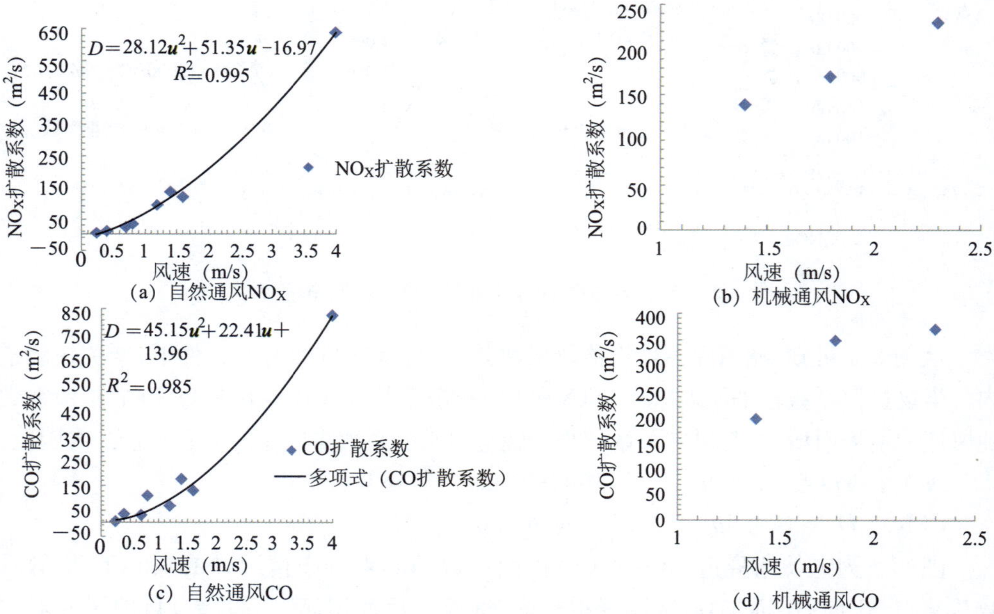

图 3.3　羊八井Ⅰ号隧道不同风速下 NO_X 和 CO 扩散系数

图 3.4 为羊八井Ⅰ号隧道在自然通风和开风机机械通风条件下 NO_X 和 CO 扩散系数随测点分布情况。

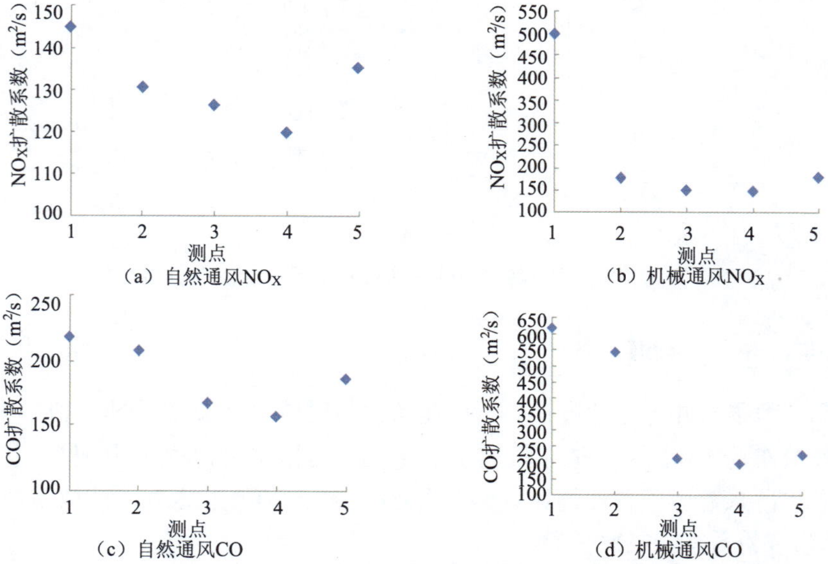

图 3.4　羊八井Ⅰ号隧测点道 NO_X 和 CO 扩散系数

从图 3.4 中可以看出，无论自然通风还是机械通风条件，NO_X和 CO 扩散系数均从测点 S1 向 S4 逐步降低，距隧道口端 S5 测点反而增高。机械通风对扩散系数随空间分布影响不明显，但对扩散系数大小影响较大。

三、奎先隧道

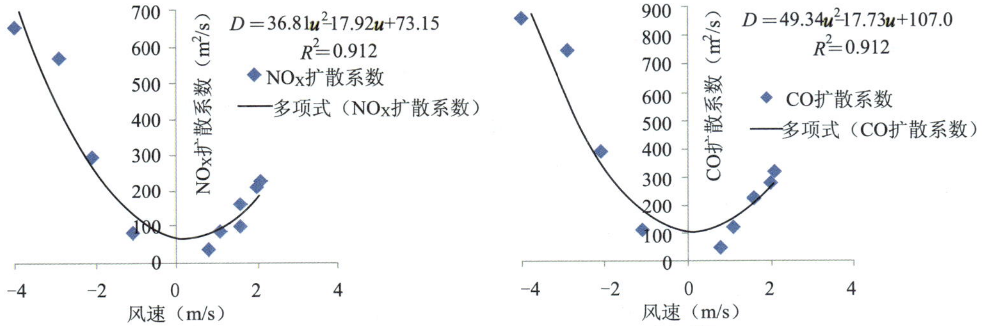

(a) NO_X　　(b) CO

图 3.5　奎先隧道不同风速下 NO_X和 CO 扩散系数

图 3.5 为机械通风条件下，奎先隧道不同风速下 NO_X和 CO 扩散系数(库尔勒方向为正向)，与老关角隧道相比，NO_X和 CO 扩散系数趋势相同，扩散系数随风速的增大而增大，与风向关系较小。隧道内扩散系数与风速的关系符合二次函数：

NO_X：$D=36.81u^2-17.92u+73.15\quad R^2=0.912$；

CO：$D=49.34u^2-17.73u+107.0\quad R^2=0.912$。

奎先隧道 NO_X和 CO 扩散系数随测点分布见图 3.6。NO_X和 CO 扩散系数从测点 S1 向 S5 逐步增高，规律性较好，各测点 CO 扩散系数均大于 NO_X。说明机械通风对扩散系数的空间分布影响较大。

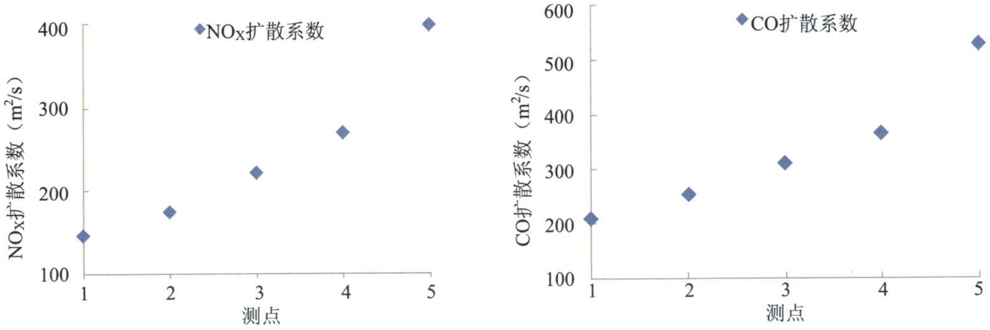

(a) NO_X　　(b) CO

图 3.6　奎先隧道 NO_X和 CO 扩散系数随测点分布

第三节 隧道内污染物扩散系数比较

一、扩散系数随时间、空间的变化

比较三条隧道自然通风、机械通风条件下污染物扩散系数，见图 3.7～图 3.8。

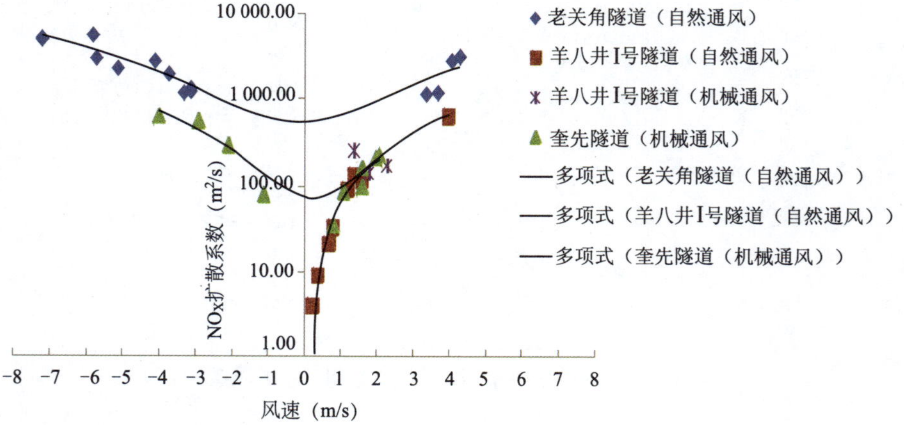

图 3.7　三个隧道内 NO_X 扩散系数比较

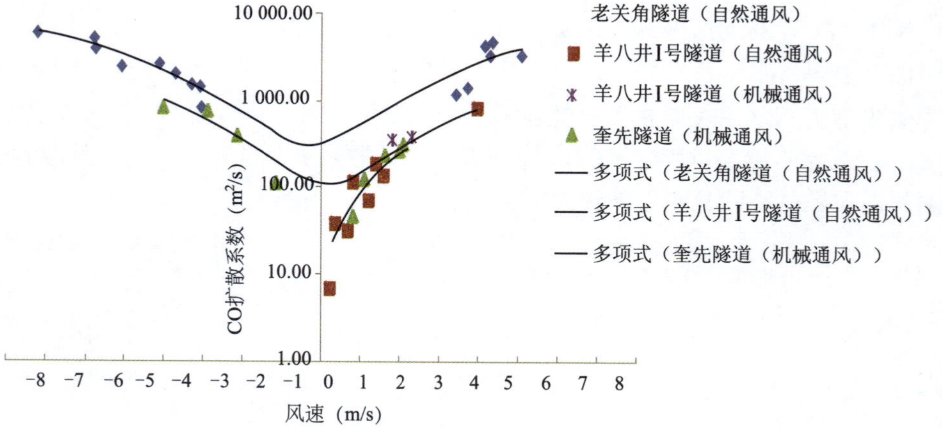

图 3.8　三个隧道内 CO 扩散系数比较

由图 3.7 和图 3.8 可以看出，老关角隧道内 NO_X 和 CO 扩散系数远远高于羊八井Ⅰ号隧道和奎先隧道。比较羊八井Ⅰ号隧道和奎先隧道可以发现，机械通风条件下 NO_X 和 CO 扩散系数高于自然通风条件下。

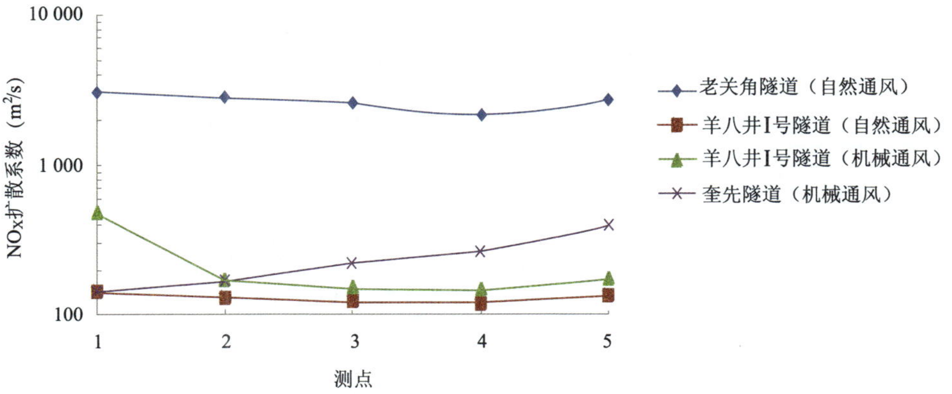

图 3.9　三个隧道各测点 NO_X 扩散系数比较

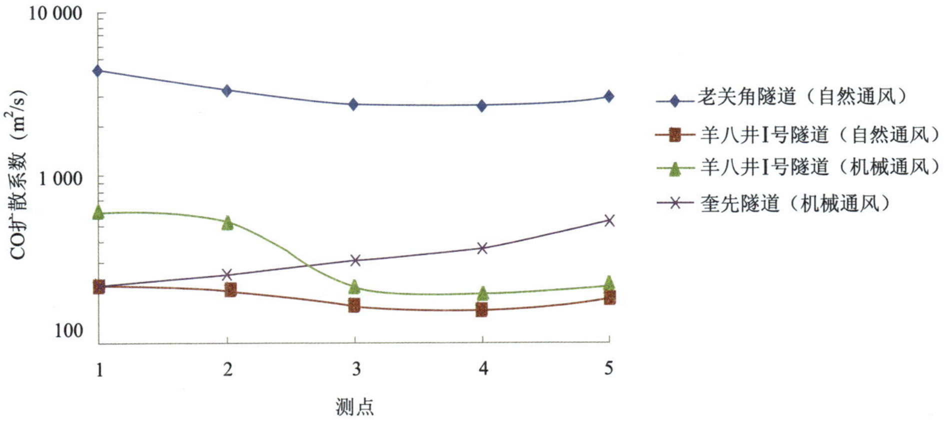

图 3.10　三个隧道各测点 CO 扩散系数空间分布比较

由图 3.9 和图 3.10 可以看出，老关角隧道与羊八井Ⅰ号隧道内 NO_X 和 CO 扩散系数空间分布规律一致，均从 S1 点向 S4 点降低，然后向 S5 点升高。奎先隧道由 S1 点向 S5 点增高趋势比较明显，说明机械通风对扩散系数的空间分布有重要影响。

二、结　论

通过对老关角隧道、羊八井Ⅰ号隧道和奎先隧道内 NO_X 和 CO 扩散系数进行计算分析，得出以下结论：

(1)隧道内 NO_X 和 CO 扩散系数随风速的增加而增大，关系符合二次函数 $D = au^2 + bu + c$。《铁路隧道运营通风设计规范》(TB 10068—2010)第 5.1.4 条规定，缺乏资料时，单线隧道内自然风速可按 1.5 m/s 计算，将风速代入上述函数可得三个隧道在该风速下的污染物扩散系数。老关角隧道、羊八井Ⅰ号隧道和奎先隧道 a,b,c 系数及隧道内风速为 1.5 m/s 时污染物扩散系数见表 3.1。

表 3.1 二次函数系数及风速 1.5 m/s 时污染物扩散系数

隧道名称	NO_X函数系数			CO 函数系数			NO_X扩散系数	CO 扩散系数
	a(s)	b(m)	c(m^2/s)	a(s)	b(m)	c(m^2/s)	(m^2/s)	(m^2/s)
老关角隧道	98.19	19.15	530.90	129.80	74.78	302.00	780.55	706.22
羊八井Ⅰ号隧道	28.12	51.35	−16.97	45.15	22.41	13.96	123.33	149.16
奎先隧道	36.81	−17.92	73.15	49.34	−17.73	107.00	129.09	191.42

(2)自然通风条件下,老关角隧道 NO_X和 CO 扩散系数远远高于羊八井Ⅰ号隧道。原因在于老关角隧道测试时间集中于夜间,风速较大,而羊八井Ⅰ号隧道测试时间为白天,风速偏小。另外,老关角为越岭隧道,隧道内风速较大,有利于污染物扩散,羊八井Ⅰ号为隧道河谷隧道,隧道内风速偏小。

(3)比较羊八井Ⅰ号隧道和奎先隧道发现,机械通风条件下,NO_X和 CO 扩散系数高于自然通风条件。

(4)隧道内污染物扩散系数与距端口距离有关,老关角隧道与羊八井Ⅰ号隧道内 NO_X和 CO 扩散系数空间分布规律一致,均从 S1 点向 S4 点降低,然后向 S5 点升高。奎先隧道由 S1 点向 S5 点增高趋势比较明显,说明机械通风对扩散系数的空间分布有重要影响。

第四章　拉日线隧道外自然风速选取

《铁路隧道运营通风设计规范》(TB 10068—2010)规定“内燃机车牵引，长度大于2 km的铁路隧道宜设置机械通风”的要求是通过对我国已建成隧道的调查结果确定的大致标准，在实际应用中应结合当地自然条件及具体工作地点研究确定。老关角隧道、羊八井Ⅰ号隧道和奎先隧道在运营情况下现场有害气体浓度监测结果表明前两个隧道在自然通风状况下均能满足有害气体规范标准。老关角隧道全长4 010 m，羊八井Ⅰ号隧道全长3 345 m，均超过2 km通风界限。考虑拉日线隧道多风且风速大等有利因素，同时考虑高原缺氧，内燃牵引机车燃烧不完全，烟气浓度高等不利因素，有必要探讨高海拔铁路隧址区环境背景值及其对运营通风影响。

根据陈定梅，吴明芳对泽当、贡嘎、琼结三个气象站建站以来的地面气象数据进行分析可以得出雅江自然风年内变化、大风日数、最大风速、年平均风速等特征值。

(1)自然风年内变化

雅江流域一年中表现出两种基本相反的风场：夏半年(6月～10月)西南季风由东向西逆江而上，风力较弱。冬半年(11月～次年5月)西风急流与不同尺度的山谷风环流叠加作用，雅江河谷风大、风多且持续时间长。雅江中游河谷地区每年都会有大风天气出现，但大风多集中在冬半年。

(2)大风日数

年最多大风日数达172 d。以日喀则为例，全年大风日数59.5 d，冬半年占全年的83.7%，全年≥5.0 m/s起沙风历时754.2 h，冬半年占全年的90.4%，并且午后出现峡谷风的频率很高。1965年～1990年，泽当一年12个月均有大风天气出现，1990年～2000年，基本只出现于冬末至夏初。而贡嘎站在1～4月大风日数最多。从年代际变化来看，20世纪60年代末至70年代初为大风出现高峰期，20世纪70年代中期至末期为一个较低值区，20世纪80年代初为第二个高峰期，20世纪80年代中期至今虽有一些波动，但总体趋势表现为逐年减少。

(3)最大风速

雅江中游河谷地区年最大风速总体趋势为逐年减小。历年最大风速可达到25 m/s(泽当1995年1月17日)。河谷区极大风速可达32.5 m/s(泽当1977年

4 月 3 日)，月平均最高风速达 4.7 m/s，自 20 世纪 60 年代初至 80 年代末最大风速均大于 15 m/s，20 世纪 90 年代至今(除 1995 年外)，均小于 15 m/s。最大风速逐年减小。

(4)年平均风速

雅江中游河谷地区历年的平均风速为 2.8 m/s。从年代际变化上分析，年平均风速逐年减小。考虑拉日线位于雅江中游河谷地区偏西部，而雅江中游河谷区极大风速出现在中东部，因此拉日线对应雅江区段年平均风速应小于 2.8 m/s，建议取 2.6 m/s。

李森等采用美国(PSU/NCAR)中尺度气候数值模式(MM4)对雅江河谷冬半年流场进行了模拟，得出以下结论：

①当沿河谷运行的气流接近窄谷入口区时，在“狭管效应”作用下，风速增大；而气流经过窄谷出口进入宽谷时，在“喇叭口效应”作用下，风速减小。此外，在支流汇入口也多形成气流加速区。

②气流沿平直河谷运行时，河谷中央风速最大。由于摩擦作用，风速分布由中央向两侧谷坡递减。

③峡谷风存在所谓“加速效应”。这种效应与海拔高度和两面山坡边界层有关，当峡谷较宽时，两面山坡地边界层不至于影响到峡谷中央，峡谷内部的风速比谷口来流风速大，随着峡谷变窄，两面边界层逐渐增厚进而影响到峡谷中央，谷内的风速反而减小，但是海拔高度更大的峡谷上方风速增加的幅度较大。

(5)日风速较差

在青藏高原，随着海拔高度的增加，地面风速日较差也迅速增大，下午的风速为上午风速的 4～5 倍。

第一节　拉日线隧道外自然风速观测

自然风的风向和风速如果有利于污染物的扩散，对隧道通风会产生积极的作用，相反则会增加机械通风的能耗，所以研究隧道外自然风的流动规律，较合理地选取自然风速很有必要。

为了较合理地选取高原区铁路隧道外的自然风速，兰州交通大学委托尼木县气象局对拉日线隧址区的自然风速、风向、温湿度等进行现场观测。每天观测时间为 8:00、14:00、15:00、16:00 和 17:00。观测地点设在卡如乡以西 710 m 的峡口入口处。观测时期各时段的自然风速值汇总见图 4.1。

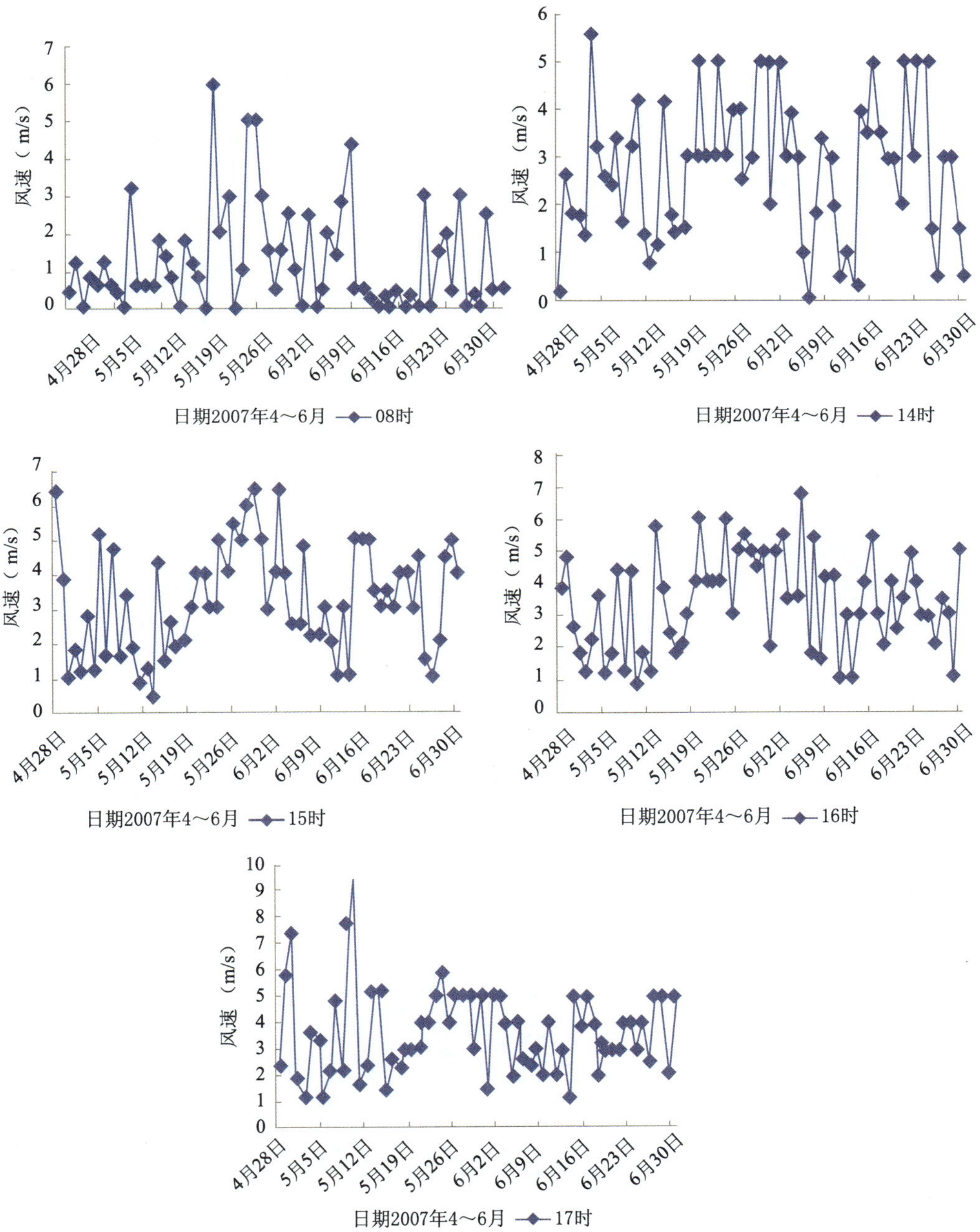

图 4.1　拉日隧址 2007 年 4 月 28 日～6 月 30 日 8:00 时、14:00～17:00 时自然风速观测值

考虑雅鲁藏布峡谷不同断面处风速不同，测试期间选择了三个断面进行风速测量。第一测点选择在工区，为卡如乡政府所在地，地域开阔，为了分析不同空间位置

风速的差异，特选择七个点位进行观测。第二测点选择峡谷断面最小位置，2007 年 3 月29 日测点位置变换了三次，目的是寻找最小断面位置。第三测点选择为两个隧道连接的峡谷区，该峡谷为雅鲁藏布大峡谷的支沟，存在定向风速。2007 年 3 月 30 日，在第三测点分别进行了两个点位的风速观测，目的是为了分析支沟定向风速的影响，具体观测数据见图 4.2。

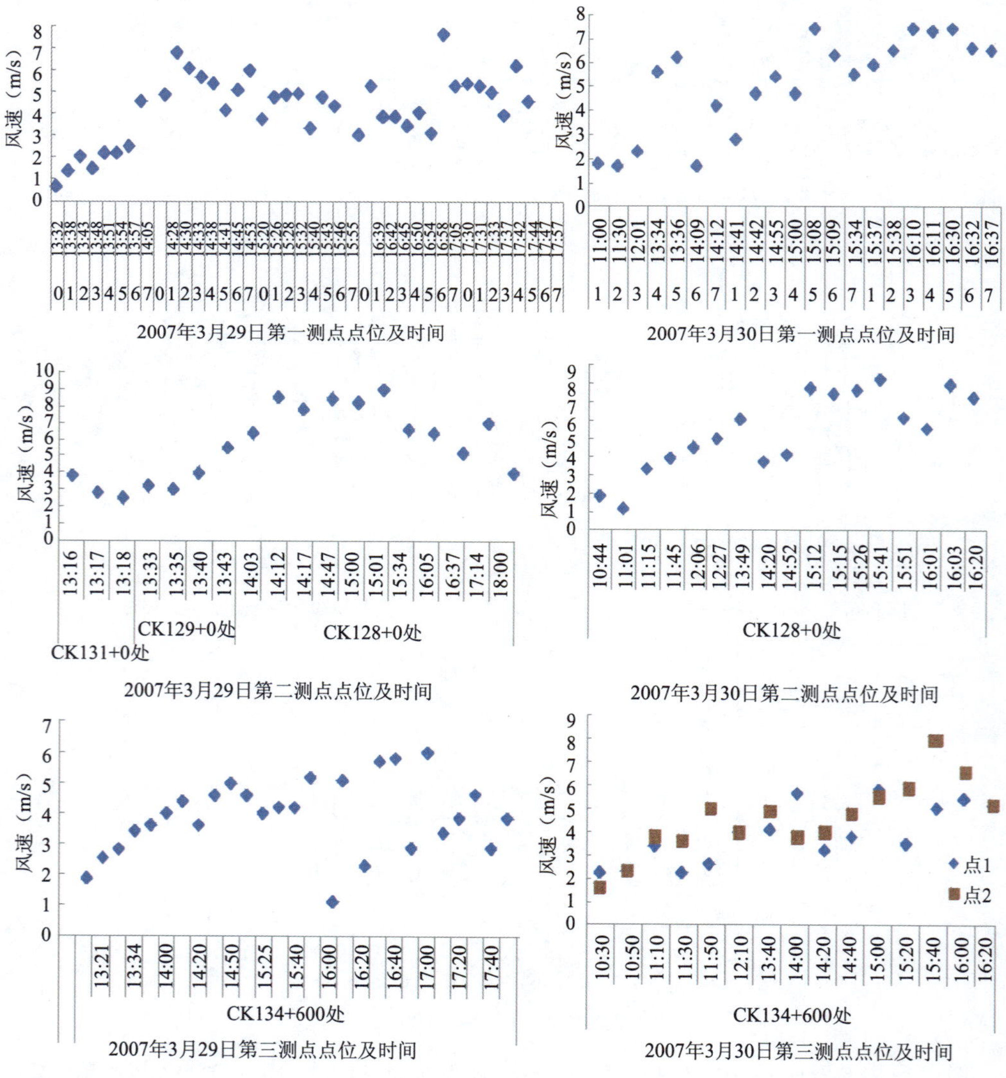

图 4.2　拉日线现场 2007 年 3 月 29 日至 30 日自然风速测量值

(1)从图 4.1 和图 4.2 数据可以看出，在 4 月～6 月中，早上 8:00 的自然风速相对较低，而下午的自然风速相对较高。最大值能达到 9.4 m/s，最小值为 0 m/s。结合4 月28 日～6 月 30 日其他观测数据，得出以下结论：

1)上午 8:00 最大风速为 6.0 m/s，最小风速为 0.0 m/s，观测期间主导风向为 ENE，该风向出现频率为 11.0%，平均风速为 0.9 m/s。其中 5 月份主导风向为 ENE，该风向平均风速 1.3 m/s。全月平均风速 1.6 m/s；6 月份，10 天风速为 0(无风)；3 天风向为 ENE，2 天风向为 NE，3 天风向为 E，这 8 天平均风速为 0.9 m/s，该时段月平均风速为 0.9 m/s。

2)下午 14:00～17:00 的主导风向为 WSW。该风向出现频率为 16.0%，最大风速达到 6.5 m/s，最小风速达到 0.8 m/s，平均风速为 3.5 m/s。在 5 月份该风向出现 13 天，其中 5 月份该风向出现频率为 14.5%，该风向平均风速 3.8 m/s，6 月份该风向出现频率为 17.5%，该风向平均风速 3.3 m/s。

3)观测期间，从晚上 20:00 到次日上午 8:00 期间风速较小，大部分天气无风。平均风速小于 0.9 m/s。从上午 8:00 至下午 14:00，风速变化较小，风速值也小，有随着时间逐渐增大趋势。每天下午 14:00～18:00 风速较大，平均风速达到5.3 m/s，最大风速可达 11.8 m/s。

4)64 天观测期平均气温 18.6 ℃，平均湿度 25%，最高气温 26.8 ℃。

从图 4.2 可以看出，拉日线隧址现场每天最大风速多出现在下午 15:00～17:00，最大风速达到了 8.8 m/s，风向多沿雅鲁藏布江大峡谷由西向东。

根据图 4.1 和图 4.2 观测数据，计算各段风速出现频率，计算结果表明，2.5～3 m/s风速出现频率最大(图 4.3)。根据相关气象资料，雅江中游河谷地区年平均风速为2.8 m/s，考虑拉日线位于雅江中游河谷地区偏西部，不同于出现极大风速的中东部地区，因此拉日线隧址区年平均风速应小于2.8 m/s，建议取2.6 m/s。

(2)现场观测资料表明：

1)各风向在峡谷区反映为西向风或东风，西风向风速峡谷区大于观测点，东风向风速峡谷区小于观测点。

2)测试期间，从晚上 20:00 到次日上午 8:00 平均风速小于 0.9 m/s。大部分时间无风。从上午 8:00 至 14:00，风速变化较小，风速值也小，有随着时间逐渐增大趋势，该时段不利于实现自然通风。每天下午 14:00～18:00 风速较大，平均风速达到 5.3 m/s，最大风速达 11.8 m/s，该时段有利于隧道实现自然通风。

3)4 月 28 日～6 月 30 日期间，全部风速观测数据平均值为 2.85 m/s(其中 5 月份平均值为 2.93 m/s，6 月份平均值为 2.78 m/s)。上午 8:00 与下午 14:00 两个时刻风速平均值为 2.00 m/s。主导风向为 WSW，该风向风速平均值为 3.44 m/s，其中 5 月份平均值为 3.89 m/s，6 月份平均值为3.06 m/s。

(3)根据上述观测资料,得出以下结论:

1)雅江流域中游河谷区每年均有大风天气,且集中在冬半年(11 月～次年5 月),考虑拉日线位于雅江中游河谷地区偏西部,不同于出现极大风速的中东部地区,因此拉日线隧址区年平均风速小于 2.8 m/s,建议取 2.6 m/s。

2)日喀则全年大风日数为 59.5 d,月平均风速最高达 4.7 m/s,有利于实现隧道内自然通风。

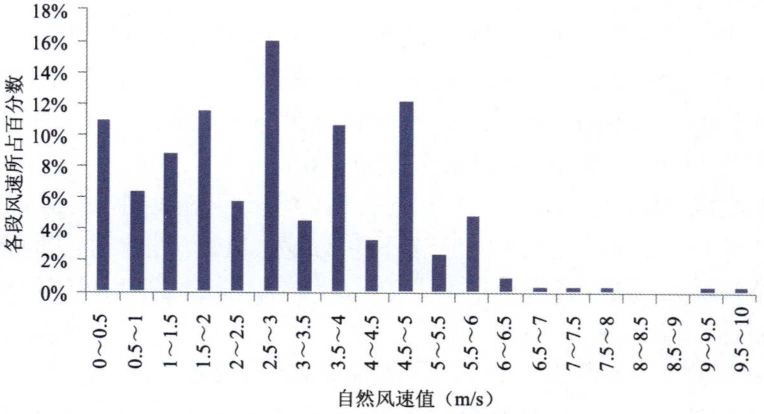

图 4.3　各段自然风速值所占百分数

第二节　隧道内外自然风速关系

一、等效压差产生的隧道内自然风速

隧道内自然风主要由隧道两洞口大气压的超静压差和洞内外温差产生的热压引起。可根据以下隧道气流能量方程计算:

$$\Delta p+\frac{\rho_d v_a^2}{2}+(\rho_1-\rho_d)gH=\left(\lambda\frac{L}{d}+\zeta+1\right)\frac{\rho_d v_a^2}{2} \tag{4.1}$$

式中　Δp——两洞口的大气超静压差,Pa;

ρ_1、ρ_d——洞外、洞内的空气密度,kg/m³;

v_a——洞外的风速,m/s;

H——两洞口的高差,m;

λ——隧道沿程阻力系数;

ζ——隧道局部阻力系数;

L——隧道的长度,m;

d——隧道的水力直径,m;

v_n——隧道内的自然风速，m/s。

上式左侧为形成洞内自然风的动力，称为等效压差 P_n，与公式右侧的自然风速值相对应。空气容重根据下式计算：

$$\rho=\frac{0.465p-0.176Ef}{273.16+t} \tag{4.2}$$

式中　ρ——空气密度，kg/m^3；

p——大气压，mmHg；

t——温度，℃；

E——温度 t 时的饱和水汽压，可由表 4.1 查出，mmHg；

f——空气的相对湿度。

根据现场 64 天观测的隧道外平均气温为 18.6 ℃，平均相对湿度 25%，气压取青藏高原 57.0～72.5 的平均值 65 kPa，根据公式(4.2)，当 p=65 kPa、t=18.6 ℃、f=25%时空气密度 ρ=0.77 kg/m^3，洞外自然风速按 v_a=2.6 m/s 进行计算，针对具体隧道，Δp 应由模拟山体形状的风洞试验测得，此处均根据经验取山前正压 $+0.9\rho v^2/2$，山后负压 $-0.3\rho v^2/2$ 计算，得 Δp =3.1 Pa，洞外自然风的动压 $\frac{\rho_d v_a^2}{2}$ = 2.6 Pa。热位差分别按洞内外温差 5 ℃和 10 ℃计算，在 λ=0.02，d=6.04 m，ζ=0.5 情况下计算出的热位差及隧道内自然风速值见表 4.2。

计算结果表明，拉日线隧址区不同长度和高程的隧道，隧道内自然风风速平均为 0.8～1.7 m/s(表 4.2)。

表 4.1　饱和水汽压 E

温度(℃)	饱和水汽压(mmHg)	温度(℃)	饱和水汽压(mmHg)	温度(℃)	饱和水汽压(mmHg)	温度(℃)	饱和水汽压(mmHg)
−5	3.01	4	6.10	13	11.23	22	19.83
−4	3.23	5	6.54	14	11.99	23	21.07
−3	3.57	6	7.01	15	12.79	24	22.38
−2	3.88	7	7.51	16	13.63	25	23.76
−1	4.22	8	8.05	17	14.52	26	25.21
0	4.58	9	8.61	18	15.48	27	26.74
1	4.93	10	9.21	19	16.48	28	28.35
2	5.29	11	9.84	20	17.53	29	30.04
3	5.69	12	10.52	21	18.65	30	31.32

表 4.2　等效压差产生的隧道内自然风速

隧道名称	隧道长度(m)	洞口高差 L(m)	两洞口的大气超静压差 Δp(Pa)	热位差 $(\rho_1-\rho_d)gH$ (Pa)		等效压差 p_n(Pa)		隧道内自然风速 v_n (m/s)	
				5 ℃	10 ℃	5 ℃	10 ℃	5 ℃	10 ℃
色麦村	6 698	55.6	3.1	7.7	15.6	13.4	21.3	1.2	1.5
甫当	7 468	10.1	3.1	1.4	2.8	7.1	8.5	0.8	0.9
帕当山	3 036	12.5	3.1	1.7	3.5	7.4	9.2	1.3	1.4
萨嘎村	2 979	8.9	3.1	1.2	2.5	6.9	8.2	1.3	1.4
吉沃希嘎	4 070	36.6	3.1	5.1	10.3	10.8	16.0	1.4	1.7
达嘎山	7 204	5.1	3.1	0.7	1.4	6.4	7.1	0.8	0.9
盆因拉	10 415	71.6	3.1	9.9	20.1	15.6	25.8	1.1	1.4
双曲村	2 140	10.7	3.1	1.5	3.0	7.2	8.7	1.5	1.6
名炯	4 177	24.1	3.1	3.3	6.8	9.0	12.5	1.2	1.4
托布村一号	2 665	9.8	3.1	1.4	2.8	7.1	8.5	1.3	1.5

为了进一步由现场实测数据分析隧道内自然风风速，对羊八井Ⅰ号隧道拉萨端、Ⅱ号隧道格尔木端及隧道外自然风速进行了为期两天(2007 年 3 月 25 日、26 日)的观测，2007 年 3 月 25 日测试时，隧道内的风向由格尔木端至拉萨端，3 月 26 日风向相反。观测结果见图 4.4。

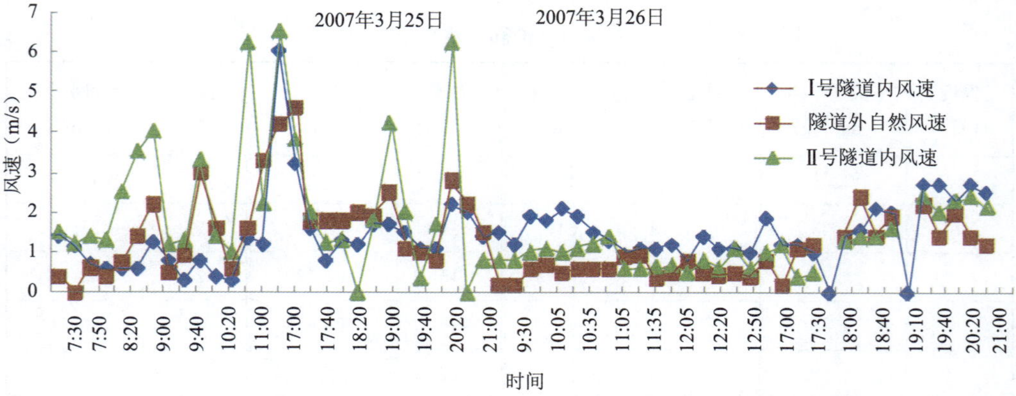

图 4.4　羊八井Ⅰ号、Ⅱ号隧道内、外风速测定值

羊八井Ⅰ号、Ⅱ号隧道周边环境与拉日线有类似之处，如隧道走向顺着河谷，但相互又有所不同，主要表现在雅江峡谷相对顺直，羊八井Ⅰ号隧道格尔木端比较开阔，拉萨端峡谷较弯曲。羊八井Ⅰ号、Ⅱ号隧道洞外自然风速观测点与隧道内风速观

测点在距轨面同一高度处，观测点基本在同一轴线上，而拉日线自然风速观测点在峡谷区。因此，风速关系不同，但可为拉日线隧道内自然风速值的确定提供参考。

拉日线各隧道由等效压差求得的隧道内自然风风速在 0.8～1.7 m/s 之间。表 4.2计算值和图 4.4 实测值可以看出，大部分情况下，隧道内的自然风速均小于 1.5 m/s，因此可以认为，隧道通风方案设计取 1.5 m/s 自然反风基本合理，是比较保守的取值。

二、拉日线隧道内自然风速数值模拟

采用 ANSYS 软件中的 FLOTRAN 单元，考虑隧道两端的大气超静压差和热位差，对帕当山隧道按照实际尺寸建立二维模型，进行隧道内自然风速数值模拟，根据表 4.2 中的理论计算验证模拟结果。隧道几何尺寸见表 4.3。

隧道入口为大气超静压差和热位差形成的压力条件，5 ℃时 4.8 Pa，10 ℃时 6.6 Pa。出口相对压力为 0；隧道两侧为山体，设为无滑移壁面边界条件。计算参考环境压力为 65 kPa，温度 291.6 k，密度 0.77 kg/m^3。

流体设为不可压缩流体，计算采用 RNG κ-ε 湍流模型，稳态求解。速度和压力求解均采用三对角矩阵法（TDMA），设置压力收敛准则为 1e10^{-6}。网格采用均分网格，总节点数 6 377 个。求解中考虑壁面粗糙度的影响，激活平衡壁面湍流模型。

表 4.3　帕当山隧道与列车参数

隧道断面积（m^2）	隧道周长（m）	隧道长度（m）	隧道水力直径（m）	隧道沿程阻力系数	隧道局部阻力系数	隧道壁面当量粗糙度（mm）	列车断面积（m^2）	列车周长（m）	列车长度（m）	列车表面当量粗糙度（mm）
32.29	21.38	3036	6.04	0.020	0.5	6.24	12.6	14.3	590	6.24

图 4.5 为帕当山隧道洞内外温差分别为 5 ℃和 10 ℃时速度矢量图和隧道中心断面速度分布图。从图中可以看出，随着洞内外温差增大，隧道内的自然风速也增大。

根据图 4.5 计算隧道断面平均速度，与表 4.2 理论计算结果比较，计算结果和模拟结果吻合较好（表 4.4）。

表 4.4　帕当山隧道计算结果与模拟结果比较

洞内外温差	计算值（m/s）	模拟值（m/s）	误差
5 ℃	1.3	1.283	1.3%
10 ℃	1.4	1.495	6.8%

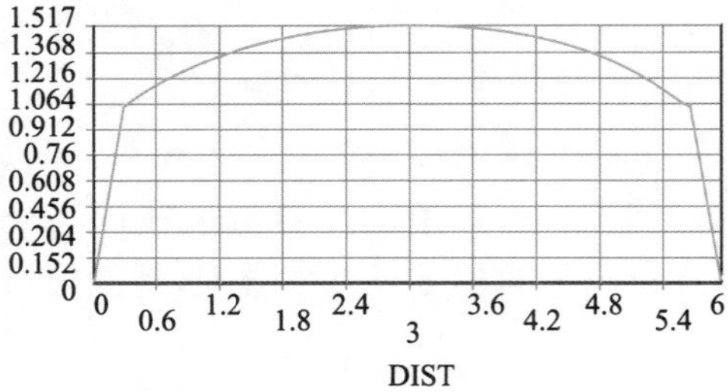

(a) 5 ℃温差

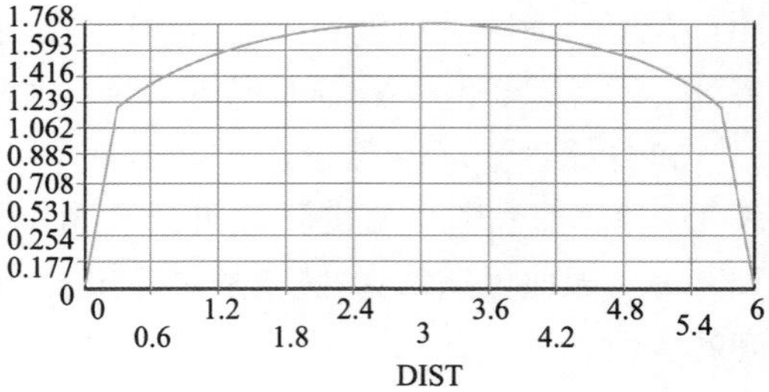

(b) 10 ℃温差

图 4.5 隧道中心断面速度分布图

第三节 盆因拉隧道横通道对隧道内自然风速的影响

盆因拉隧道地处高原温带亚干旱气候区，具有冬寒夏凉、无霜期短、空气相对湿度小、昼夜温差大、日照充足丰富、冬春两季干燥风沙大、多雷暴等特征。年平均气温 6.7 ℃，极端最高气温 28.5 ℃，极端最低气温－25.1 ℃，最热月平均气温 14.6 ℃，最冷月平均气温－3.5 ℃；降雨量年分布不均衡，雨季多集中在每年的 6～9 月，年平均降水量 469.9 mm，年最大降水量 752.1 mm，年平均蒸发量 2 068.6 mm，年最大蒸发量 3 051.7 mm；年平均风速 1.47～2.6 m/s，主导风向 SW，最大风速 30.0 m/s，年平均大风日数(≥8 级)19 d。隧道最大埋深 1 080 m。为单线隧道。NJ_2 型内燃机车双机牵引。

一、横通道对盆因拉隧道通风速度场的影响

盆因拉隧道全程长 10 415 m，距离拉萨端 9 739 m 区坡度为 7‰，其余 676 m 坡度为 3‰，均沿程抬高，即拉萨端高，日喀则端低。隧道断面积 $F=32.29\,\text{m}^2$；当量直径 $d_e=6.04$ m，沿程阻力系数 $\lambda=0.020$，进口局部阻力系数 $\xi=0.5$；横洞及斜井横断面积 $F_s=36.73\,\text{m}^2$，当量直径 $d_s=6.39$ m，沿程阻力系数 $\lambda_s=0.020$；列车横断面积 $f_t=12.6\,\text{m}^2$，列车长度 $l_t=590$ m，列车速度 $v_t=50.2\sim73.0$ km/h，列车行车间隔为 15 min。洞外自然反向风速 v_n为 0.05～5.0 m/s，同向风速 v_n为 0.05～7.0 m/s。

盆因拉隧道共有 3 个横通道和一个斜井，横通道对自然风速的影响可通过数值模拟进行分析。

隧道速度场数值模拟分析：利用 ANSYS 模拟软件中的 FLOTRAN 单元对盆因拉隧道的速度场分布进行数值模拟。在具体计算中，对隧道内空气的流动作如下基本假定：1)流体是不可压缩的，视为连续介质，服从连续性方程。2)计算过程中，隧道

壁温恒定，壁面绝热，无热流密度交换作用。3）隧道内流场具有高湍流 *Re* 数，流体的湍流黏性具有各向同性，湍流黏性系数视为标量。

（1）模型参数设置

模拟分析依据不同工况建立相应的计算模型及边界条件。

隧道通风风速为列车活塞风，自然风为反向风速。入口端风速 3.19 m/s。出口压力为相对大气压。横洞送风风速设为自然风风速 2.0 m/s。壁面采用无滑移壁面，风速以拉萨至日喀则方向为正。

假定流体为不可压缩流体。采用 RNG k-ε 湍流模型稳态求解。速度求解采用三对角矩阵法（TDMA），压力求解采用预条件共轭残差法（PCCR），设置压力收敛准则为 $1e10^{-6}$。见图 4.6 和图 4.7。

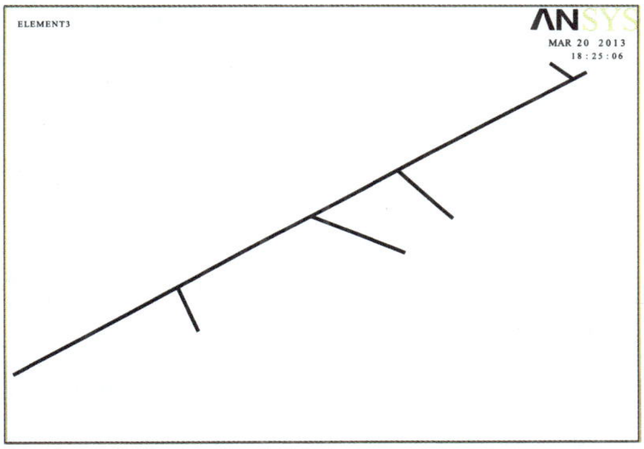

图 4.6　隧道三维模型示意图

图 4.7　隧道网格划分示意图

（2）不同横通道开通工况的隧道风速

1）斜井排风、2 号、3 号横洞开通（图 4.8～图 4.10）

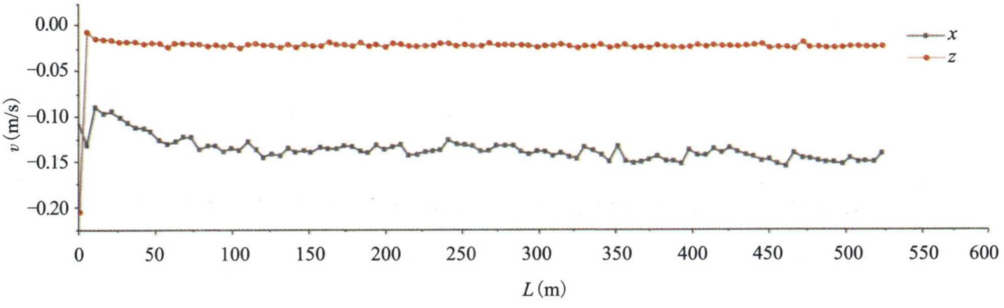

图 4.8　1 号斜井纵向、垂向风速分布图

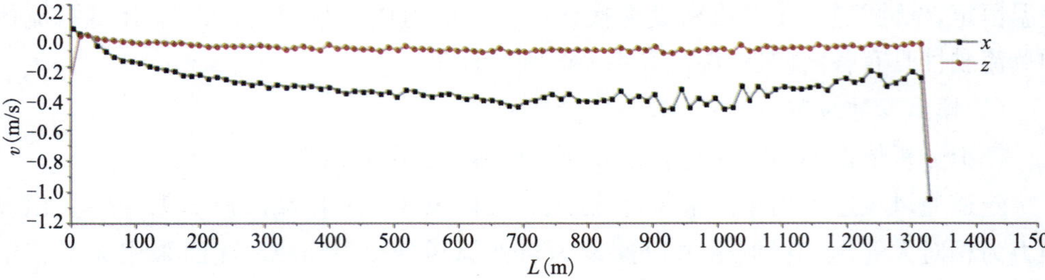

图 4.9　2 号横洞纵向、垂向风速分布图

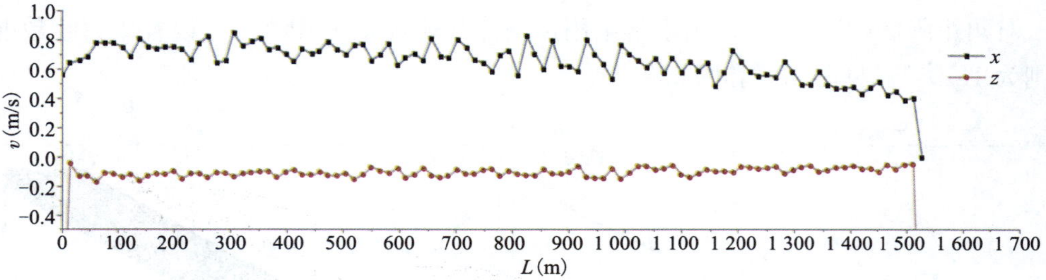

图 4.10　3 号横洞纵向、垂向风速分布图

2 号、3 号横洞均为形成对隧道有效送风，其中部分主隧道风逆流进入 3 号横洞中。原因是横通道角度不利于横洞自然送风。

1 号斜井纵向风速(x 方向)为 0.1～0.15 m/s，速度波动不大；2 号横通道的纵向的风速为 0.1～0.5 m/s，速度分布曲线呈凹型分布；3 号横通道的 x 方向的分速度大概在 0.55～0.95 m/s 之间，速度波动比较明显。

2)斜井排风、2 号、4 号横洞开通(图 4.11～图 4.13)

2 号、4 号横洞均为形成对隧道有效送风。4 号横洞纵向风速度为－0.25～0.25 m/s；1 号斜井纵向风速为 0.2～0.25 m/s，速度波动不大；2 号横通道的纵向风速为－0.2～0.4 m/s，速度波动比较大；3 号横通道纵向风速为－0.4～1.0 m/s，速度波动比较大。

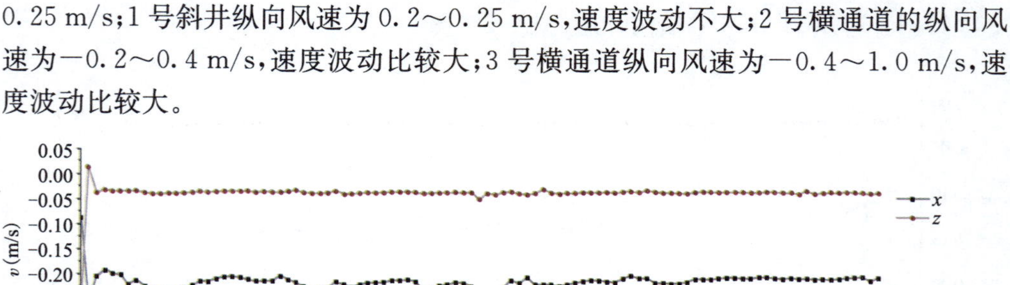

图 4.11　1 号斜井纵向、垂向风速分布图

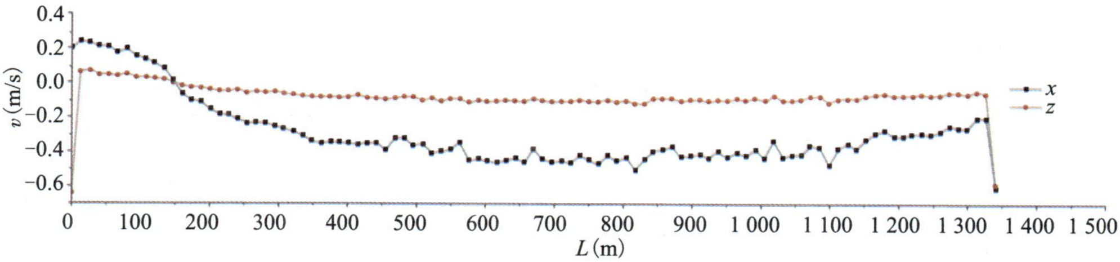

图 4.12　2 号横洞纵向、垂向风速分布图

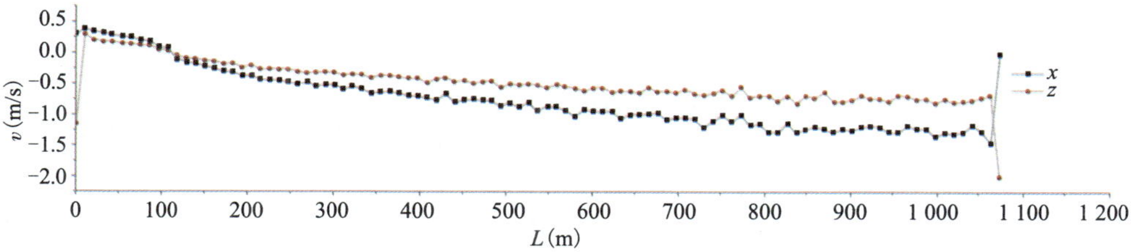

图 4.13　4 号横洞纵向、垂向风速分布图

3)斜井排风、3 号、4 号横洞开通(图 4.14～图 4.16)

4)三种工况隧道通风效果比较(图 4.17)

由图 4.17 可知，自拉萨至日喀则方向，横通道对隧道风速影响较大。隧道内的风速呈阶梯形沿程逐渐递减。

2 号、4 号横洞开通、1 号斜井排风情况下隧道内速度高于其他两种工况 。

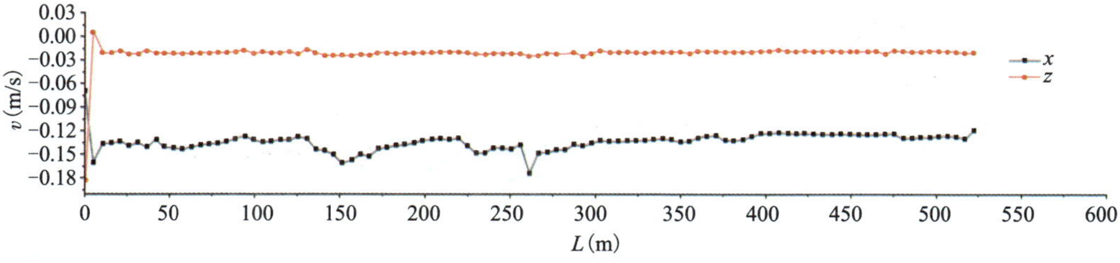

图 4.14　1 号斜井纵向、垂向风速分布图

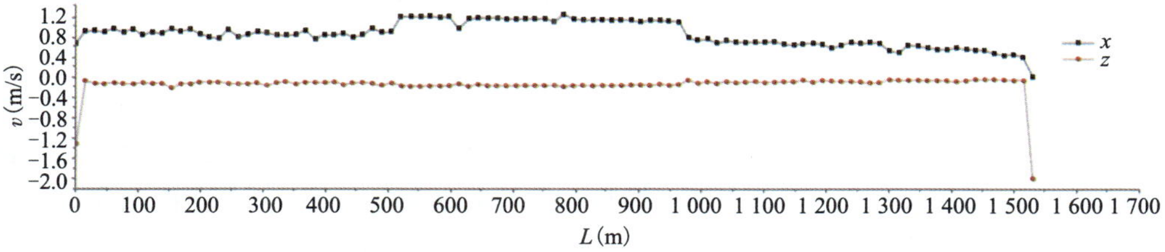

图 4.15　3 号横洞纵向、垂向风速分布图

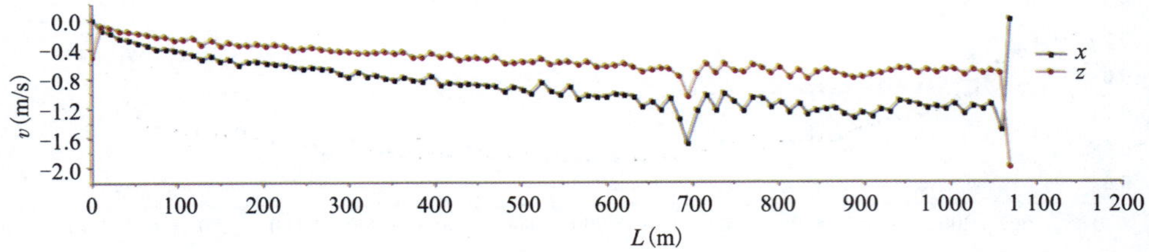

图 4.16　4 号横洞纵向、垂向风速分布图

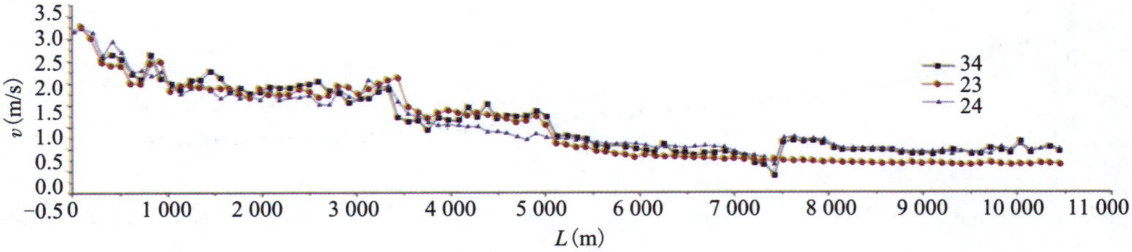

图 4.17　三种工况隧道纵向速度对比图

（图中 34 指 3 号、4 号横洞开通、1 号斜井排风工况，23 指 2 号、3 号横洞开通、1 号斜井排风工况，24 指 2 号、4 号横洞开通、1 号斜井排风工况）

(3)斜井对隧道通风的影响

斜井的开通与否对 2 号、4 号横洞开通通风工况的影响，具体数值模拟方法与上述相同。对两种通风工况的隧道轴线速度进行比较，结果见图 4.18。

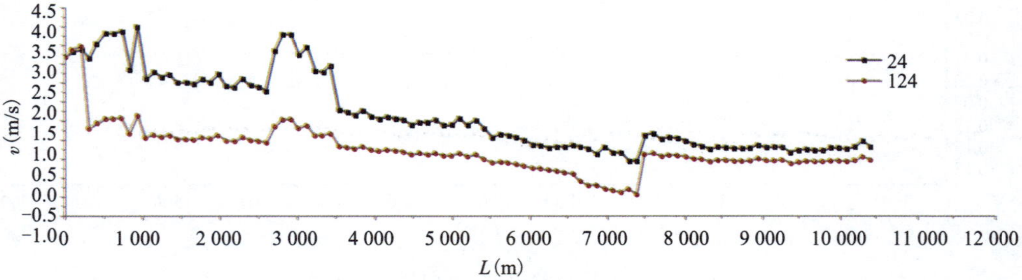

图 4.18　两种工况隧道纵向速度对比图

（图中 24 指 2 号、4 号横洞开通、1 号斜井关闭通风工况，124 指 2 号、4 号横洞开通、1 号斜井开通通风工况）

由图 4.18 可知，自拉萨至日喀则方向，风速产生了 5 次阶梯性变化。风速在距拉萨端 0～1 000 m 处的变化阶段内风速逐渐升高，在其他区段内，风速逐渐递减。

2 号、4 号横洞开通、1 号斜井关闭通风工况的通风效果较好。1 号斜井的开通不利于隧道的通风，因此，在隧道的运营通风中，应该关闭 1 号斜井。

(4)两横洞开通工况与三横洞开通工况

比较 2 号、3 号、4 号横洞开通与 2 号、4 号横洞开通工况的隧道轴线速度，具体结果见图 4.19。结果表明：自拉萨至日喀则方向，风速产生了 5 次阶梯性变化。距拉萨端 0～1 000 m 区段风速逐渐升高，在其他区段内风速基本逐渐递减。2 号、4 号横洞开通的通风效果比 2 号、3 号、4 号横洞开通的通风效果好。

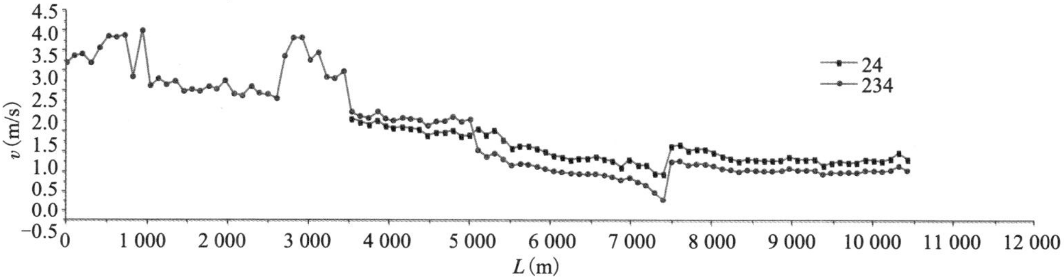

图 4.19　开通横通道隧道纵向速度对比图

（图中 24 指 2 号、4 号横洞开通通风工况，234 指 2 号、3 号、4 号横洞开通通风工况）

二、隧道洞内外自然风速关系

利用 CFD 软件 ANSYS，针对盆因拉隧道，分析不同角度、大小洞外自然风，隧道内温度对隧道内自然风速的影响，进行三维速度场数值模拟。

针对盆因拉隧道 2 号、4 号横洞开通和 2 号、3 号、4 号横洞开通两种工况下，不同角度峡谷区自然风、不同峡谷区自然风速对隧道内自然风速的影响关系的分析；以及考虑隧道内地热作用，隧道内外自然风速影响关系的分析。模拟分析依据不同工况建立相应的计算模型及边界条件。

1. 日喀则端进风

在日喀则端施加与隧道轴线方向夹角分别为 0 °、15 °、30 °、45 °、60 °的自然风速，拉萨出口端自然风速为 0。出口端设为压强边界，出口压力为相对大气压力 0。其余壁面采用无滑移壁面，相对速度为 0。其中横洞送风风速也为自然风风速，其与 4 号横洞入口、3 号横洞入口、2 号横洞入口的夹角分别为－15 °、0 °、30 °。规定风速正向以日喀则至拉萨方向为正。

在已有比较基础上（开通 2 号、3 号横洞、2 号、4 号横洞和 3 号、4 号横洞开通三种通风工况下的通风效果，得出 2 号、4 号横洞开通风效果为最佳），将 2 号、4 号横洞开通和两种工况进行模拟比较。

(1)隧道外自然风速为 2.0 m/s

隧道外自然风速为 2.0 m/s，与隧道轴线方向夹角分别为 0 °、15 °、30 °、45 °、60 °。

规定风速以日喀则至拉萨方向为正。

1)2 号、4 号横洞开通

隧道外自然风与隧道轴线夹角为 0 °和 15 °时，对隧道内风速的影响基本相同。分析整理不同角度的模拟数据，可得出隧道外自然风速为 2 m/s，2 号、4 号横洞开通时，隧道外峡谷区自然风与洞内自然风速的关系见表 4.5。

表 4.5　2 号、4 号横洞开通隧道内自然风速(m/s)

与隧道轴线夹角(°)	0	15	30	45	60
拉萨端～2 号横洞	0.824	0.82	0.76	0.70	0.59
2 号横洞～4 号横洞	2.53	2.53	2.31	2.08	1.66
4 号横洞～日喀则端	2.76	2.76	2.33	1.86	1.23

2)2 号、3 号、4 号横洞开通

隧道外自然风速为 2 m/s，2 号、3 号、4 号横洞开通工况时，隧道内自然风速见表 4.6。

表 4.6　2 号、3 号、4 号横洞开通隧道内自然风速(m/s)

与隧道轴线夹角(°)	0	15	30	45	60
拉萨端～2 号横洞	0.65	0.50	0.60	0.55	0.49
2 号横洞～3 号横洞	1.77	1.48	1.61	1.38	1.01
3 号横洞～4 号横洞之间	3.06	2.46	2.81	2.49	2.02
4 号横洞～日喀则端	2.81	2.20	2.39	1.91	1.29

3)两种工况模拟结果比较分析(图 4.20)

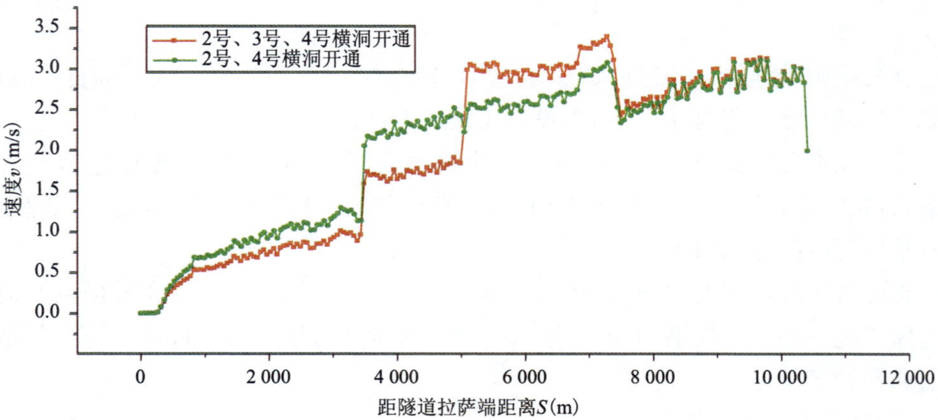

图 4.20　隧道外自然风与隧道轴线夹角为 0 °时主隧道轴线速度对比图

由图 4.20 看出，横通道开通情况不同，自然风速进入隧道后，在日喀则端至 4 号横洞区间，隧道内风速大小及变化基本相同；在 4 号横洞至 3 号横洞区间，隧道风速 2 号、3 号、4 号横洞通风工况大于 2 号、4 号横洞通风工况；在 3 号横洞至隧道拉萨出口端区间，隧道风速 2 号、4 号横洞通风工况大于 2 号、3 号、4 号横洞通风工况。

(2)隧道外自然风速为 2.5 m/s

日喀则端隧道外自然风速与隧道轴线方向夹角分别为 0 °、15 °、30 °，规定风速以日喀则至拉萨方向为正。

1)2 号、4 号横洞开通工况(图 4.21)

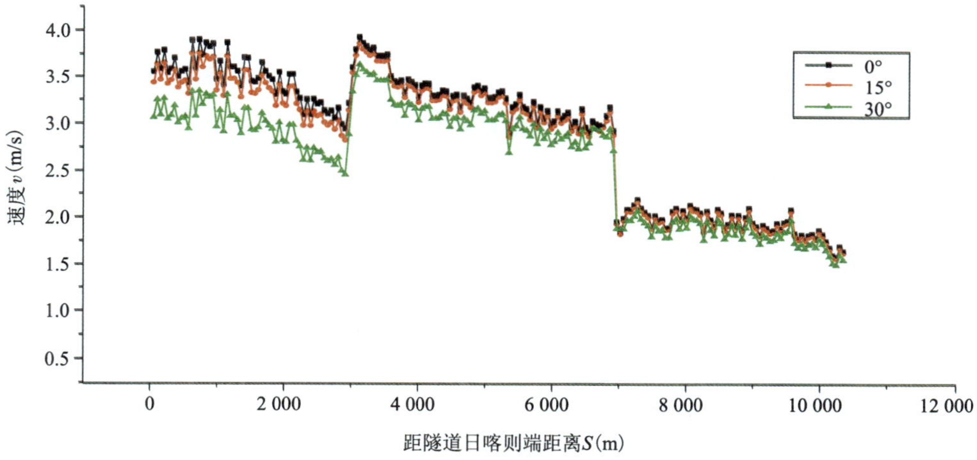

图 4.21　隧道轴线速度对比图

隧道外自然风速为 2.5 m/s，2 号、4 号横洞开通时，隧道内自然风速见表 4.7。

表 4.7　2 号、4 号横洞通风隧道内自然风速(m/s)

与隧道轴线方向夹角(°)	0	15	30
拉萨端～2 号横洞	1.93	1.90	1.82
2 号横洞～4 号横洞	3.07	3.01	2.86
4 号横洞～日喀则端	3.50	3.38	3.03

2)2 号、3 号、4 号横洞开通工况(图 4.22)

隧道外自然风速为 2 m/s，2 号、3 号、4 号横洞开通时，隧道内自然风速见表 4.8。

自然风速进入隧道后，在拉萨端到 4 号横洞之间的隧道段，隧道内风速变化相差不大，变化规律基本相同；在 4 号横洞至 3 号横洞区间，2 号、3 号、4 号横洞开通时的隧道风速大于 2 号、4 号横洞开通时的隧道风速；在 3 号横洞到隧道出口端区间，2 号、4 号横洞开通时的隧道风速大于 2 号、3 号、4 号横洞开通时的隧道风速。

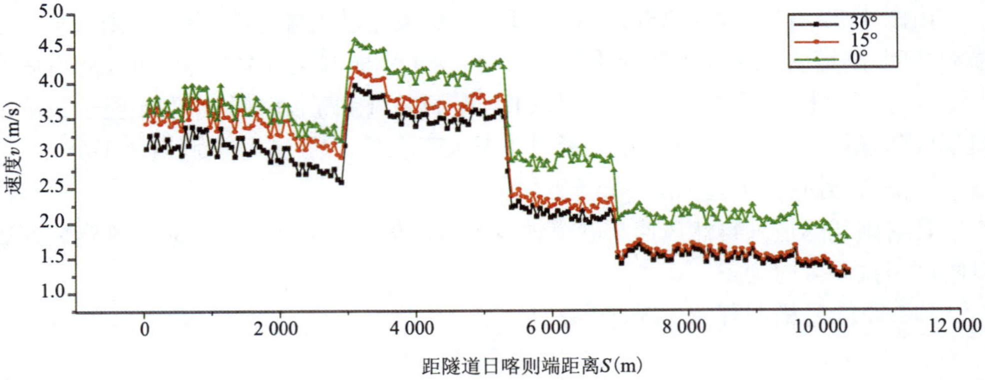

图 4.22　隧道轴线速度对比图

表 4.8　2 号、3 号、4 号横洞通风隧道内自然风速(m/s)

与隧道轴线方向夹角(°)	0	15	30
拉萨端～2 号横洞	2.04	1.55	1.48
2 号横洞～3 号横洞	2.89	2.32	2.16
3 号横洞～4 号横洞	4.15	3.77	3.49
4 号横洞～日喀则端	3.71	3.48	3.12

3)两种工况模拟结果比较(图 4.23)

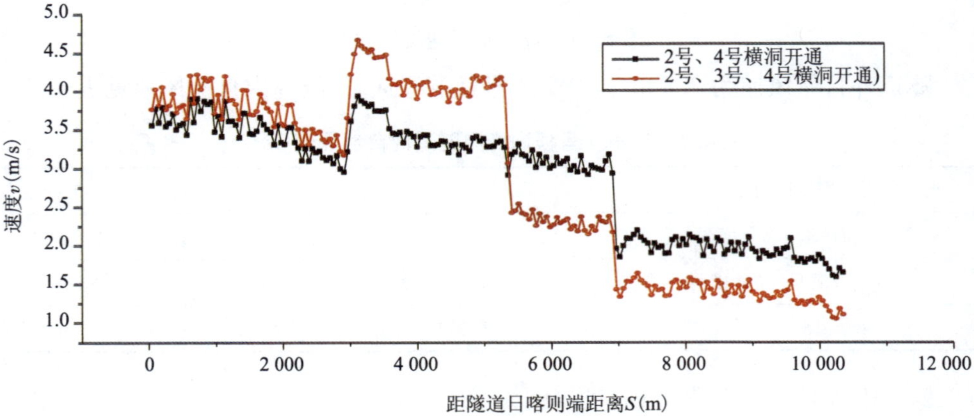

图 4.23　0 °时主隧道轴线速度对比图

(3)隧道外自然风速为 3.0 m/s

日喀则端隧道外自然风速与隧道轴线方向夹角分别为 0 °、15 °、30 °。风速以日喀则至拉萨方向为正。

1)2 号、4 号横洞开通工况(图 4.24)

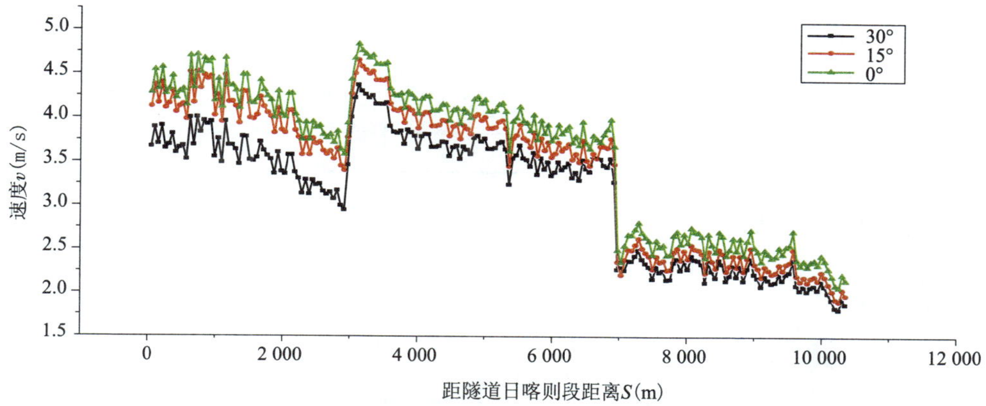

图 4.24　隧道轴线速度对比图

隧道外自然风速为 3.0 m/s,2 号、4 号横洞开通时,隧道内自然风速见表 4.9。

表 4.9　2 号 、4 号横洞通风隧道内自然风速(m/s)

与隧道轴线方向夹角(°)	0	15	30
拉萨端～2 号横洞	2.47	2.29	2.20
2 号横洞～4 号横洞	3.81	3.63	3.44
4 号横洞～隧道日喀则端	4.23	4.05	3.63

2)2 号、3 号、4 号横洞开通工况(图 4.25)

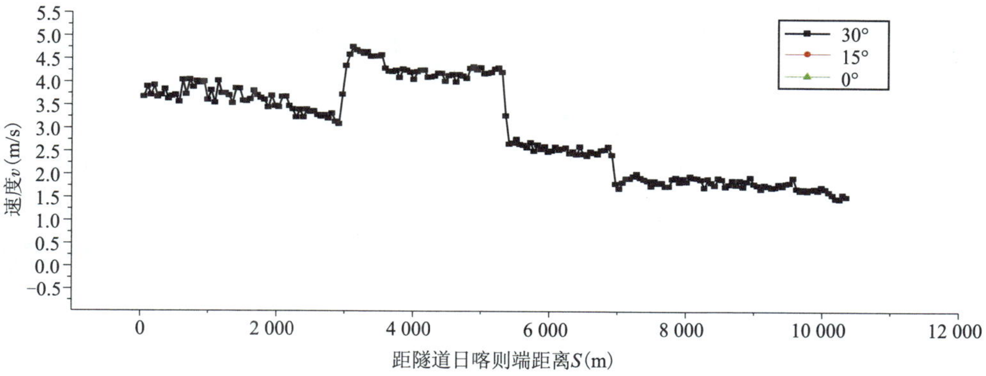

图 4.25　隧道轴线速度对比图

隧道外自然风速为 2 m/s,2 号、3 号、4 号横洞开通工况时,隧道内自然风速见表 4.10。

表 4.10　2 号、3 号、4 号横洞通风隧道内自然风速(m/s)

与隧道轴线方向夹角(°)	0	15	30
拉萨端～2 号横洞	1.89	1.86	1.73
2 号横洞～3 号横洞	2.85	2.79	2.60
3 号横洞～4 号横洞	4.56	4.47	4.19
4 号横洞～日喀则端	4.33	4.18	3.75

3)两种工况模拟结果比较(图 4.26)

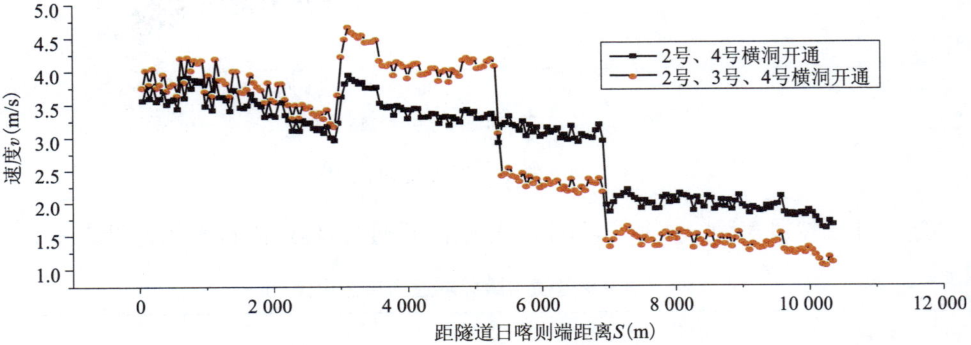

图 4.26　0 °时隧道轴线速度对比

自然风速进入隧道后，在拉萨端到 4 号横洞之间的隧道段，隧道内风速变化相差不大，变化规律基本相同；在 4 号横洞到 3 号横洞区间，2 号、3 号、4 号横洞开通时隧道风速大于 2 号、4 号横洞开工况的隧道风速；在 3 号横洞到隧道出口端区间，2 号、4 号横洞开工况的隧道风速大于 2 号、3 号、4 号横洞开通工况时的隧道风速。

两种工况在每个变化阶段内，两种工况下隧道速度沿程逐渐递减。3 号横洞～4 号横洞区间风速最大。

(4) 三种自然风速模拟结果比较

开通 2 号、3 号、4 号横洞，三种不同自然风速情况下，隧道内风速模拟计算比较结果见图 4.27。

不同隧道外自然风速对隧道内自然风速的影响规律相似。隧道外自然风速越大，隧道内自然风速越大，影响也最为明显。3 号横洞～4 号横洞区间风速最大，2 号横洞～拉萨端区间风速最小。

2. 拉萨端进风

2 号、3 号、4 号横洞通风、拉萨端有、无风时，在日喀则端到 2 号横洞区间，隧道内风速大小及变化基本相同，2 号横洞到隧道拉萨端区间，有自然风工况时的隧道轴线速度大于无自然风工况时的隧道轴线速度。见图 4.28～图 4.29。

拉萨端隧道外自然风对隧道内自然风速的影响比较大，更有利于自然通风。

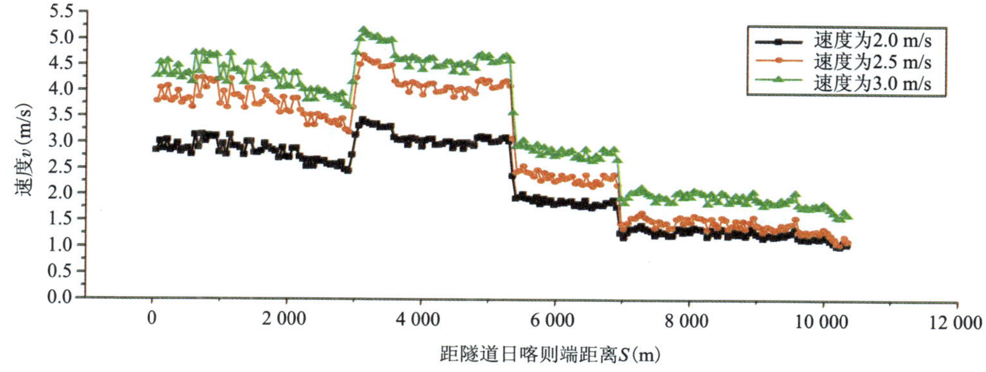

图 4.27　不同洞外自然风速，2 号、3 号、4 号横洞开通时，隧道轴线速度对比

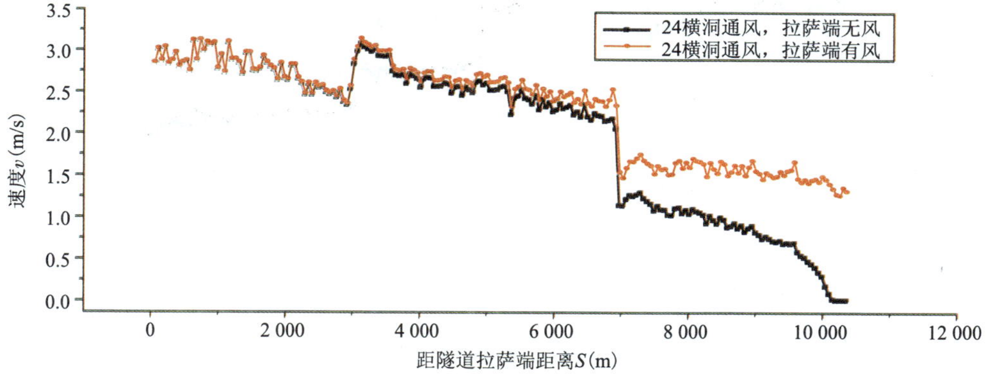

图 4.28　2 号、4 号横洞通风、拉萨端有、无风时，隧道轴线速度对比

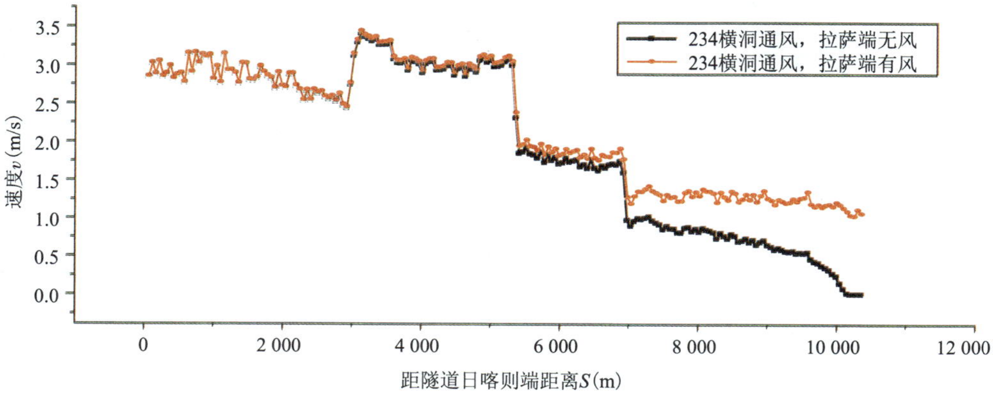

图 4.29　2 号、3 号、4 号横洞通风、拉萨端有、无风时，隧道轴线速度对比图

三、地热作用对隧道内自然风的影响

以隧道外自然风速 2.5 m/s 为例，风向与隧道轴线一致，针对 2 号、3 号、4 号横洞开通工况，考虑隧道内地热作用，进行隧道内壁温度为 301 K(28 ℃)、308 K(35 ℃)时隧道内自然风速模拟计算。

1. 隧道内壁温度 301 K

隧道外自然风速风向与隧道轴线夹角越小，隧道内自然风速越大。在 2 号横洞至拉萨端区间，夹角为 15 °和 30 °时隧道内风速几乎相等。见图 4.30。

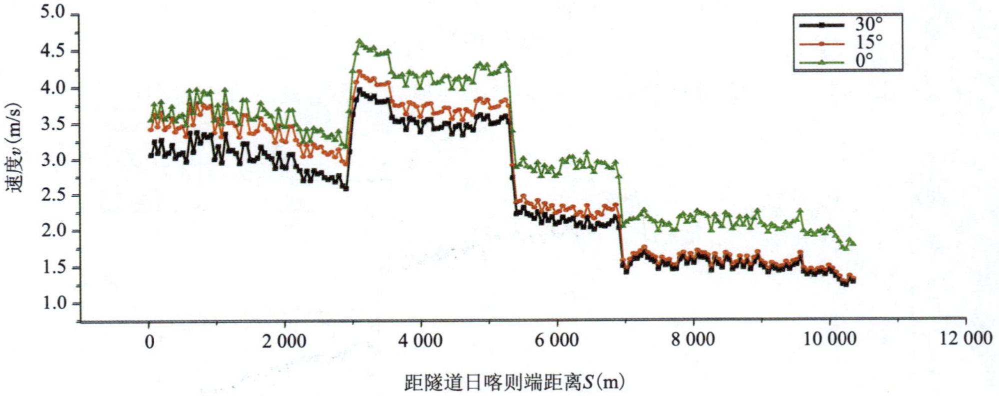

图 4.30　隧道轴线速度对比(隧道外自然风速与隧道轴线夹角 0 °)

隧道外自然风速为 2.5 m/s，隧道内壁温为 301 K(28 ℃)，2 号、3 号、4 号横洞开通工况时，隧道内自然风速见表 4.11。

表 4.11　2 号 、3 号、4 号横洞通风隧道内自然风速(m/s)

与隧道轴线方向夹角(°)	0	15	30
拉萨端～2 号横洞	2.04	1.54	1.48
2 号横洞～3 号横洞	2.89	2.31	2.16
3 号横洞～4 号横洞	4.14	3.71	3.49
4 号横洞～日喀则端	3.70	3.48	3.12

2. 隧道内壁温 308 K

隧道外自然风速风向与隧道轴线夹角越小，隧道内自然风速越大。在 2 号横洞至拉萨端区间，夹角为 15 °和 30 °时隧道内风速几乎相等。见图 4.31。

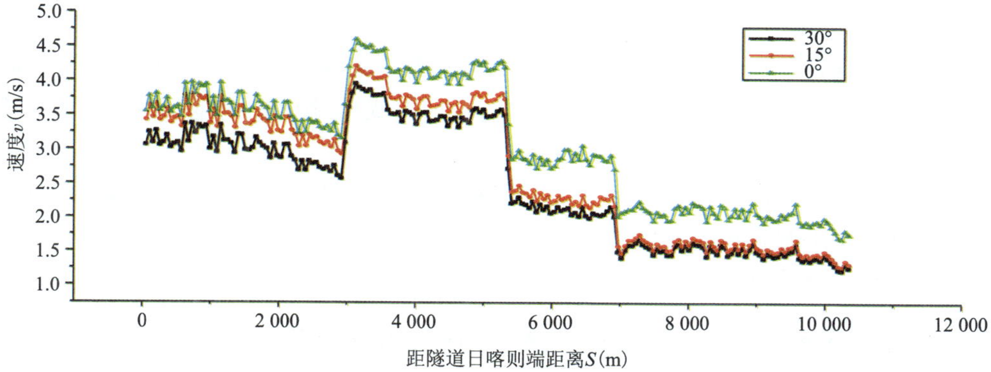

图 4.31 隧道轴线速度对比(隧道外自然风速与隧道轴线夹角 0°)

隧道外自然风速为 2.5 m/s,隧道内壁温 308 K 时,2 号、3 号、4 号横洞开通工况时,隧道内自然风速见表 4.12。

表 4.12 2 号 、3 号、4 号横洞开通隧道内自然风速(m/s)

与隧道轴线方向夹角(°)	0	15	30
拉萨端～2 号横洞	2.28	1.79	1.73
2 号横洞～3 号横洞	3.12	2.56	2.40
3 号横洞～4 号横洞	4.38	3.96	3.73
4 号横洞～日喀则端	3.95	3.73	3.37

3. 隧道不同内壁温度模拟结果比较

不同隧道内壁温度时,峡谷区自然风速对隧道内自然风速的影响规律非常的相似。见图 4.32。

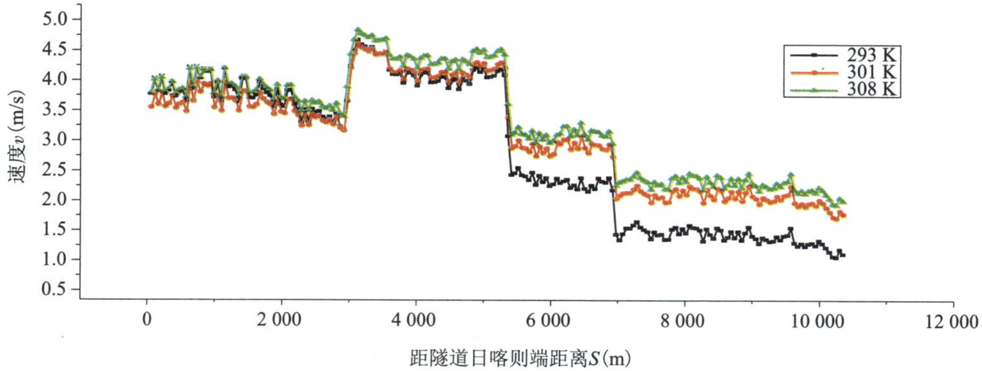

图 4.32 不同内壁温度,隧道轴线速度对比

日喀则端至 3 号横洞区间，隧道内壁温度对自然风速的影响几乎相同；3 号横洞至拉萨端区间，隧道内壁温度为 308 K 时的风速略大于 301 K 时的风速，明显大于 293 K 时的风速。

隧道内壁温度为 293 K～308 K 时，日喀则端至 3 号横洞区间壁温对隧道内自然风速影响不大；3 号横洞至拉萨端，内壁温度对隧道内自然风速的影响较大，隧道内壁温度越高，影响越明显。

四、不同横通道开通隧道外自然风对列车活塞风速的影响

假定隧道内火车的行驶速度为 14.0 m/s(50.4 km/h)，根据活塞风推移长度公式可得：

当隧道 2 号、4 号横洞开通时，$L_{s1}=835.57$ m；

当隧道 2 号、3 号、4 号横洞开通时，$L_{s2}=904.37$ m。

计算表明 $L_{s1}<L_{s2}$，因此可得 2 号、3 号、4 号横洞开通工况的通风效果比 2 号、4 号横洞开通的效果好。

第五章　隧道活塞风计算

活塞风作用时间和作用次数完全决定于行车组织。确定活塞风的大小，是隧道通风中应用活塞风的基础，通过研究探讨活塞风的主要特性，寻求活塞风的计算方法，为合理、有效地利用活塞风达到运输节能降耗目的提供依据和手段。

第一节　活塞风形成

列车在隧道中运行时，引起前后端压力差而在隧道内形成的风流称为活塞风。各种通道内的流动一般都是压力作用的结果，不同的压力作用形式通称为压源。隧道内的空气流动同样也是某一形式压源作用或多个形式压源共同作用的结果。作用于隧道内气流的压源有 3 种，即自然风压、列车活塞风压和风机风压，本章只研究列车活塞风风压。

对于行驶在隧道中的列车，可视为具有一定长度、一定阻塞比的柱体在一维通道中作轴向运动。在列车作用区间，运动列车与周围流体通过复杂的运动和力的作用关系，实现了列车与空气之间的能量交换。列车动力在克服行车阻力的同时，也完成了与列车作用区间气流的能量转换，气流获得的能量表现为列车的增压效应，即活塞风压力 P_0。图 5.1 表示列车在不同位置时，隧道中活塞风压力的纵向分布。根据列车作用区间各流段的不同流动结构和作用机理，列车增压是由头部的推动力增压，环隙均匀段的剪切力增压和尾部的牵引力增压三部分组成。在活塞风压力作用下，整个隧道将形成纵向气流，即活塞风。具有增压功能的列车作用区间，就是一个可提供压力的压源，同时又是一个因列车位置连续变化的可移动压源，但这种移动并不影响压力的稳定性。实际上，隧道本身就是一个气流通道，列车压源就相当于一台风机的作用。对于一定的通道和选定的风机来说，风机提供的压力并不因安装位置的不同而变化，即通道中的气流状况与风机的位置无关。列车作用区间的前后隧道段即相当于压源的压出和吸入风道。活塞风从隧道进口引入洞外新鲜空气，洞内污染空气从出口排放至大气，这就是活塞风的通风换气作用。

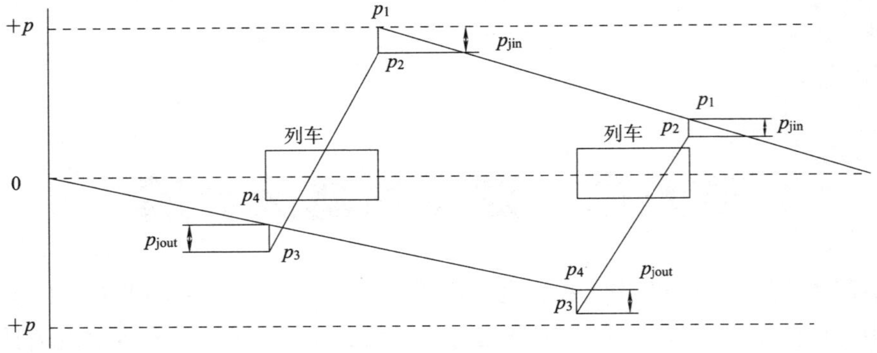

图 5.1　列车在不同位置时，隧道中活塞风压力的纵向分布

一般隧道的长度远大于列车的长度，但列车车组也具有数百米的长度。根据列车在隧道中不同位置的增压条件变化和相应的活塞风概念，列车通过隧道可分为 3 个时段。车尾进洞之前为列车进洞时段，活塞风处于发展状态。当车头进入隧道时，车头前面的空气由于受到挤压和列车速度的双重作用而压强升高，在车头与两个洞门之间形成压强梯度，在此压强梯度的持续作用下，车头前方的隧道空气开始向出口端流动，并且随着列车进入隧道中长度的增加和压力的增高，气流速度越来越大。起初，由于车头的增压较小，使前方隧道的气流速度很低，单位时间从隧道出口排出的空气体积小于列车单位时间进入隧道所排开的空气体积。所以有相当大的一部分空气以与列车相反的方向从进口环隙排出，进口环隙排出的气流速度开始很高，随着列车进入隧道中长度的增大其流速渐渐减小，最后趋于零，这是速度的分界状态。这是由于一方面从隧道出口排出的气流速度越来越高（流量越来越大），另一方面是隧道中不断增长的车身对隧道气流的拖动作用越来越大。车尾进洞后，列车尾部排开空间呈真空状态，在尾涡区的真空抽吸作用下，进口处洞外空气又以与列车相同的方向沿隧道流入洞内。车头出洞之后为列车出洞时段，活塞风处于衰退状态。这是由于此段列车的增压作用逐渐减小、消失（车尾与进口间的压强差仍存在），隧道内的气流速度开始缓慢减小。车尾出洞后，列车的增压作用完全消失，只是由于流动的惯性作用，使隧道内的气流仍保持运动状态；同时还存在着隧道阻力的作用，又使得车尾出洞后的气流速度将逐渐衰减，直至与洞内的自然风完全一致。

第二节　活塞风基本理论

活塞风的理论分析采用了不同的理论模型，不同的流动模型，其流体性质和主要作用条件也就不同，采用的基本方程式和所得的结果亦不相同。模型是为了方便理论分析、求解和实际应用，对所研究流动现象的一种近似和简化，但必须遵循流动的主要特性，确保研究结果足够的准确。

考虑实际隧道物理模型的复杂性及计算的可行性，为了便于活塞风的计算研究，对隧道和列车运行情况做以下假设：

1）隧道内空气为连续介质。

2）流体是均质不可压缩黏性各向同性牛顿流体，满足斯托克斯假设。

当隧道内气体速度小于 0.3 倍当地音速时，在隧道内流动压力和温度变化相对较小（在标准状况下，如果气流速度不超过 60 m/s，则不考虑压缩性所引起的相对误差不大于 1%），空气密度仍然可以看作常数，所以可看作不可压缩气体。在隧道通风计算中，通常将隧道内的气体假定为不可压缩气体。

3）隧道内的流场具有高雷诺数 Re。

目前国内单线隧道的当量直径大约为 6～7 m，若按一般情况考虑，活塞风速度约为 3～11 m/s，活塞风流动的雷诺数 Re 约为 $1.2\times10^6\sim5.6\times10^6$。考虑到国内外隧道表面摩擦系数一般取值均为$\lambda_t=0.02$，根据工程上广泛使用的莫迪图可知，在以上 Re 和λ_t取值条件下，隧道气流进入阻力平方区或十分靠近阻力平方区。

4）流动是等熵过程。

忽略隧道内空气比热随温度的变化，将比热视为常数。

列车进口时段的流动复杂，由于流动的非定常性和流体的可压缩性所产生的压力波是其主要特征。列车头部进入隧道后，其挤压作用显现，并且在头部开始形成受限绕流。由于流动的惯性力和流动阻力，环隙流的形成和发展要经历一段时间，而隧道活塞风的流动则更加滞后。根据动量定律可知，列车头部突入隧道后，头部空间的气体动量发生骤然改变，其原因是列车施加的作用力，这种动量变化和相应的作用力呈现出显著的非定常性。当列车进入隧道内一定长度后，动量变化率及相应的作用力均达到最高值。这一过程实际就是列车对隧道内空气的小扰动或有限强度的扰动，该扰动以压力波（即密度波）的形式沿隧道纵向传播。随着列车进入长度的增加，列车活塞风开始形成和发展，头部空间流动动量的变化渐趋平缓，压力波的压力亦随着列车与空气之间作用力的减小而减小。当列车全部进入洞内时，环隙流动和活塞风均进入稳定状态，动量与作用力不再随时间而变化，作用力和压力亦达到最小值。因此，当列车运行进入洞内时段后，相应的流动也进入定常状态，较小的压力对压缩性的影响可不予考虑。实车试验表明列车进洞数秒后的压力波压力就可达最大值，并且压力经历骤变后将保持不变，这是对以上分析得很好证明。

环隙流动是活塞风形成的重要组成部分，也是产生活塞风压力的主要作用条件，是解决活塞风问题的关键。环隙流动研究采用较多的是管流模式。该模式观点是：环隙是由运动的列车表面与静止的隧道壁面共同构成的一维间隙形通道，根据相对性原理，对于绝对坐标系和运动坐标系而言，环隙流动与环隙动壁之间具有相对性关系，但对环隙静壁就不存在同一相对性关系了。显然，采用相对速度来分析环隙流动是不适宜的。分析表明，采用相对速度的速度分布与环隙实际流动的速度分布不相同，相应的流场状况也不同。

气体流动过程中遵循质量守恒、能量守恒和动量守恒定律。

(1)不可压缩气体流动的质量守恒方程(连续性方程)

$$\frac{\partial(\rho A)}{\partial t}+\frac{\partial(\rho Au)}{\partial \mathrm{x}}+\frac{\partial(\rho Av)}{\partial y}+\frac{\partial(\rho AW)}{\partial z}=0 \tag{5.1}$$

式中 ρ——气流密度，$\mathrm{kg/m^3}$；

A——隧道横断面面，$\mathrm{m^2}$；

x,y,z——空间三维方向坐标；

u,v,w——x,y,z 方向流速，m/s。

对于隧道中的气体流动连续性方程常按一维运动连续性微分方程考虑：

$$\frac{\partial(\rho A)}{\partial t}+\mathrm{div}(\rho Av)=0 \tag{5.2}$$

式中 ρ——空气密度，$\mathrm{kg/m^3}$；

A——隧道横断面积，$\mathrm{m^2}$；

v——气流平均速度，m/s。

(2)气体运动的微分方程及伯努力方程(不可压缩流体的能量方程)

1)恒定流的伯努利方程

在隧道通风工程技术中，气流的密度变化可以忽略，可认为ρ为常量。

$$\frac{av_1^2}{2}+\frac{p_1}{\rho}+gz_1=\frac{av_2^2}{\rho}+\frac{p_2}{\rho}+gz_2+h_{\mathrm{w}} \tag{5.3}$$

式中 v_1,v_2——上下游断面气流平均速度，m/s；

p_1,p_2——上下游断面气流静压强，Pa；

z_1,z_2——上下游断面位置水头，m；

ρ——气流密度，$\mathrm{kg/m^3}$；

g——重力加速度，$\mathrm{m\ /s^2}$；

a——动能修正系数，$a\approx1$；

h_{w}——上下游断面流动损失，m。

2)非恒定流的伯努利方程

当列车驶入隧道时，在列车的推动下，隧道内的空气发生流动。严格来说流动速度是随着时间而发生变化的，这种流动称为非恒定流动。

$$\alpha\frac{v_1^2}{2}+\frac{p_1}{\rho}+gz_1=\alpha\frac{v_2^2}{2}+\frac{p_2}{\rho}+gz_2+h_f+\beta\int_s\frac{\partial v}{\partial t}\mathrm{d}s \tag{5.4}$$

式中 $\beta\int_{s}\frac{\partial v}{\partial t}\mathrm{d}s$ 称为惯性水头，它表示单位质量流体的动能随时间的变化量，其中 β 为流速不均匀的修正系数。对隧道中气流的 $\alpha\approx1$、$\beta\approx1$，如果隧道的横断面积不变，即 $A_1=A_2$，则 $v_1=v_2$，并且 $\beta\int_{s}\frac{\partial v}{\partial t}\mathrm{d}s=l\frac{\mathrm{d}v}{\mathrm{d}t}$，式中 l 为上下游断面之间的距离。则式(5.4)变为

$$\frac{p_1}{\rho}+gz_1=\frac{p_2}{p}+gz_2+h_f+l\frac{\mathrm{d}u}{\mathrm{d}t} \tag{5.5}$$

在非恒定流计算列车通过隧道所引起的活塞风时，应采用式(5.4)。

第三节　恒定流列车活塞风环隙流动速度分布

列车在隧道中运行时，列车、隧道和洞内空气，通过复杂的力的作用关系和功能转换关系，将列车的部分功耗变为空气的动能和势能，从而在隧道中形成空气的纵向流动即活塞风。在这些关系中，列车表面(动壁)与隧道表面(静壁)之间的环隙流动，是产生活塞风的一个重要作用条件。

长期以来，国内外关于环隙流动的理论研究及相关的试验和实测资料很少。我国工程应用中对活塞风的研究仅采用压力管道流动压降公式，并引入包括诸多参数在内的、通过现场实测得到的活塞作用系数，用来确定活塞风平均速度的大小。这种方法回避了环隙流动的基本作用条件，缺乏应用的理论依据。从隧道中列车行车阻力出发进行的环隙流动研究，对解决隧道活塞风问题很有意义。

一、环隙流动分析

根据环隙壁面流动的无滑移条件和流体的黏性，在相对定坐标系下的环隙气流由两种流动组成，一种是由环隙的纵向压力梯度产生的 Poiseuille 型湍流；一种是由列车表面曳力产生的 Couette 型湍流。流体力学中的 Poiseuille 流动和 Couette 流动均为层流流动，借用以上两种流动的特点，用于活塞风环隙湍流研究，称为 Couette 型湍流和 Poiseuille 型湍流。经典的管道湍流理论和丰富的研究成果，为解决这两种流动问题提供了可靠依据。对于平行壁面间的这两个一维时均湍流，无论是壁面的剪切力，还是其间流动的速度，都可采用简单的叠加方法，得到环隙组合流动的力和运动特性。

如果保持恒速的列车驶入和驶出隧道时段，环隙流动和活塞风均处于形成和衰退的非恒定状态。列车在隧道中运行时，除了列车头部和尾部局部区域的流动是非恒定状态外，环隙中的流动仍属恒定流。根据表面粗糙特性分析，形成环隙的隧道壁面与列车壁面均具有充分大的当量粗糙高度，使环隙流动一般为粗糙区或近似粗糙

区湍流。同时，对于列车表面近壁区的较高速度的流动来说，气流马赫数 Ma 一般在 0.2 以下，环隙流动可以不考虑空气压缩性的影响。

根据流动边界层和流动结构分析，环隙流动应属于管道湍流类型。流道边界是由面积足够大、不同曲率的两平行壁面和有限变化的间距构成的环隙，其截面几何特征参数不宜采用非圆断面的当量直径表示。采用半当量厚度 h_e 表示断面的特征尺寸，其值恰好等于环隙断面的水力半径。

湍流理论在速度分布，表面剪切力大小，力与速度关系等研究中，壁摩擦速度 v^* 是一个重要的动力特征参数，在隧道活塞风的分析计算中也有关键作用。从环隙流动的结构和边界条件来看，动壁和静壁应具有不同的摩擦速度。在湍流研究中，流动表面的当量粗糙高度 k_s 是另一个重要的基础参数，目前的应用中尚缺乏 k_s 值的选择依据，只能根据试验、经验或相关分析取值。

二、环隙流动特性

1. Couette 型粗糙区湍流

由于列车具有较高的速度 v_0，在动壁曳力（剪切力）和流动黏性作用下，在近壁区产生高速流层，壁区外速度骤减至静壁零值，形成图 5.2 中的 $u_{2c}=u_{2c}(y)$ 速度剖面。利用流动变换方法，研究 Couette 型湍流的特性。

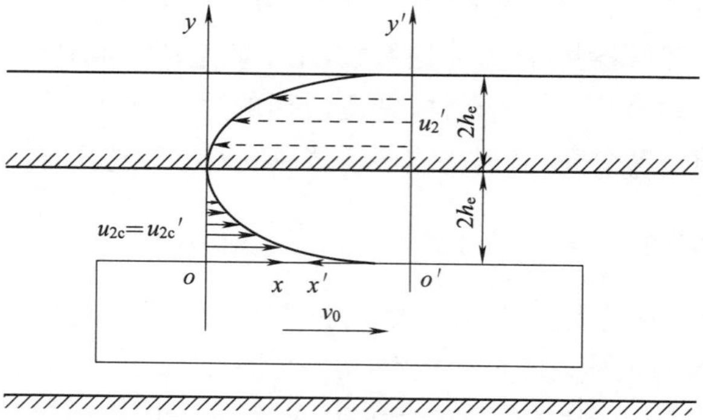

图 5.2 环隙 Couette 型湍流速度分布

取 xoy 定坐标系，利用镜像原理，以静壁为中心，虚设一对称动壁和相应的虚拟流动，真源与像源组成对称双动壁的环隙流动。根据相对运动原理，该流动可用 $x'o'y'$ 定坐标系中的环隙湍流替代。显然，变换前后流动的速度轮廓线是重合的。变换后的流动，采用湍流半经验理论进行分析，速度分布 $u_2'=u_2'(y')$，公式表示为

$$\frac{v_0-u'_2}{v^{*\prime}}=-5.75\lg\frac{y'}{2h_e} \tag{5.6}$$

边界条件：$y'=0, u_2'=0$；$y'=2h_e, u_2'=v_0$。式中 $2h_e$ 为双动壁环隙的半当量厚度，

$y'/2h_e$为无量纲壁面距。式(5.6)在 $y'=0$ 处不适用。

对恒速 v_0 来说,变换前后的流动速度具有补偿关系,即 $u'_{2c}+u'_2=v_0$,因此有 $u'_{2c}=v_0-u'_2$。由于 xoy 系流动与 $x'o'y'$系流动的剪切力和速度,各具大小相等、方向相反的性质,即 $v_c^*=v^{*\prime}$,$u_{2c}=u'_{2c}$。若采用无量纲壁面距 $\eta=y/2h_e$,则可对式(5.6)进行逆变换,得到xoy坐标系 Couette 型湍流的速度分布关系式,即

$$u_{2c}=-5.75v_c^*\lg\eta \tag{5.7}$$

边界条件:$\eta=0$　$(y=0)$,$u_{2c}=v_0$;$\eta=1$　$(y=2h_c)$,$u_{2c}=0$。同样,$\eta=0$ 处式(5.7)不适用。

当列车表面当量粗糙高度为 k_{s0}时,列车表面壁摩擦速度为

$$v_c^*=\frac{v_0}{5.57\lg\dfrac{2h_e}{k_{s0}}+8.5} \tag{5.8}$$

2. Poiseuille 型粗糙区湍流

由环隙纵向压力梯度产生的壁面间隙流动,可采用图 5.3 所示的管道湍流模式进行讨论。取 $x''o''y''$定坐标系,由于不存在流动变换,u_{2p}与 u''_{2p}的分布相同,其速度剖面 $u_{2p}=u_{2p}(y'')$,见图 5.3。仍无量纲中心距 $1-|y''/h_e|$,速度分布可表示为

$$u_{2p}=u_{2pm}-5.75v_p^*\lg\left(1-\left|\frac{y''}{h_e}\right|\right) \tag{5.9}$$

边界条件:$y''=0$,$u_{2p}=u_{2pm}$;$y''=\pm h_e$,$u_{2p}=0$。式(5.9)在 $y''=\pm h_e$ 处不适用。中心最大速度 u_{2pm}为

$$u_{2pm}=\left(5.75\lg\frac{h_e}{k_{st}}+8.5\right)v_p^* \tag{5.10}$$

隧道表面的摩擦速度为

$$v_p^*=\frac{v_2}{5.75\lg\dfrac{h_e}{k_{st}}+4.75} \tag{5.11}$$

式中　k_{st}——隧道表面的当量粗糙高度;

　　v_2——环隙流动的平均速度。

Poiseuille 型湍流的平均速度可近似采用环隙流动的平均速度 v_2 替代。按照列车对隧道空气的排挤作用和流动的连续性条件速度 v_2 为

$$v_2=\frac{\alpha v_0-v_1}{1-\alpha} \tag{5.12}$$

式中　α——列车与隧道断面的阻塞比,$\alpha=A_0/A_t$;

　　v_1——隧道活塞风速。

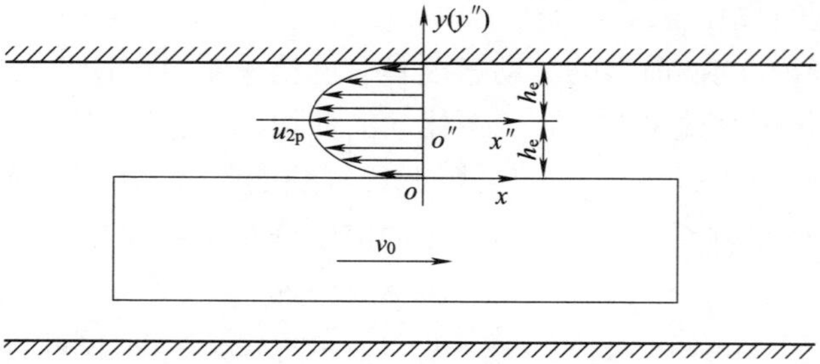

图 5.3 环隙 Poiseuille 型湍流速度分布

考虑到 xoy 系与 $x''o''y''$ 系的坐标零点 $y_0-y''_0=h_e$。对式(5.9)进行坐标变换，可得 xoy 坐标系 Poiseuille 型湍流的速度分布关系式，即

$$u_{2p}=-[u_{2pm}+5.75v_p^*\lg(1-|1-2\eta|)] \tag{5.13}$$

边界条件：$\eta=0$ $(y=0)$，$u_{2p}=0$；$\eta=0.5$ $(y=h_e)$，$u_{2p}=u_{2pm}$；$\eta=1$ $(y=2h_e)$，$u_{2p}=0$。同样，$\eta=0$ 和 $\eta=1$ 处式(5.13)均不适用。

三、环隙流动速度分布规律

具有平行壁面的管道湍流，可按一维流动处理；采用时均湍流的研究方法，则环隙流动可通过曳力流和压力流的简单叠加得到。利用 Couette 型湍流关系式(5.7)和 Poiseuille 型湍流关系式(5.13)，可得 xoy 坐标系的环隙流动速度分布 $u_2=u_2(y)$ 的关系式，若坐标采用无量纲壁面距 η 表示，则有

$$u_2=-[u_{2pm}+\lg\eta^{5.75v_e^*}(1-|1-2\eta|)^{5.75v_p^*}] \tag{5.14}$$

或写为

$$u_2=-[u_{2pm}+\lg\eta^{2.5v_e^*}(1-|1-2\eta|)^{2.5v_p^*}] \tag{5.15}$$

边界条件：$\eta=0$，$u_2=v_0$；$\eta=1$，$u_2=0$。式(5.14)和式(5.15)在 $\eta=0$ 和 $\eta=1$ 处不适用。速度关系式所表示的速度剖面见图 5.4。速度剖面除满足边界条件外，同时还存在两个特征速度，即 $u_2=0$ 和 $u_{2min}=-u_{2max}$。

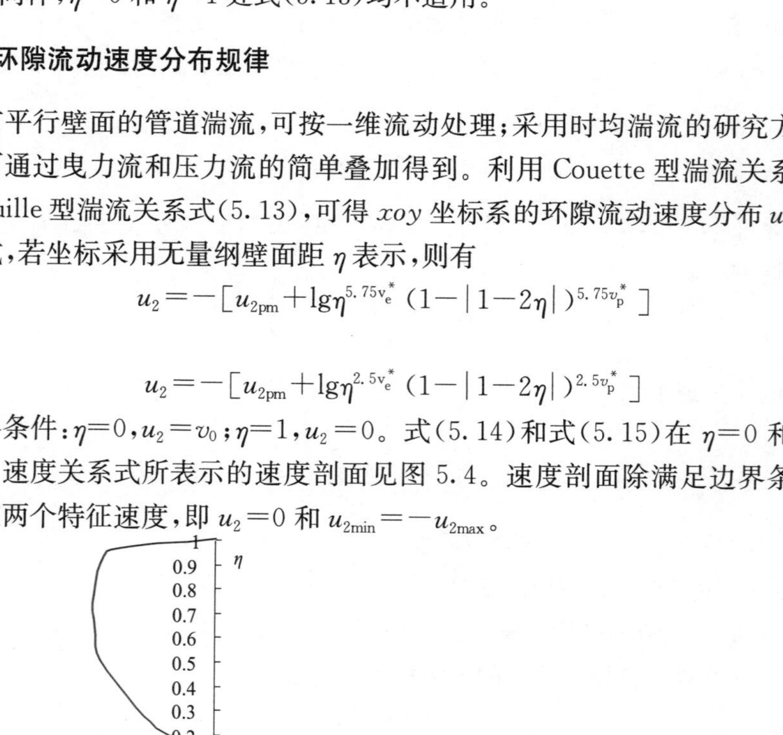

图 5.4 环隙流场速度分布

由于曳力流动与压力流动方向相反，而曳力流在动壁表面处呈一很薄的高速流动状态。因此，在曳力流与压力流的交界处必然满足 $u_2=0$，其位置 $y<h_e$，相应 $(1-|1-2\eta|)=2\eta$，则据式(5.15)有

$$e^{-u_{2pm}}=\eta^{2.5v_c^*}(2\eta)^{2.5v_p^*}$$

整理可得特征速度 $u_2=0$ 处的无量纲壁面距为

$$\eta_0=\left(\frac{1}{2^{2.5v_p^*}e^{u_{2pm}}}\right)^{\frac{1}{2.5(v_c^*+v_p^*)}} \tag{5.16}$$

由于动壁曳力流层对压力流的挤压作用，使环隙流动的最小速度 $u_{2min}=-u_{2max}$ 的位置偏离中心向静壁靠近，即 $y>h_e$，相应 $(1-|1-2\eta|)=2(1-\eta)$。当 $u_2=u_{2min}$ 时，式(5.16)应满足条件

$$\frac{du_2}{d\eta}=-\frac{d}{d\eta}\{u_{2pm}+\ln\eta^{2.5_c^*}[2(1-\eta)]^{2.5v_p^*}\}=0$$

经过整理，可得特征速度 u_{2min} 处的无量纲壁面距为

$$\eta_{min}=\frac{v_c^*}{v_c^*+v_p^*} \tag{5.17}$$

将式(5.17)的计算值 η_{min} 代入式(5.15)，可得到速度分布剖面中的最小速度 u_{2min}。环隙流动的速度分布规律充分反映了环隙流动的合理结构、力的作用关系和主要影响因素。速度分布的理论分析和系列关系式，也为隧道活塞风的研究和解决提供了重要依据和方法。

四、与实测资料的比较

在隧道空气动力学的研究中，目前仅见到 RILLY-LA-MONTAGNE 隧道的空气动力学测量报告等十分有限的资料。这些实测工作主要为配合列车突入隧道产生的瞬态压力波的研究而进行的。报告给出活塞风速度和环隙流动速度分布的测量结果。

RILLY-LA-MONTAGNE 隧道长度 $l_t=3\ 440$ m，断面面积 $A_t=38\ m^2$，当量直径 $d_e=6.5$ m，摩擦系数 $\lambda=0.02$，实测列车断面面积 $A_0=9.8\ m^2$，运行速度 $v_0=38.89$ m/s，阻塞比 $\alpha=0.259\ 7$，环隙当量厚度 $2h_e=1.634\ 8$ m。鉴于目前对隧道当量粗糙高度 k_{st} 的取值无据可依，因此采用推证方法确定。考虑国内外隧道摩阻系数一般为 $\lambda=0.02$，同时考虑气流的雷诺数 Re 和当量直径 d_e 的变化范围，根据莫迪图反算 k_{st}，结果表明其值变化不大，并且都在混凝土衬砌表面 $k_s=0.8\sim9$ mm 的范围之内，按照该方法可得 $k_{st}=6.24$ mm。由于列车当量粗糙高度 k_{s0} 的确定更为困难，在忽略列车底部粗糙对切力的影响时，两表面的当量粗糙高度具有同一量级，因此计算中暂取 $k_{st}=k_{s0}$。

RILLY-LA-MONTAGNE 隧道的活塞风实测是按不同列车长度 l_0、不同列车速度 v_0 分组进行的。根据上述计算方法对各组活塞风速度 v_1 进行计算，其结果与实测速度都比较接近。例如，$l_0=225$ m，$v_0=38.89$ m/s，实测值的 $v_1=7.778$ m/s，而计算的 $v_1=7.7944$ m/s，对实测值的相对误差仅为 -0.2%。各试验组的环隙速度分布廓线是线形相似的一簇曲线。仍对同一组的实测速度分布与式(5.16)的计算结果进行比较，见图 5.5。

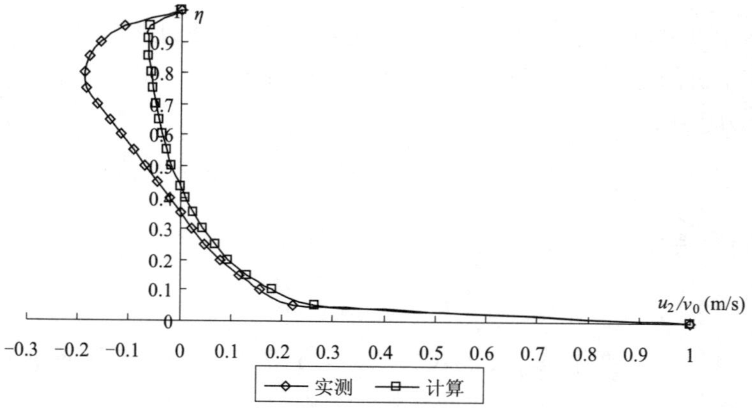

图 5.5　环隙流场速度实测值与计算值的比较

分析图 5.5 表明，实测的与计算的速度分布在壁面附近符合程度很好，实测的更接近层流抛物线形流速分布；计算结果属于对数型湍流分布。对在环隙中部差别产生的原因初步分析如下：

(1) 试验采用“耙式”测量装置进行多点同步测速，由于装置位于列车上部而接近隧道拱部，机车的断面积较大，影响测量结果。

(2) 试验隧道原为双线隧道，后改为单线隧道运行，使列车纵向中心线与隧道中心线产生很大的偏离，致使环隙两侧宽度相差接近 2 m，测速是在较窄一侧进行，对测量结果产生较大影响。

(3) 对于复杂的环隙流动，在某些问题的理论分析中采用的近似方法，也是产生差别的原因之一。

五、运营隧道环隙流动计算

秦岭Ⅱ线隧道长度 $l_t=18\,460$ m，断面面积 $A_t=33.74\ m^2$，当量直径 $d_e=6.24$ m，摩擦系数 $\lambda=0.02$，列车断面面积 $A_0=12.6\ m^2$，列车长度 $l_0=600$ m，运行速度 $v_0=17.78$ m/s，阻塞比 $\alpha=0.3734$，环隙当量厚度 $2h_e=1.18$ m。

根据上述活塞风理论计算可得隧道活塞风速度为 3.33 m/s，环隙流动速度为5.28 m/s。

利用式(5.8)、式(5.10)、式(5.11)和相关参数可分别得到 v_c^* =0.824 m/s，v_p^* = 0.328 m/s，u_{2pm}=6.511 m/s，壁摩擦速度 v_c^* 和 v_p^* 对环隙流动力的分析和活塞风的研究有重要作用。

利用式(5.16)、式(5.17)和已有结果，分别有 η_0=0.085 6，η_{min}=0.715。在环隙断面选择不同的点位及相应的 η 值，利用式(5.7)、式(5.13)、式(5.15)和以上数据，进行断面速度分布计算，计算结果见表 5.1，速度分布剖面见图 5.4。

表 5.1　环隙空间速度计算表(m/s)

η	0.00	0.05	0.085 6	0.1	0.2	0.3	0.5	0.6	0.715	0.9	0.95	1.0
u_{2c}(m/s)	17.78	6.16	5.06	4.74	3.31	2.48	1.43	1.05	0.69	0.22	0.11	0.00
$(1-\|1-2\eta\|)$	0.00	0.1	0.171 2	0.2	0.4	0.6	1.0	0.8	0.57	0.2	0.1	0.00
u_{2p}(m/s)	0.00	−4.63	−5.06	−5.19	−5.76	−6.09	−6.51	−6.33	−6.05	−5.19	−4.63	0.00
u_2(m/s)	17.78	1.55	0.00	−0.45	−2.44	−3.61	−5.08	−5.27	−5.36	−4.97	−4.52	0.00

六、结　论

(1)环隙流动是由列车曳力产生的 Couette 型粗糙区湍流和压力梯度产生的 Poiseuille 型粗糙区湍流组合而成。对于这两种一维时均湍流，分别利用壁剪切力及流场速度的叠加关系，就可以得知环隙流动特性。合理的流动结构和简单的流动关系，为隧道活塞风的研究提供了一种新方法。

(2)利用粗糙区湍流的经典理论，考虑环隙流动的特点和边界条件，采用多种流动变换方法建立的 Couette 型湍流和 Poiseuille 型湍流的速度分布关系式和其他相关的关系式为分析环隙流动特性提供了依据。

(3)建立的环隙流动的速度分布关系式和特征速度 u_2=0、u_2=u_{2min}的位置关系式充分体现了环隙流动结构和流动特征，映证了环隙流动理论分析结果，是列车活塞风研究不可缺少的重要内容。

(4)采用壁摩擦速度 v_c^* 和 v_p^* 为基本参数(v_c^* 反映了动壁曳力与环隙 Couette 型湍流的关系，v_p^* 反映了静壁切力与环隙 Poiseuille 型湍流的关系)更能准确、合理地反映环隙中气流流动与力的作用关系。

第四节　非恒定流列车活塞风环隙流动速度分布

目前国内外对环隙流场的研究多以稳定不可压缩充分发展为前提，该理论模型对列车进入隧道初期的环隙流场不适用。现行铁路隧道运营通风设计规范将环隙阻力系数简化为活塞作用系数，环隙部分的研究相对简单。基于湍流模式理论，有必要采用 ANSYS/FLOTRAN 有限元模拟软件建立动网格模型，对单列车恒速穿过隧道初期阶段活塞风环隙速度场进行研究，并与既有研究结果进行比较，以便为进一步分析活塞风形成机制奠定基础。

一、计算模型

1. 物理模型

隧道和列车模型计算参数见表 5.2。列车运行速度参考青藏线车速取12.17 m/s，在隧道内分别运行 2 s，10 s，20 s。反向自然风速 1.5 m/s。

由于隧道及列车属于狭长物体，行进时只有一个主要运动方向，考虑隧道长度远远大于隧道断面积，所以在建模时按二维考虑，采用笛卡儿坐标系。整个列车位于隧道内并匀速行驶，隧道和列车截面面积不变，隧道壁光滑，沿程无坡度和弯曲。建模时首先将隧道在长度方向上分割成七个小子区域，分别进行网格划分，区域 1～3 网格节点密度较大，见图 5.6。

表 5.2　模拟工况活塞风计算参数取值

隧道长度(m)	列车长度(m)	隧道断面积(m^2)	列车断面积(m^2)	隧道周长(m)	列车周长(m)	列车宽度(m)	环隙断面当量直径(m)	环隙气流沿程阻力系数	隧道沿程阻力系数	隧道局部阻力系数
1 000	140	32.29	12.6	21.38	14.3	6.0	2.65	0.02	0.02	0.5

图 5.6　计算区域的划分

2. 控制方程

通用控制微分方程为

$$\frac{\partial}{\partial t}(\rho\phi)+\frac{\partial}{\partial x_j}(\rho u_j\phi)=\frac{\partial}{\partial x_j}\left(\Gamma\frac{\partial\phi}{\partial x_j}\right)+S \tag{5.18}$$

公式从左至右依次是非定常项、对流项、扩散项和源项。

3. 初始条件和边界条件

1)入口边界条件：速度分量及位移为 0；

2)固壁满足无滑移条件；

3)出口边界条件：相对压力为 0；反向风速 1.5 m/s。

4. 计算参数设置

模型采用标准κ-ε两方程紊流模型，选用 SIMPLEF 算法进行分析，采用 TDMA（三对角矩阵法）求解器。收敛标准 0.001。软件根据每个迭代步中边界的变化情况，自动完成网格的加密。

二、结果及分析

1. 环隙流场模拟结果

列车运行过程中，列车车体与隧道壁间组成狭长的环状通道。图 5.7 为隧道与列车之间环隙中心线上的流速分布（x 轴为隧道长度，单位 m；y 轴为环隙活塞风速，单位 m/s）。从图中可以看出，列车外壁与隧道内壁间环隙风度沿程变化，当时间确定后，活塞风的风速并不是定值，而是与隧道内的具体位置有关。随时间推移，活塞风影响范围扩大，与理论计算的变化趋势相同。

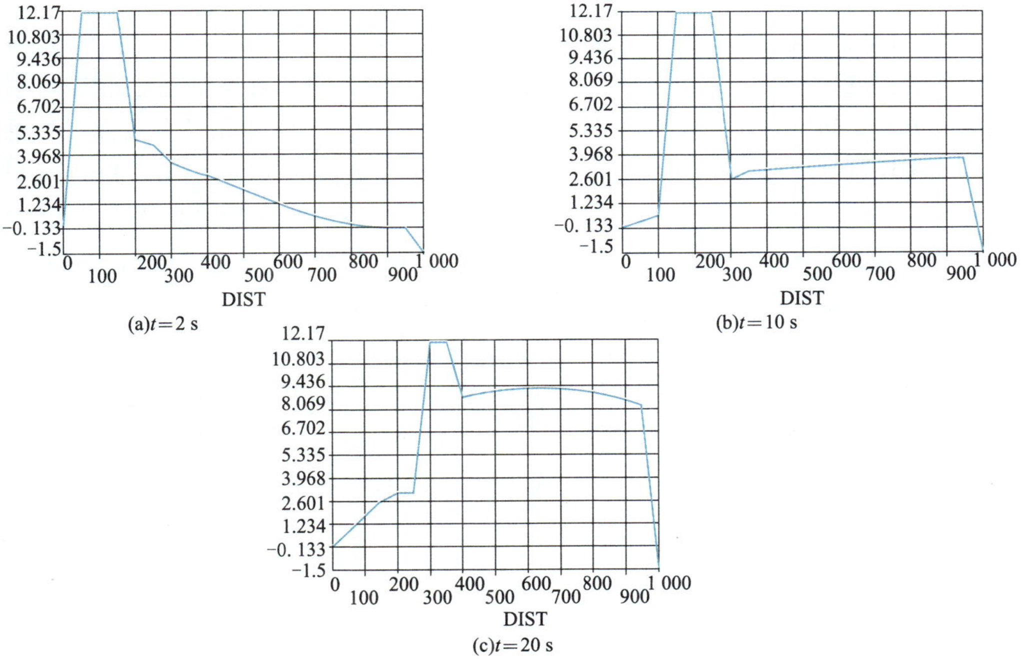

(a)t=2 s　(b)t=10 s　(c)t=20 s

图 5.7　环隙中心线 x 方向流速分布

图 5.8 为 t=20 s 时车头部分 x=360 m 环隙截面流速分布图，从图中可以看出，近列车壁面气流速度较大，近隧道壁面气流速度较小。图 5.9 为环隙流场各断面流速平均值，从图中可以看出，活塞风速由车头部分向车尾逐渐递减，车尾出现卷吸现象，速度为负值。

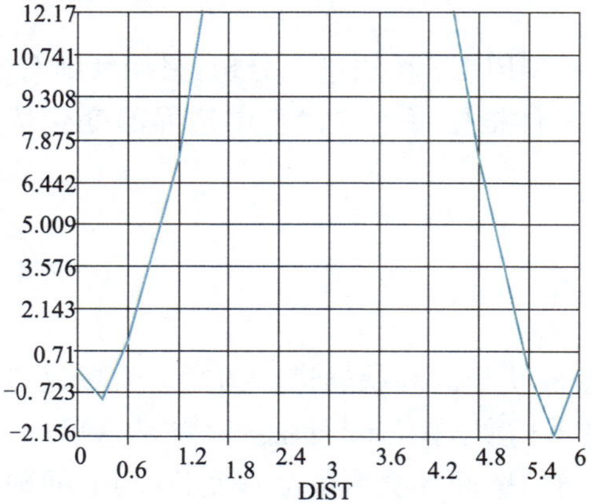

图 5.8　环隙 $x=360$ m 截面上流速分布

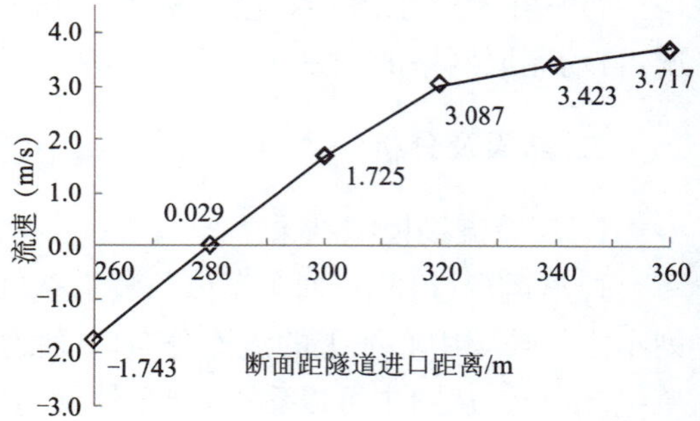

图 5.9　环隙各断面流速平均值

2. 结果分析

目前国内外对于环隙流动速度分布研究和实测资料较少，Earnshaw 认为，列车长度比环隙宽度大很多，假设沿列车长度方向是充分发展的不可压恒定流，根据环隙速度的方向不同分为三类流场，即 A、B、C 型流场，见图 5.10。李炎等利用湍流半经验理论将环隙流动视为Poiseuille型湍流和 Couette 型湍流的叠加，在求得 Poiseuille 型湍流和 Couette 型湍流的速度分布后，将两者计算结果直接叠加，即可得到环隙复合流动的速度分布，并提出了理论计算公式，同时得出隧道长度小于 5 km 时，环隙流场类型基本为 B 型流场，隧道较长时均为 A 型流场，并对 Rilly-La-Montagne 隧道（长度 3.440 km，小于5 km）实车试验提供的基本参数计算后进行了实验与计算比较，结果见图 5.11。分析图 5.10 和图 5.11 可知，Rilly-La-Montagne 隧道流场为 C 型流场，这与理论分析产生误差。究其原因，Earnshaw 理论前提假设均为不可压缩恒定流动，适用于长大隧道活塞风充分发展阶段，具有一定局限性。

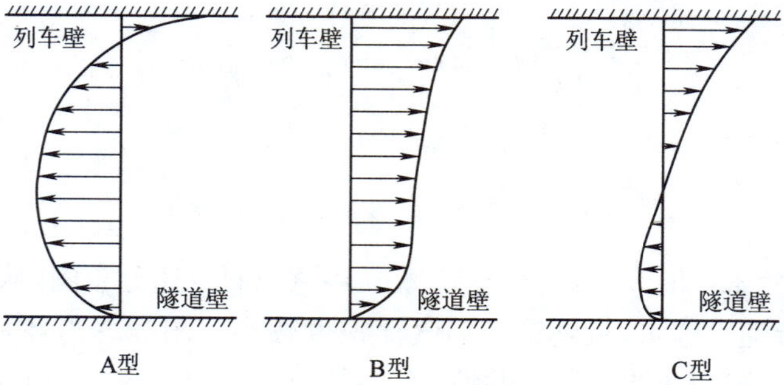

图 5.10　Earnshaw 环隙空间流场分布类型

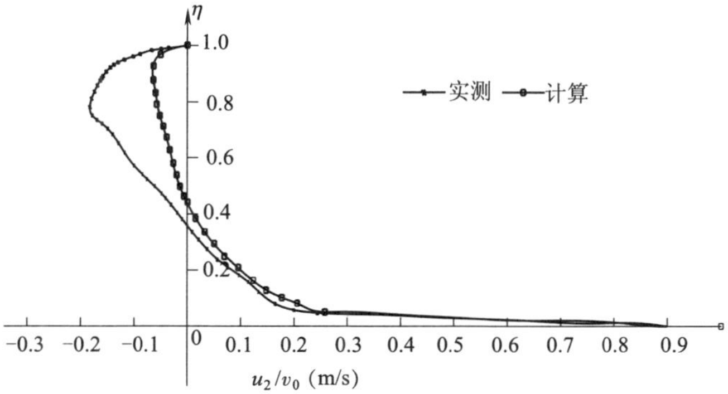

图 5.11　文献计算值与实测值比较

采用本章第三节公式，在环隙断面选择不同的点位及相应的η值，进行模拟工况t=20 s时刻环隙断面流速分布计算，并将根据该方法计算结果与模拟结果进行比较，见图 5.12。

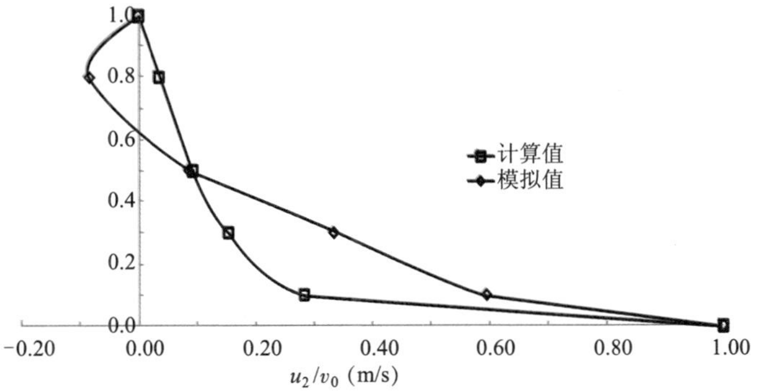

图 5.12　t=20 s 环隙速度模拟值与计算值比较

比较图 5.11 和图 5.12，本文模拟结果数据曲线与 Rilly-La-Montagne 隧道实车试验提供的测试数据流场类型非常相似，均属于 C 型流场。不可压缩非恒定流动数值计算结果更接近于实际。

三、结　　论

采用 ANSYS/FLOTRAN 对单列车恒速穿过隧道初期环隙活塞风速进行计算分析，得出以下结论：

1）列车以恒定速度刚进入隧道阶段，隧道内空气流场未得到充分发展，沿隧道长度方向活塞风的影响范围会随时间推移而扩大。

2）不同断面处的环隙速度分布符合 Earashaw 以恒定流理论为基础提出的 C

型流场分布特性，环隙气流速度从车头向车尾逐渐减小甚至成为负值，卷吸作用增大。

3)数值模拟能够得出某一具体时刻环隙活塞风沿隧道长度方向分布，可以对理论分析计算得出的活塞风速随时间变化的解析关系式进行补充。

第五节　活塞风风速不同计算方法比较

《铁路隧道运营通风设计规范》(TB 10068—2010)第 3. 0. 5 条明确规定：隧道运营通风应尽可能利用列车活塞风和自然风，当利用列车活塞风与自然风的共同作用可完成隧道通风时，应选择自然通风。目前列车隧道活塞风风速计算理论主要有恒定流和非恒定流两种。严格来说，隧道内的活塞风风速是随时间变化的，隧道内的空气受列车的排挤、摩擦作用而形成的流动是不稳定的，理论分析方法不同，计算结果也就各不相同。本文采用目前常用的几种活塞风风速计算方法对同一隧道进行计算，分析活塞风风速的计算结果。计算工况，拉日线帕当山隧道内列车行车速度为 43. 8～68. 4 km/h，设洞内存在与活塞风反向的自然风，风速为 1. 5 m/s。计算条件见表 5. 3，由表 5. 3 中隧道和列车的基本参数可算得阻塞比 0. 390 2。

表 5. 3　帕当山隧道与列车参数

隧道断面面积 $A(m^2)$	隧道周长 m	隧道长度 l(m)	隧道水力直径 d_e(m)	隧道沿程阻力系数 λ	隧道局部阻力系数 ξ	隧道壁面当量粗糙高度 h_e(mm)	列车断面面积 $A_0(m^2)$	列车周长 (m)	列车长度 l_0(m)	列车表面当量粗糙高度 mm
32. 29	21. 38	3 036	6. 04	0. 020	0. 5	6. 24	12. 6	14. 3	590	6. 24

一、按恒定流计算活塞风速（考虑自然反风的影响）

以 1. 5 m/s 自然风速为例。除环状空间外的隧道段的阻力系数

$$\zeta_1=\zeta+\lambda\frac{l-l_0}{d_e}+1=0.5+0.02\times\frac{3\,036-590}{6.04}+1=9.60$$

活塞作用系数

$$K=\frac{86\times10^{-4}l_0}{(1-\alpha)^2}=\frac{86\times10^{-4}\times590}{\left(1-\dfrac{12.6}{32.29}\right)^2}=13.65$$

隧道的总阻力系数

$$k=\zeta+\lambda\frac{l}{d_{\mathrm{e}}}+1=0.5+0.02\times\frac{3\,036}{6.04}+1=11.55$$

则以火车速度 43.8 km/h(12.17 m/s)自然风影响下，列车活塞风速为

$$v=\frac{v_0\left[-1+\sqrt{1+\left(\frac{\zeta_{\mathrm{t}}}{K}-1\right)\left(1-\frac{kv_{\mathrm{n}}^2}{Kv_0^2}\right)}\right]}{\frac{\zeta_{\mathrm{t}}}{K}-1}$$

$$=\frac{12.17\left[-1+\sqrt{1+\left(\frac{9.60}{13.65}-1\right)\left(1-\frac{11.55\times1.5^2}{13.65\times12.17^2}\right)}\right]}{\frac{9.60}{13.65}-1}$$

$$=6.53\ \mathrm{m/s}$$

二、按恒定流计算活塞风速(未考虑自然反风的影响)

除环状空间外的隧道段的阻力系数

$$\zeta_{\mathrm{t}}=\zeta+\lambda\frac{l-l_0}{d_{\mathrm{e}}}+1=0.5+0.02\times\frac{3\,036-590}{6.04}+1=9.60$$

活塞作用系数

$$K=\frac{86\times10^{-4}l_0}{(1-\alpha)^2}=\frac{86\times10^{-4}\times590}{\left(1-\frac{12.6}{32.29}\right)^2}=13.65$$

则以火车速度 43.8 km/h(12.17 m/s)不考虑自然风影响下列车活塞风速为

$$v=\frac{v_0}{1+\sqrt{\frac{\xi_{\mathrm{t}}}{K}}}=6.62\ \mathrm{m/s}$$

三、按非恒定流计算活塞风速(未考虑自然反风的影响)

按非恒定流计算活塞风速时，根据列车在隧道中的位置分为列车部分进入隧道、全部进入隧道、部分驶出隧道、全部驶出隧道四种情况，见图 5.13。

(1)当列车部分进入隧道时：

$t\in\left[0,\frac{l_0}{v_0}\right]$;

初始条件：$v|_{t=0}=0$ 时 $\frac{\mathrm{d}v}{\mathrm{d}t}=A(v_0-v)^2-Bv^2$ (5.19)

式中，$A=\dfrac{K}{2\left(l+\dfrac{av_0t}{1-a}\right)}$；$B=\dfrac{\lambda(l-v_0t)}{2d\left(l+\dfrac{av_0t}{1-a}\right)}$；$K=\dfrac{86\times10^{-4}v_0t}{(1-\alpha)^2}$

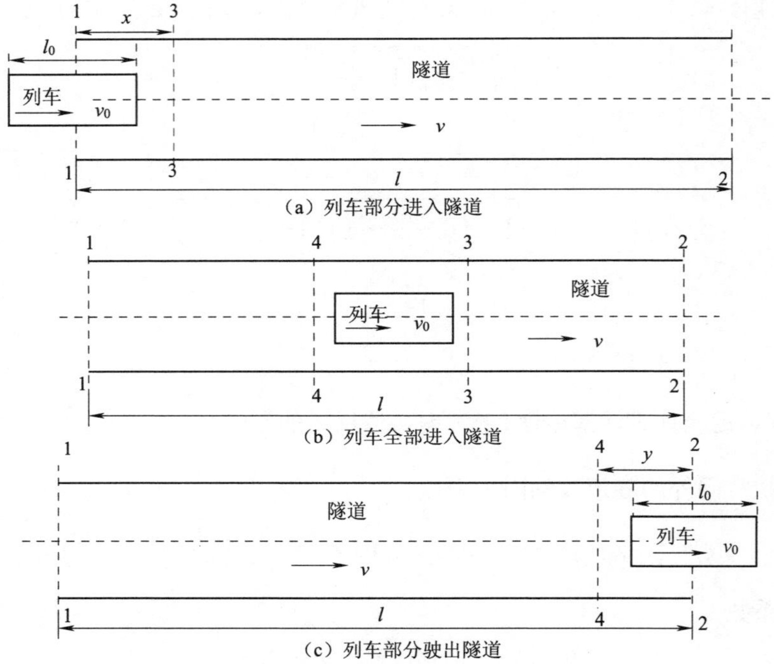

图 5.13　列车在隧道运行示意图

(2)当列车全部进入隧道时：

$t\in\left[\dfrac{l_0}{v_0},\dfrac{l}{v_0}\right]$；

初始条件：$v|_{t}=\dfrac{l_0}{v_0}=v_1$ 时，v_1 由式(5.19)计算得出。

$$\frac{\mathrm{d}v}{\mathrm{d}t}=C-Dv+Ev^2 \tag{5.20}$$

式中，$C=\dfrac{Kv_0^2}{2\left(l+\dfrac{al_0}{1-\alpha}\right)}$；$D=\dfrac{Kv_0}{\left(l+\dfrac{al_0}{l-\alpha}\right)}$；$E=\dfrac{\left[K-\left(\zeta+\lambda\dfrac{l-l_0}{d}+1\right)\right]}{2\left(l+\dfrac{\alpha l_0}{l-\alpha}\right)}$

(3)当列车部分驶出隧道时：

$t\in\left[\dfrac{l}{v_0},\dfrac{l+l_0}{v_0}\right]$；

初始条件：$v|_{t}=\frac{l}{v_0}=v_2$ 时，v_2 由式(5.20)计算得出。

$$\frac{\mathrm{d}v}{\mathrm{d}t}=F(v_0-v)^2-Gv^2 \tag{5.21}$$

式中，$F=\frac{K}{2\left[l+\frac{\alpha(l+l_0-v_0t)}{1-\alpha}\right]}$；$G=\frac{\left[\lambda\frac{l-(l+l_0-v_0t)}{d}+\xi\right]}{2\left[l+\frac{\alpha(l+l_0-v_0t)}{1-\alpha}\right]}$

(4)当列车全部驶出隧道后，隧道内的活塞风速度逐渐减小：

$t\in\left[\frac{l+l_0}{v_0},\infty\right]$；

初始条件：$v|_{t}=\frac{l+l_0}{v_0}=v_3$ 时，v_3 由式(5.21)计算得出。

$$v=\frac{2lv_3}{2l+\xi_{12}v_3\left(t-\frac{l+l_0}{v_0}\right)} \tag{5.22}$$

根据拉日线帕当山隧道资料，采用 Matlab 计算得到隧道内活塞风速随时间的变化规律见图 5.14。从图中可以看出，列车部分驶入隧道时，活塞风速逐渐增大，全部进入隧道后，活塞风速逐渐平缓，当列车全部驶出隧道后，活塞风风速逐渐衰减。与前面一、二采用的恒定流计算方法相比，非恒定流计算方法更能显示活塞风的变化规律，具有一定的优越性，但计算复杂，需依靠计算机程序来完成。

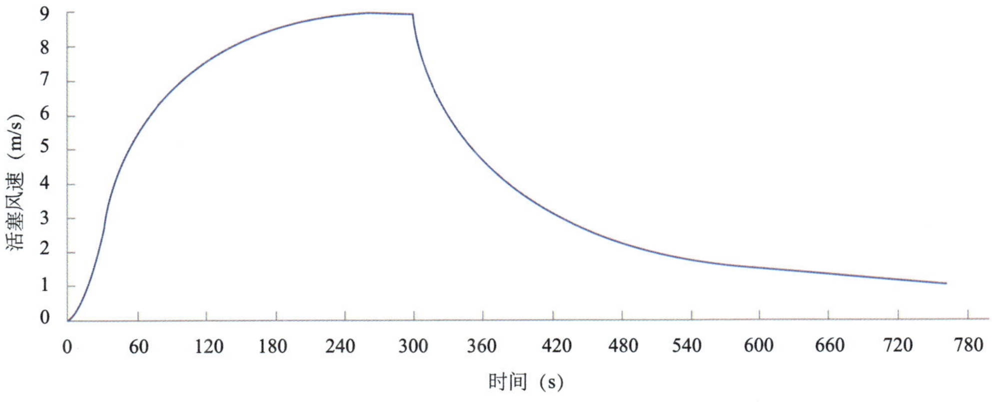

图 5.14　隧道内活塞风速随时间的变化规律

四、规范推荐活塞风速计算方法（未考虑自然反风的影响）

《铁路隧道运营通风设计规范》(TB 10068—2010)规定隧道正常运营通风的需

风量应按挤压理论为主进行计算，并考虑列车通过时隧道的活塞作用和自然风的影响，同时规定在进行列车活塞风计算时，长度小于 15 km 的隧道宜采用非恒定流理论计算，并推荐采用下述方法进行计算。

(1) $t\in\left[0,\dfrac{l+l_0}{v_0}\right]$时

$$A=\frac{Kv_0^2}{2(l+\alpha l_0/(1-\alpha))}=\frac{13.65\times12.17^2}{2(3\,036\times0.390\,2\times590/(1-0.390\,2))}=0.30$$

$$B=-Kv_0/\left(l+\frac{\alpha l_0}{1-\alpha}\right)=\frac{-13.65\times12.17}{(3\,036+0.390\,2\times590/(1-0.390\,2))}=-0.05$$

$$C=(K-\xi_t)/2\left(l+\frac{\alpha l_0}{1-\alpha}\right)=\frac{(13.65-9.60)}{2(3\,036+0.390\,2\times590/(1-0.390\,2))}=0.001$$

因 $K>\xi_t$

$t=\dfrac{1}{\sqrt{B^2-4AC}}\ln\left[\dfrac{2Cv(B+\sqrt{B^2-4AC})+4AC}{2Cv(B-\sqrt{B^2-4AC})+4AC}\right]$由此得活塞风速随时间变化为

$$v=\left(\frac{-2AC+2AC_e^{\,t\sqrt{B^2-4AC}}}{C(B+\sqrt{B^2-4AC})-C(B-\sqrt{B^2-4AC})_e^{\,t\sqrt{B^2-4AC}}}\right)\tag{5.23}$$

$$=\frac{(-0.000\,6+0.000\,6\mathrm{e}^{0.36t})}{(-0.000\,014+0.000\,086\mathrm{e}^{0.036t})}$$

(2) $t\in\left[\dfrac{l+l_0}{v_0},\infty\right]$时，列车出洞后活塞风速衰减

$$v=\frac{2lv_{\mathrm{p}}}{2l+kv_{\mathrm{p}}(t-\dfrac{l+l_0}{v_0})}\tag{5.24}$$

式中，$k=\xi+\lambda\dfrac{l}{d_{\mathrm{e}}}+1=0.5+0.02\times\dfrac{3\,036}{6.04}+1=11.55$

$$v_0=\frac{v_0}{1+\sqrt{\dfrac{k_t}{K}}}=\frac{12.17}{1+\sqrt{\dfrac{9.60}{13.65}}}=6.62\ \mathrm{m/s}$$

代入式(5.24)得

$$v=\frac{2lv_{\mathrm{p}}}{2l+Kv_{\mathrm{p}}{}^{t}}=\frac{2\times3\,036\times6.62}{2\times3\,036+11.55\times6.62\times(t-297.95)}$$

根据式(5.23)和式(5.24)可以计算得出活塞风速随时间变化关系见图 5.15。

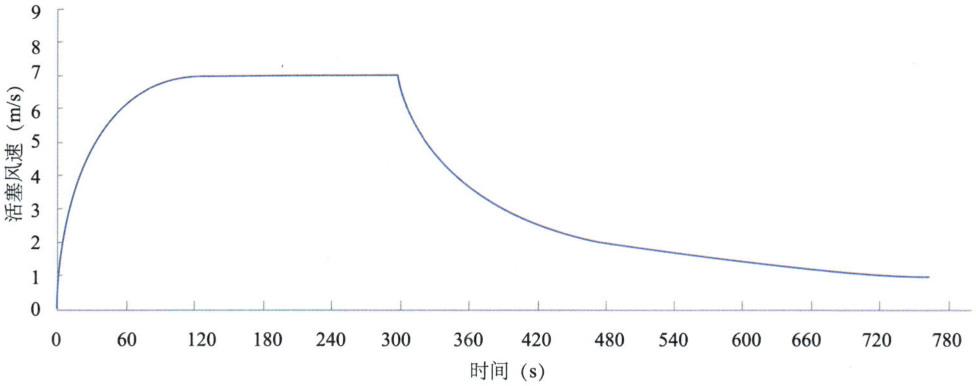

图 5.15　隧道内活塞风速随时间的变化规律(规范推荐方法)

五、规范推荐活塞风速计算方法(考虑自然反风的影响)

考虑自然反风影响时，以 1.5 m/s 自然风速为例，

(1)$t\in\left[0,\dfrac{l+l_0}{v_0}\right]$时

$$A=\frac{Kv_0^2-Kv_n^2}{2(l+\alpha l_0/1-\alpha)}=\frac{13.65\times 12.17^2-11.55\times 1.5^2}{2(3\,036+0.390\,2\times 590)/(1-0.390\,2)}=0.29$$

$$B=-Kv_0/\left(l+\frac{\alpha l_0}{1-\alpha}\right)=\frac{-13.65\times 12.17}{(3\,036+0.390\,2\times 590/(1-0.390\,2))}=-0.05$$

$$C=(K-\xi_t)/2(l+\frac{\alpha l_0}{1-\alpha})=\frac{(13.65-9.60)}{2(3\,036+0.390\,2\times 590)/(1-0.390\,2)}=0.001$$

因 $K>\xi_t$

$t=\dfrac{1}{\sqrt{B^2-4AC}}\ln\left[\dfrac{2Cv(B+\sqrt{B^2-4AC})+4AC}{2Cv(B-\sqrt{B^2-4AC})+4AC}\right]$由此得活塞风速随时间变化为

$$v=\left(\frac{-2AC+2AC_e^{t\sqrt{B^2-4AC}}}{C(B+\sqrt{B^2-4AC})-C(B-\sqrt{B^2-4AC})e^{t\sqrt{B^2-4AC}}}\right)$$

$$=\frac{(-0.000\,58+0.000\,58e^{0.036\,6t})}{(-0.000\,0134+0.000\,0866e^{0.036\,6t})}$$

(2)$t\in\left[\dfrac{l+l_0}{v_0},\infty\right]$时，列车出洞后活塞风速衰减

$$v=v_n\tan\left[\tan^{-1}\left(\frac{v_p}{v_n}\right)-\frac{Kv_0t}{2l}\right]\tag{5.25}$$

式中，$k=\xi+\lambda\dfrac{l}{d_e}+1=0.5+0.02\times\dfrac{3\,036}{6.04}+1=11.55$

$$v_p=\frac{v_0}{1+\sqrt{\frac{\xi}{K}}}=\frac{12.17}{1+\sqrt{\frac{9.60}{13.65}}}=6.62\ \mathrm{m/s}$$

代入式(5.25)得

$$v=1.5\tan\left[\tan^{-1}\left(\frac{6.62}{1.5}-\frac{11.55\times1.5\times t}{2\times3\ 036}\right)\right]$$

根据式(5.24)和式(5.25)可以计算得出活塞风速随时间变化关系见图 5.16。

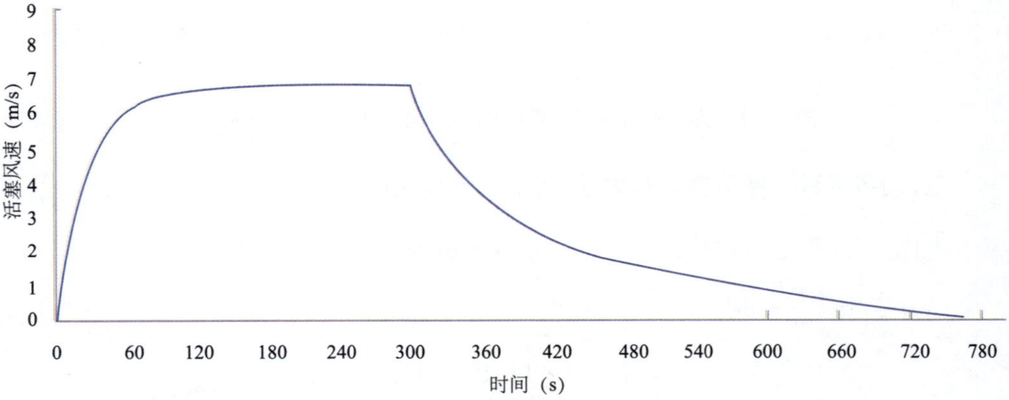

图 5.16　隧道内活塞风速随时间的变化规律(考虑自然反风影响)

根据五种计算方法可以看出，在列车全部进入隧道后，产生的活塞风风速相差不大，但如果考虑列车部分进入隧道和全部驶出隧道时刻的活塞风速，非恒定流计算结果更符合实际。从图 5.17 看出，针对非恒定流计算方法，规范推荐的方法和利用 Matlab 编程计算方法结果相近，而且均考虑了自然反风的影响。

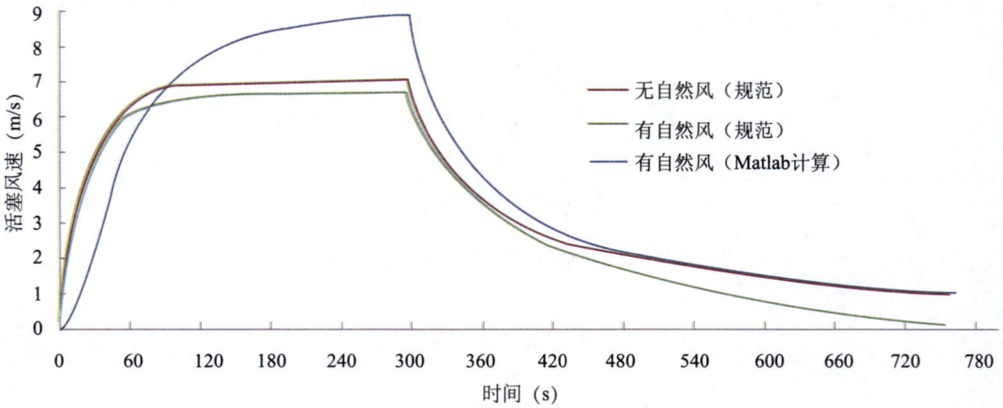

图 5.17　非恒定流计算活塞风速方法比较

第六章 隧道内变速单列车非恒定流流场数值计算

采用 ANSYS CFX 有限元模拟软件建立动网格模型，根据 J. Y. Kim 和 K. Y. Kim 所做的列车变速运行时隧道内压强和速度的变化试验结果验证模拟结果的正确性。在此基础上进一步分析隧道壁热流对隧道内温度场影响以及高海拔低气压对速度场及压力场的影响。

第一节 计算模型

一、物理模型

J. Y. Kim 和 K. Y. Kim 采用 1/20 比尺建成模型试验台，研究隧道内列车变速运行时压强场和速度场的变化规律，隧道模型尺寸为：39×0.250×0.210（长×高×宽，m），列车尺寸为：3×0.225×0.156（长×高×宽，m），置于离隧道入口 1.5 m 处，阻塞比约为 0.67。具体尺寸见图 6.1。

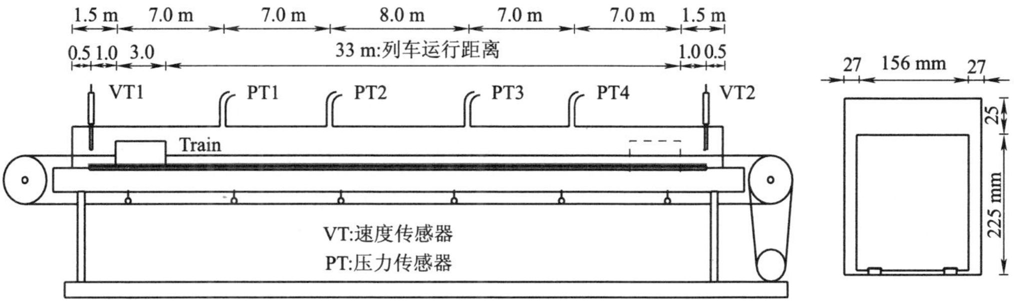

图 6.1 试验装置示意图

试验过程中，列车自启动至停止的实际运行距离为 33 m，车体前后用缆绳连接驱动设备，车底由导轨牵引移动，列车运动速度由电动变频器驱动设备控制。在距离隧道入口和出口 0.5 m 处中心位置分别安置两个速度传感器 VT1 和 VT2。同时，在隧道的顶部中间位置沿 X 轴方向 8.5 m、15.5 m、23.5 m 和 30.5 m 处分别布置了

4 个压力传感器 PT1、PT2、PT3 和 PT4。速度传感器和压力传感器的记录数据时间间隔均设为 0.1 s。在整个试验过程中，列车先以 1.0 m/s^2 的加速度运行，3 s 后以 3 m/s的恒速运行 8 s，再以-1.0 m/s^2 的加速度减速，3 s 后停止。根据计算可知，实验中列车的最高运动速度为 3 m/s，对应 *Re* 数为 4.9×10^4，列车速度随时间变化关系见图 6.2。

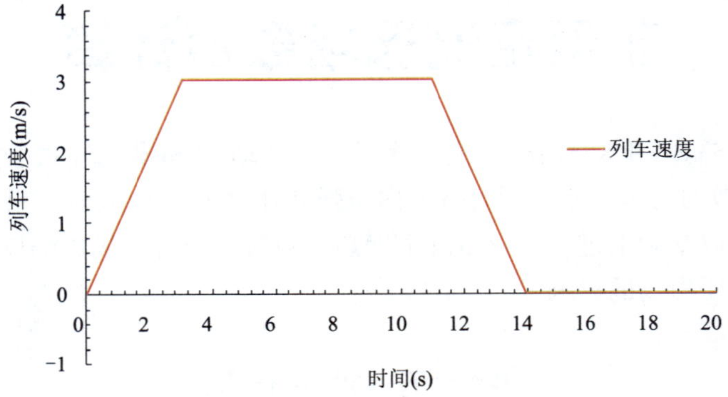

图 6.2　列车速度随时间变化图

根据图 6.1 物理模型尺寸建立 CFX 计算模型。计算模型分为列车前部，列车部分，列车后部三大部分，模型采用对称模型。

二、计算参数设置

用标准 κ-ε 两方程紊流模型对该试验中列车通过隧道时的活塞风速和压强进行流体 CFX 分析，采用有限体积法模拟计算列车在加速启动、匀速行驶、减速运行、列车停止四个过程中隧道指定点的压力、压力系数以及速度、速度系数。通过模型验证模拟方法的可行性，在此基础上进一步模拟分析隧道壁热流对隧道内空气温度产生的影响以及高海拔低气压对速度场及压力场的影响。分析过程中，采用六面体网格，CFX 完成动网格的计算求解设置，采用 Configuration 功能，Configuration 1 完成列车在前 14 s 的运动过程的隧道活塞风效应，Configuration 2 完成列车停止后 6 s 的计算。

三、网格模型及动网格设置

图 6.3 为隧道六面体网格模型图。网格单元数为：37 760，节点数为：46 345。

列车在行驶过程中，车身附近具有较大的雷诺数，为了得到较为精确的结果，根据 DesignModeler 中的模块化模型，对列车前后、列车壁面以及隧道壁面的网格进行细化，局部重点网格见图 6.3。

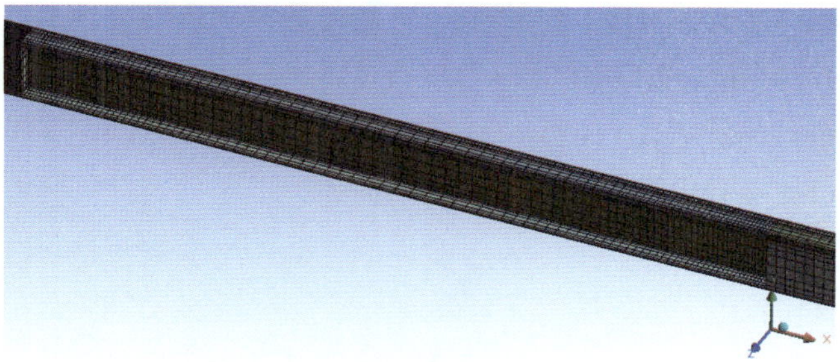

列车车身部网格

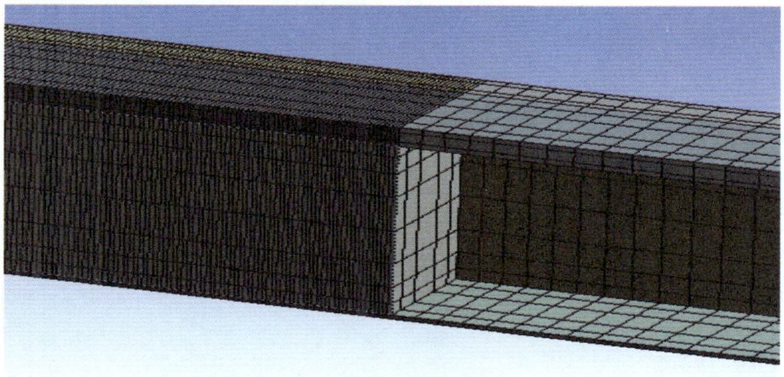

列车后部空气网格

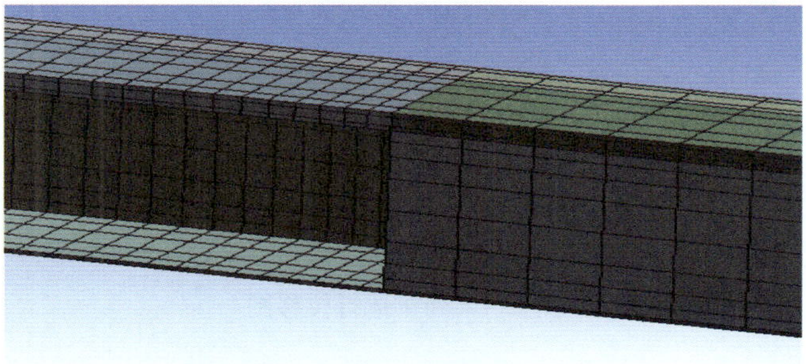

列车前部空气网格

图 6.3　模型局部网格示意图

从图 6.3 中可以看出，列车车身前后、列车上下壁面以及隧道壁面以及列车车身前后空气部分网格均进行了加密。其中，列车后部空气主要承担 CFX 计算中的网格拉伸，前部空气主要承担 CFX 计算中的网格压缩。

前 14 s 列车在隧道中运行时，其动网格需要结合 EXPRESSIONS 功能，设置列车运行路径的动态表达式，以及网格变形控制条件表达式，各表达式如下：

disp＝usum2，为列车(train)运动位移图，见图 6.4。

u1＝(1/2) * 1[m s^-2] * t * t

u2=3[m s^-1] * (t-3[s])+4. 5[m]

u3=-(1/2) * 1[m s^-2] * (t-14[s]) * (t-14[s])+33[m]

usum1=if(t<=3[s],u1,u2)

usum2=if(t<=11[s],usum1,u3)

lsum=39[m]

tsum=14[s]

wgtfnmove=min(1,(x-lsum)/(minVal(xGlobal)@REGION:tarinqian-lsum))

wgtfnwallhou=(x-0. 5[m])/(minVal(xGlobal)@Subdomainmove-0. 5[m])

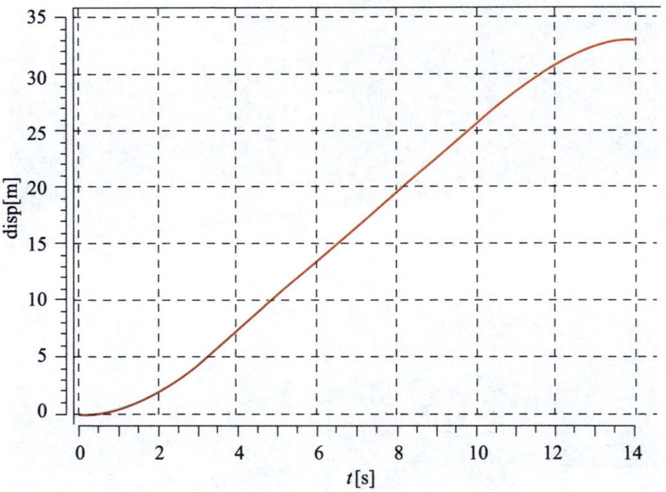

图 6.4　列车运行位移图

第二节　计算结果及验证

一、压力模拟结果

列车在隧道运行过程中，根据列车速度及运行时间可计算得车头车尾经过测点时刻，相应模拟数据提取时刻见表 6.1。

图 6.5 为列车运行过程中车头和车尾经过测点时刻隧道压强变化云图，从图中可以看出，列车前方空气受到挤压以及列车加速双重作用而致使压强升高，靠近车头处的压力最高；列车后方由于列车排开空气形成抽吸作用，呈现负压，且随着离车尾距离增加，负压开始减弱。

表 6.1　模拟数据提取时刻

测点位置	数据提取时刻(s)	
	车头经过测点	车尾经过测点
PT1-8.5 m	$t_1=2.83$	$t_2=3.83$
PT2-15.5 m	$t_3=5.17$	$t_4=6.17$
PT3-23.5 m	$t_5=7.83$	$t_6=8.83$
PT4-30.5 m	$t_7=10.17$	$t_8=11.17$

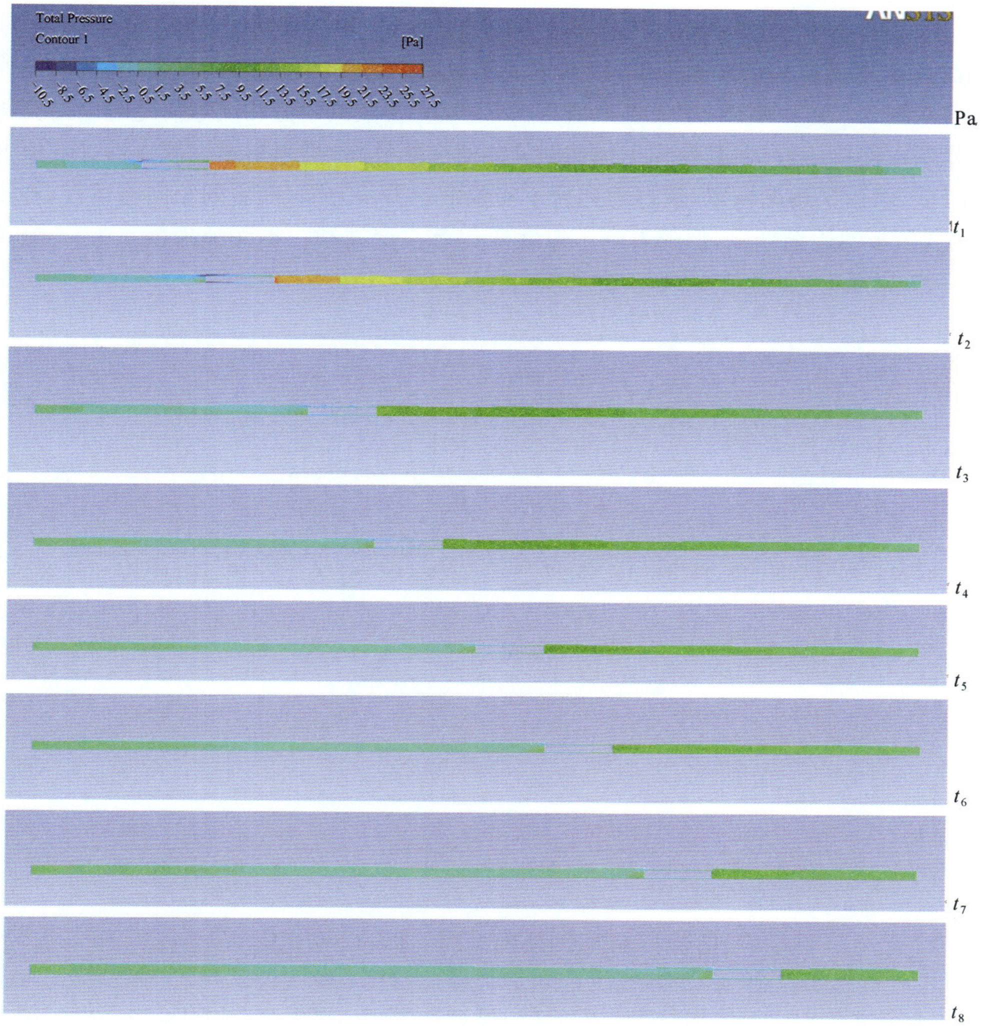

图 6.5　列车运行过程中经过各测点时压力变化云图

二、压力系数验证与分析

压力系数 C_p 是流体中描述静压与动压之比的无量纲参数，计算公式如下：

$$C_p = \frac{p}{\frac{1}{2}U_{TMAX}^2} \tag{6.1}$$

式中　p——隧道内空气的静压力，Pa；

U_{TMAX}——列车在隧道内运行的最大速度，m/s。

将模拟结果与文献中试验结果以及文献模拟结果进行比较并进行结果分析。

图 6.6 给出了四个压力传感器 PT1、PT2、PT3、PT4 测点比较结果，图中包括 J. Y. Kim 所做试验值和模拟值，以及本文所做模拟值。

从图 6.6 可以看出，本文模拟值与 J. Y. Kim 所做试验值和模拟值随时间的变化规律基本保持一致，尤其在列车加速时，Cp 值突然升高，当列车通过测点后，Cp 值突然降低，然后又逐渐恢复，较好地迎合了实验值。另一方面，随着列车向前运行，各测点 Cp 值虽然逐渐恢复，但随着列车速度变化有一定波动。本文模拟值在 PT2 测点 6～10 s 以及 PT3 测点 8～10 s 出现偏差。

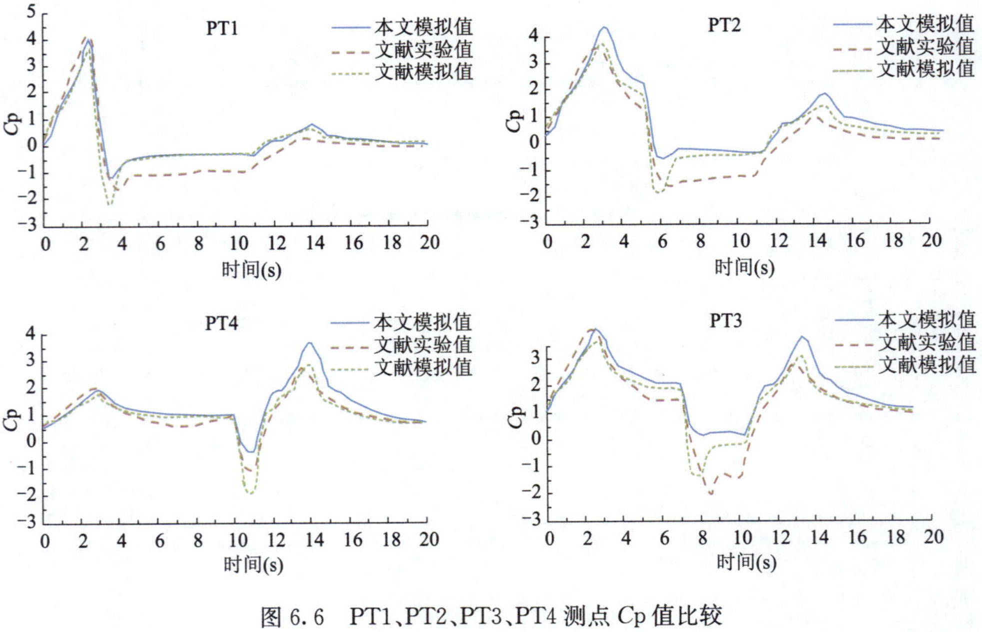

图 6.6　PT1、PT2、PT3、PT4 测点 Cp 值比较

为了进一步比较模拟结果与实验值，可计算 PT1、PT2、PT3、PT4 测点模拟值与试验值平均相对误差，计算公式为

$$Y=\frac{\sum_{i=1}^{n}|x-x'|}{n|x'_{max}-x'_{min}|} \tag{6.2}$$

式中　Y——计算结果的平均相对误差；

x——本文模拟结果；

x'——J. Y. Kim 的试验结果；

x'_{max}——试验中最大值；

x'_{min}——试验中最小值；

n——比较的数据点个数。

计算结果见表 6.2。从表 6.2 中可以看出，模拟结果相对误差稍大于 J. Y. Kim 的模拟结果，但均控制在 11% 以内，所建模型可以进行后续分析。

表 6.2　PT1、PT2、PT3、PT4 模拟平均相对误差比较

	PT1(%)	PT2(%)	PT3(%)	PT4(%)
J. Y. Kim 模拟	1	5	6	8
本文模拟	6	11	8	8

图 6.7 为各测点压力系数随时间动态变化模拟值，从图中可以看出，在列车加速至速度最大值 3 m/s 时，各测点压力系数均剧烈上升，达到第一次峰值，上升幅度随测点与列车距离的增大而减小。随后，当列车以 3 m/s 的速度匀速行驶时，压力系数开始减小，并趋于平稳。当列车开始减速运行时，压力系数再次回升，达到第二次峰值，上升幅度随测点与列车距离的增大而减小。列车速度减至 0 后，压力系数恢复至 0，即隧道内压力恢复至平衡状态。从两个峰值来看，加速运动的峰值要远远高于减速运动形成的峰值，这也验证了列车头部推动力增压的理论。由此可以得出，列车通过隧道时，压力系数与列车速度有很大关系。

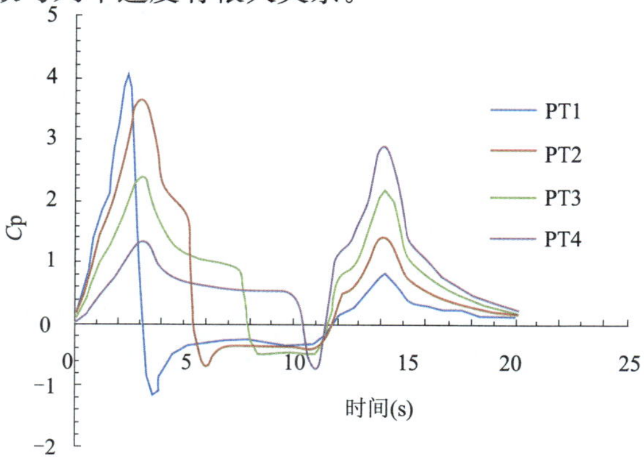

图 6.7　Cp 随时间动态变化模拟值

三、速度模拟结果

图 6.8 为列车经过各测点时刻速度场分布云图。从图中可以看出，在列车运行过程中，列车尾部由于活塞抽吸作用形成了涡流，速度明显增大。车头前方速度在短时间内变化不大。

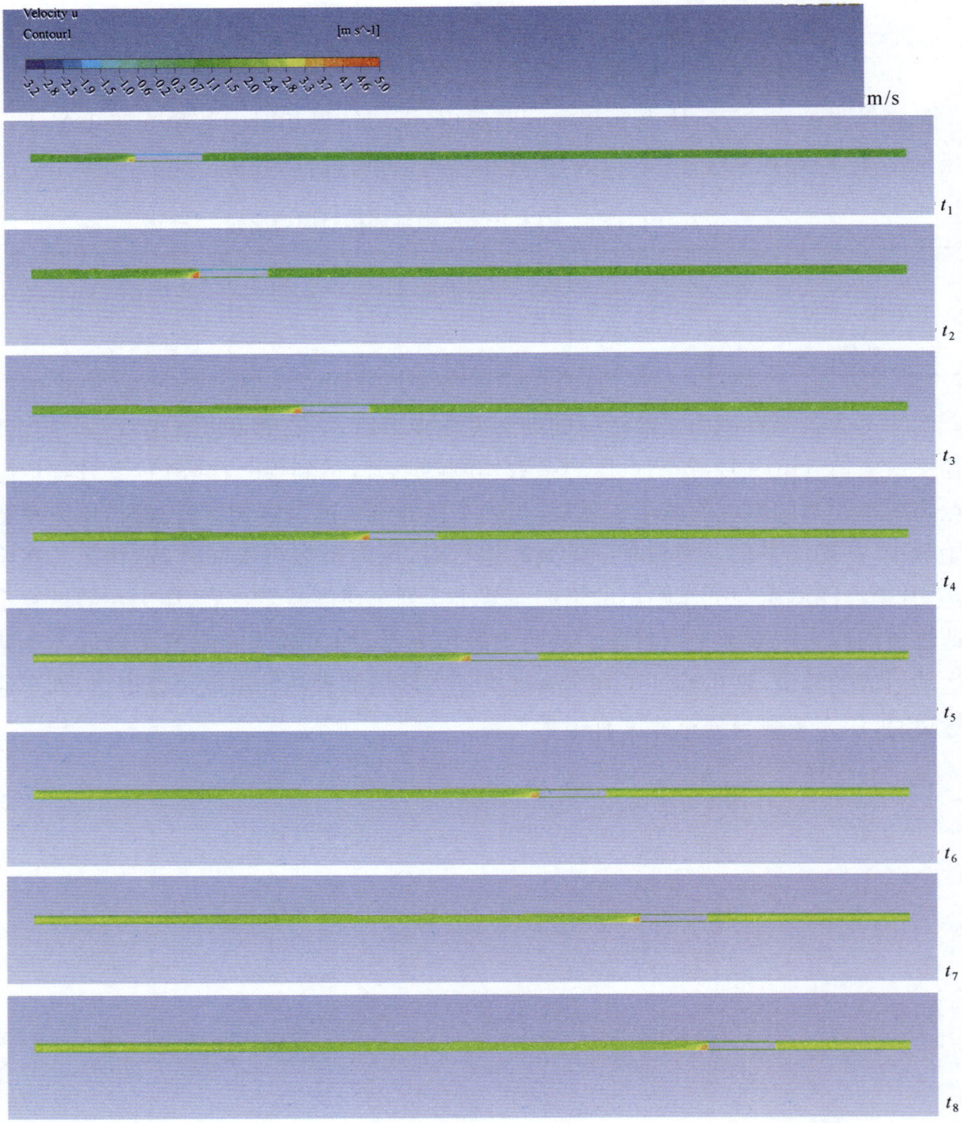

图 6.8　列车运行过程中经过各测点时速度变化云图

四、速度系数验证与分析

空气速度系数 U/U_{TMAX} 表示隧道中某点空气速度与列车运动最大速度之比，它同压力系数一样，也是无量纲量。此处列车最大速度为 3 m/s。本文将模拟结果与文献中实验结果和模拟结果进行比较，见图 6.9。从图中可以看出，隧道内速度系数 U/U_{TMAX} 随时间的变化趋势基本一致，均存在随列车加速、匀速、减速三个过程。根据式(6.2)计算得 VT1、VT2 本文模拟和 J. Y. Kim 模拟平均相对误差结果，见表 6.3。从表中平均相对误差可以看出，在 VT2 模拟结果中，本文模拟结果更接近于实验结果，优于 J. Y. Kim 模拟结果。

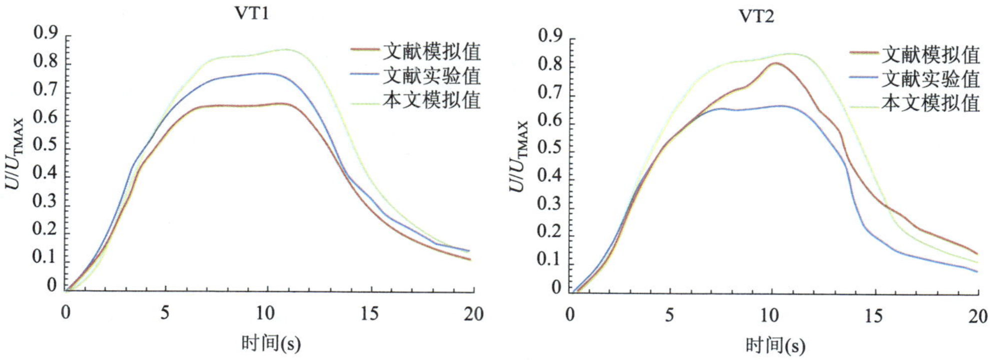

图 6.9　VT1、VT2 测点 U/U_{TMAX} 值比较

表 6.3　VT1、VT2 模拟平均相对误差比较

	VT1(%)	VT2(%)
J. Y. Kim 模拟	7	7
本文模拟	15	6

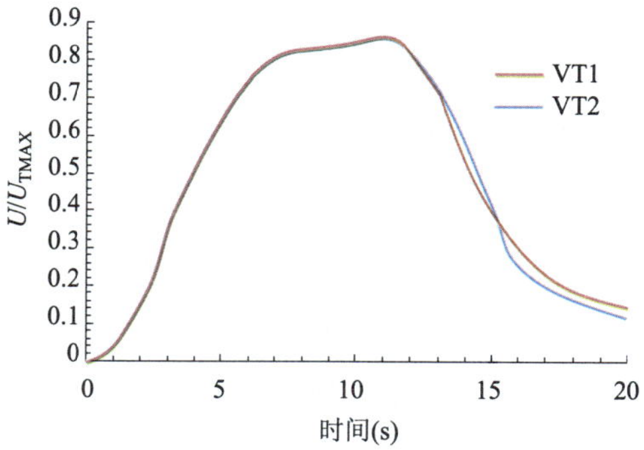

图 6.10　VT1、VT2 本文 U/U_{TMAX} 模拟值比较

图 6.10 为 VT1 和 VT2 气流速度系数随时间变化值比较图，从图中可以看出，列车开始加速时，速度系数随之慢慢上升。随着列车向前移动，VT2 处空气受列车推动力影响，而 VT1 处空气受列车尾部抽吸作用影响，速度系数均逐渐增大，从模拟结果看，列车推动力和抽吸作用差距不大。当列车以最高速度匀速行驶时，U/U_{TMAX} 持续增大至峰值 0.87 左

右。随着列车减速,U/U_{TMAX}也急剧下降,当列车停止后,U/U_{TMAX}降至0。

五、结　论

根据上述压力和速度模拟结果分析,得出如下结论:

1)当列车加速运行时,列车头部压力升高,尾部压力降低。当列车达到最大速度3 m/s时,车前正压和车尾负压也分别达到极值点。随后,当列车匀速运行时,压力升高和降低趋势变缓。当列车减速运行时,由于空气惯性作用,造成车尾后方压力又出现一次升高。

2)通过将压力系数Cp和速度系数U/U_{TMAX}的本文模拟值、文献实验值和文献模拟值之间进行比较,发现三者趋势变化基本一致,平均相对误差可控制在15%以内,验证了本文模型的可行性,同时保证了后续研究工作的开展。

3)隧道内空气压力的变化趋势与列车运动的形式关系密切,压力系数大小与列车的运行速度及运动位置密切相关。列车加速时,列车前方压力系数值升高,车尾压力系数值降低。减速时,由于空气惯性作用,车尾压力系数出现波动,再次升高。匀速运动时,压力系数趋于恢复,波动较小。

4)隧道出入口处空气速度系数变化趋势与列车速度变化趋势一致,但与列车在隧道内的位置无关,随着列车向前移动,隧道出口处空气受列车推动力影响,而入口处空气受列车尾部抽吸作用影响,两者作用差距不大。

第三节　考虑壁面热流计算结果及分析

考虑青藏高原中南部地区有着丰富的地热资源,隧道运营通风会受到隧道壁面热流影响,在上述模拟基础上增加热流边界,探讨热流对列车运行时速度场和压力场的影响以及列车运行过程中隧道内温度场的变化。

一、考虑壁面热流设置

在热流对隧道流场影响的数值模拟分析中,边界条件与动网格的设置基本上与不考虑热流时的设置相同。不同之处主要包括:指定求解区域的时候包括热传输(Heat Transfer),设定为Thermal Energy,在每个边界设置具体内容的时候输入热通量(Heat Flux)为30 W/m^2。隧道内外初始温度均设定为293K。

二、温度模拟结果

图6.11是列车运行时车头和车尾分别经过PT1、PT2、PT3、PT4测点时温度变

化云图。图 6.12 为列车停止后 13.0 s、13.5 s、14.0 s、15.0 s、16.0 s、17.0 s、18.0 s 与 19 s 时刻的隧道温度分布云图。

图 6.11　列车运行过程中经过各测点时温度变化云图

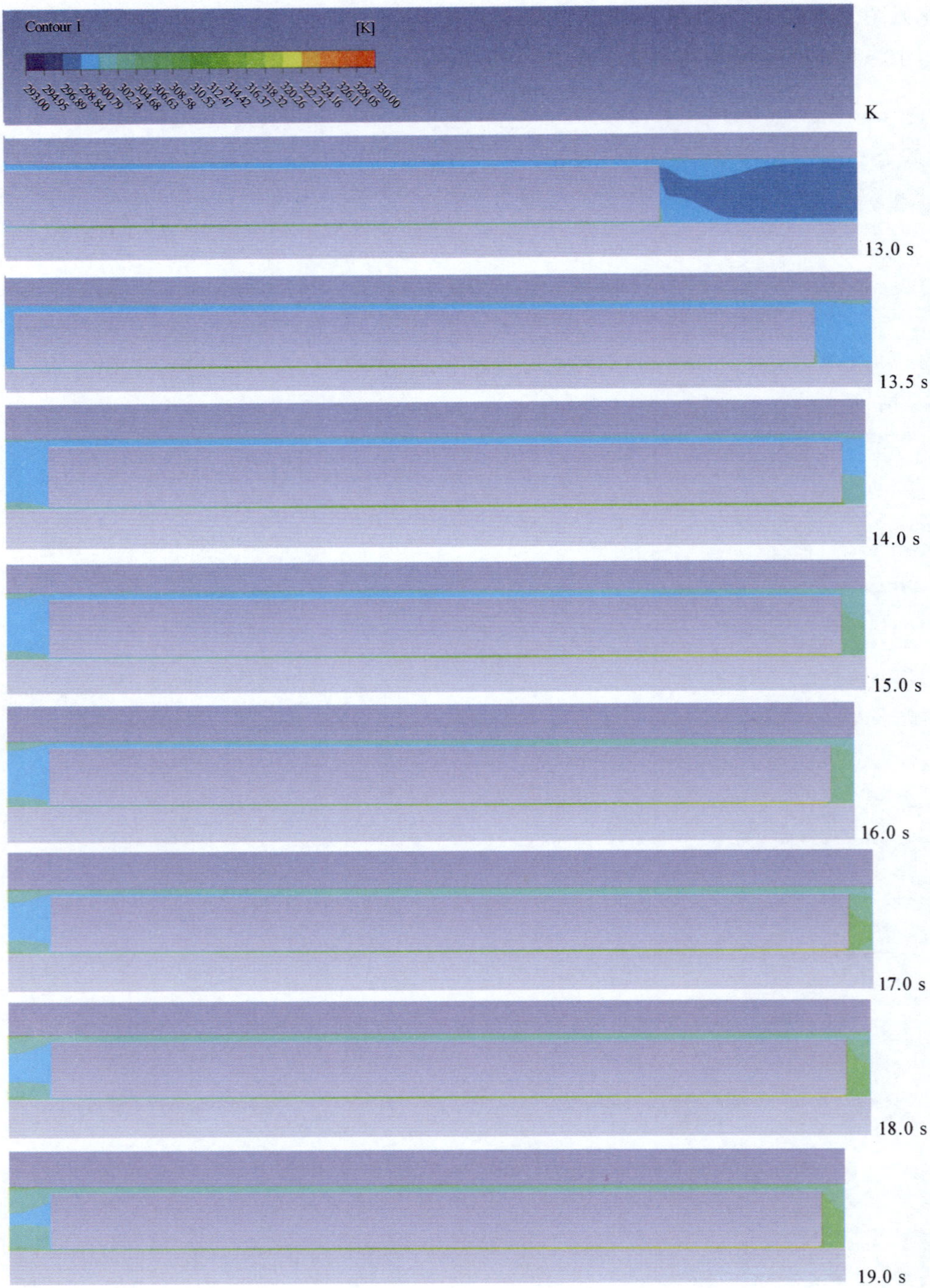

图 6.12 列车停止后隧道内温度变化云图

从图 6.11 可以看出，随着列车向前移动，列车前后空气温度也逐渐上升，由于列车底部距隧道壁面距离较小，所以热流影响明显。列车运动过程中，列车尾部与下壁面的温度较高，当列车行驶过后，隧道内空气温度渐渐恢复。

当列车停止后，列车与下壁面之间的温度具有明显的变化，图 6.12 显示，由于热流的输入，当列车停止后，随着时间的推移，列车前后空气温度梯度逐渐增大，车后温度由隧道壁向列车中心梯度逐渐变小。列车前方在列车刚停止时刻，受气流惯性作用，隧道中心位置与隧道壁之间存在明显的温度差异，随着时间增大，差异逐渐减小。由于列车底部与隧道壁之间间隙较小，温度梯度较大，列车前方温度大于后方，列车顶部与隧道壁间虽然有温度梯度变化，但变化不大，列车前方温度同样大于后方。

图 6.13 是列车运行过程中各测点温度动态变化图，从图 6.13 及图 6.14 可以看出，由于热流影响，各测点温度均有不同程度的升高，极值出现在 PT4 测点。

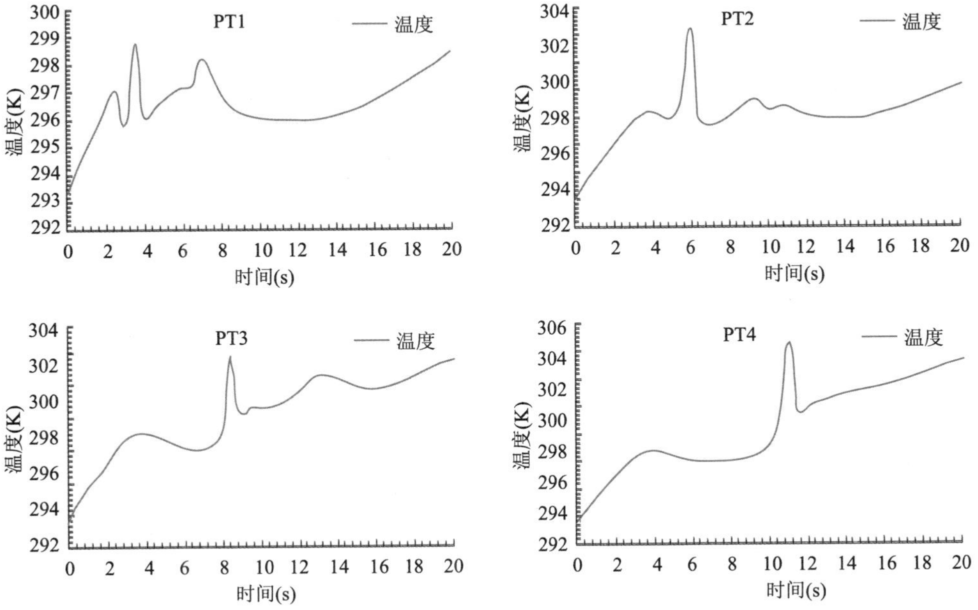

图 6.13　温度随时间动态变化模拟值

图 6.14 为 PT1、PT2、PT3、PT4 各测点温度随时间变化模拟值比较图，从图中可以看出，由于热流影响及列车运行时间加长，隧道内空气温度逐渐增加。受列车前方空气挤压和列车后方空气抽吸作用影响，各测点温度均出现较大波动。列车运行

速度对隧道内温度场影响较大。加速时，隧道内各测点温度也急剧上升，恒速运行后，车头和车尾通过测点时，温度出现明显波动，车头通过时，温度急剧上升，车尾通过后，由于抽吸作用，温度急剧下降，然后逐渐恢复。列车停止后，各测点温度波动减小，趋于平缓，整体有上升趋势。

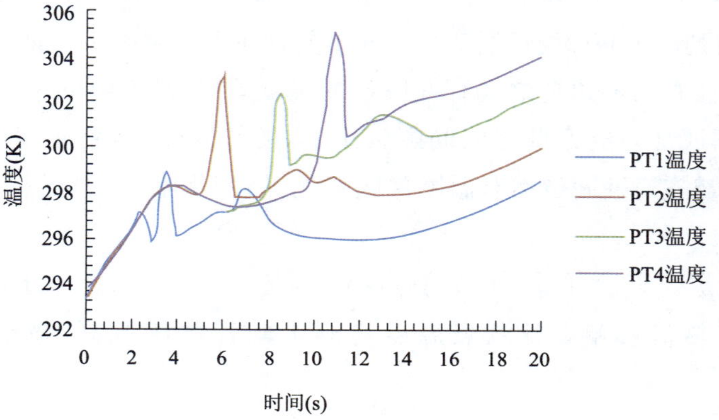

图 6.14　各测点温度值比较

三、压力系数和速度系数比较

图 6.15 和图 6.16 分别是考虑热流和不考虑热流边界条件下压力系数和速度系数模拟结果，从图中可以看出，热流边界条件对压力系数和速度系数的影响非常小，可以忽略。

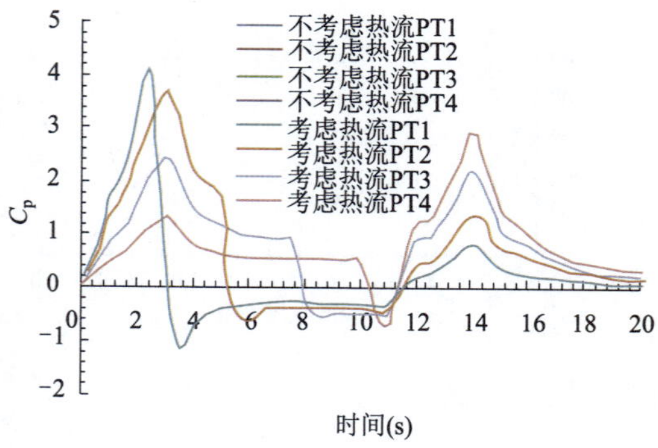

(a)两种边界条件下压力系数

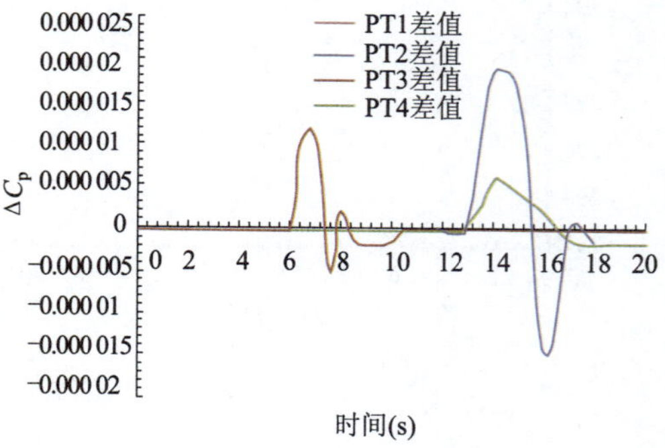

(b)两种边界条件下压力系数差值

图 6.15　两种边界条件下压力系数比较

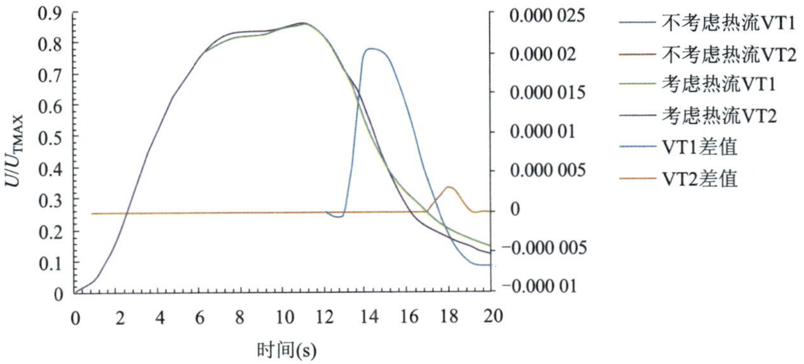

图 6.16　两种边界条件下速度系数比较

四、结　论

通过采用 ANSYS/CFX14.0 有限元模拟计算软件对单列车变速穿过隧道时的在热流边界条件下压力场、速度场和温度场进行模拟，得出以下结论：

1)列车壁与隧道壁之间距离越小，热流对温度场的影响越明显，列车底部温度场梯度变化较大。

2)列车运行速度对隧道内温度场影响较大。加速时，隧道内各测点温度也急剧上升，恒速运行后，车头和车尾通过测点，温度出现明显波动，车头通过时，温度急剧上升，车尾通过后，由于抽吸作用，温度急剧下降，然后逐渐恢复。列车停止后，各测点温度波动减小，趋于平缓，整体有上升趋势。

3)热通量 30 W/m^2 边界条件对压力系数和速度系数的影响非常小，可以忽略。

第四节　高海拔低气压对活塞风影响

青藏高原大气压在 57.0～72.5 kPa(0.562 5～0.715 5 atm)，在模型基础上改变压力边界条件分别为 0.562 5 atm 和 0.1 atm 进行模拟计算，得到该压力条件下隧道内测点活塞风速和压力随时间变化平均值，并与 1 atm 条件下的值进行比较，探讨低气压对隧道内活塞风速及压力的影响。

一、低气压对活塞风速度的影响

图 6.17 为不同压力边界条件 1 atm、0.562 5 atm 和 0.1 atm 下，隧道内活塞风平均速度随时间变化规律。从图中可以看出，压力边界条件由 1 atm 降至 0.562 5 atm，然后再降至 0.1 atm，隧道内活塞风平均风速随时间变化曲线几乎不变，从速度差值

变化曲线来看，比较 0.562 5 atm 与 1 atm 条件，两者差值为 0，从而可以得出，青藏高原最低气压 0.562 5 atm 边界条件对活塞风平均速度几乎没有影响。当边界条件降至 0.1 atm 时，气压边界条件对活塞风平均速度产生微小影响，当列车加速时，与标准大气压条件相比，随着压力边界条件降低，活塞风平均速度增大；列车恒速运行时，活塞风平均速度初始时刻稍有降低，随着时间推移，气压变化对活塞风平均速度的影响逐渐消失。

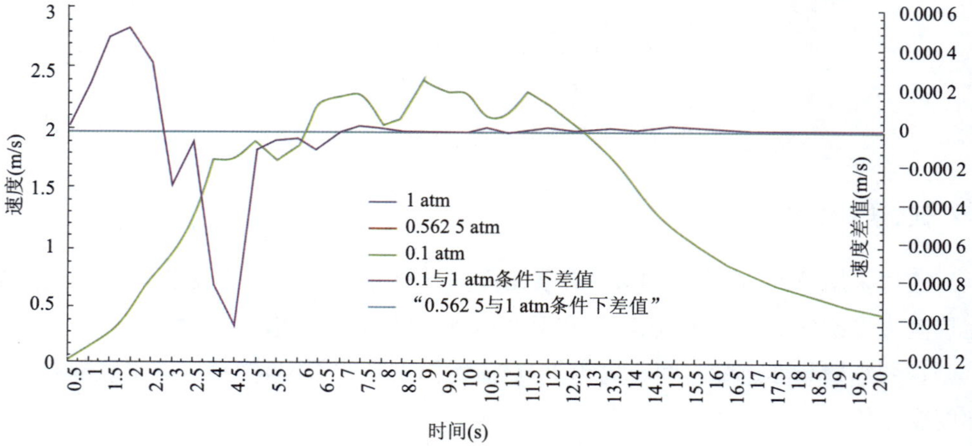

图 6.17　不同气压条件下活塞风平均速度变化比较

二、低气压对活塞风压力的影响

图 6.18 为在不同压力边界条件 1 atm、0.562 5 atm 和 0.1 atm 下，PT1、PT2、PT3、PT4 四点压力平均值随时间变化曲线，从图中看出，随着压力边界条件改变，压力平均值随时间变化曲线几乎不变。从压力差值变化曲线来看，比较 0.562 5 atm 与 1 atm 条件，两者差值为 0。从而可以得出，青藏高原最低气压 0.562 5 atm 边界条件对活塞风平均压力几乎没有影响。当边界条件降至 0.1 atm 时，在初始时刻，气压边界条件对活塞风平均压力产生微小影响，随着时间推移，影响逐渐消失。

三、结　　论

通过采用 ANSYS/CFX14.0 有限元模拟计算软件对单列车变速穿过隧道情况下压力边界条件改变时压力场、速度场进行模拟比较，得出以下结论：

1)与标准大气压 1 atm 相比，青藏高原高海拔低气压条件 0.562 5 atm 对隧道内活塞风平均风速和压力没有影响。

2)与标准大气压 1 atm 相比，当气压边界条件降至较低值 0.1 atm 时，在初始时刻,气压变化对隧道内活塞风平均风速和压力产生微小影响,随着时间推移,影响逐渐消失。

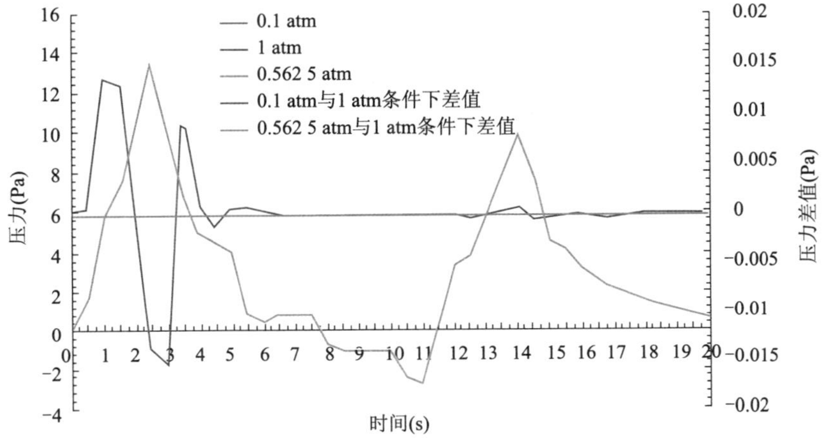

图 6.18　不同气压条件下活塞风压力变化比较

第七章　高海拔内燃牵引隧道浓度场数值模拟

在第五章隧道活塞风数值模拟计算基础上，进行隧道内，自然通风及机械通风条件下隧道污染物浓度场数值模拟分析。

第一节　隧道内污染物浓度的数值计算

一、模型建立

列车在隧道内运行时，内燃机车是污染源，它沿途排出烟气。考虑到列车在隧道中的运动以及一列车只有机车才排出烟气等特点，隧道内污染物的分布规律可用具有运动点污染源的一维非恒定流模型来描述，其基本方程为一维非稳态对流扩散方程。

$$\frac{\partial(\rho\varphi)}{\partial t}+\frac{\partial(\rho u\varphi)}{\partial x}=\frac{\partial}{\partial x}\left(\Gamma\frac{\partial\varphi}{\partial x}\right)+S \tag{7.1}$$

式中　φ——污染物浓度；

Γ——扩散系数；

S——源项。

其余符号意义同前。

采用有限容积法，将上述方程离散化得：

$$\varphi_{\mathrm{p}}^{t+\Delta t}=\varphi_{\mathrm{p}}^{t}+(Q_{\mathrm{w}}\varphi_{\mathrm{w}}-Q_{e}\varphi_{\mathrm{e}}+\overline{\mathrm{S}}\Delta t)/V_{\mathrm{p}} \tag{7.2}$$

式中　Q_{w}——流过界面 w 的流量；

Q_{e}——流过界面 e 的流量；

$\overline{\mathrm{S}}\Delta t$——污染物排放量；

V_{p}——控制容积 p 的体积。

根据列车头尾等在隧道中的位置不同，网格类型可分为只含头部、含新鲜空气界面等网格。

1. 无列车、无新鲜空气界面的网格

设 t 时刻：三个网格的浓度分别为 $C(I-1)$、$C(I)$、$C(I+1)$隧道内气流速度为 u（向右），$t+\Delta t$ 时刻流过节点 P、D 流量相等为

$$Q_P = Q_D = Au\Delta t = Q \tag{7.3}$$

$t+\Delta t$ 时刻控制容积内浓度 $\varphi(I)$ 为：

$$\varphi(I) = C(I) + Q[C(I-1) - C(I)]/V \tag{7.4}$$

式中　V——控制容积体积。

其余符号意义同前。

2. 只有一个列车头的网格(图 7.1)

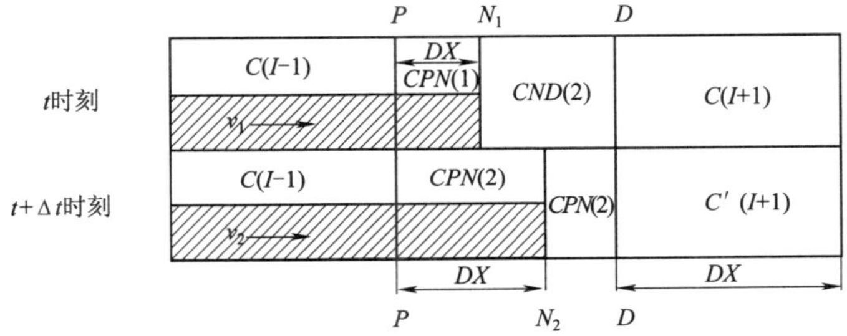

图 7.1　只含一个车头的网格

控制容积体积 $V_{隧} = A_{隧} \times DX$

环状空间体积 $V_{环} = (A_{隧} - A_{车}) \times DX = A_{环} \times DX$

t 时刻内空隧道流量 $Q = A_{隧} \times u \times DT$

式中　$A_{隧}$——隧道断面面积，m^2；

DX——流动方向(X)的位移，m；

u——隧道断面平均流速，m/s；

DT——时间，s。

其他符号意义同前。

1) Δt 时段内流过 P 点流量 Q_{VP} 污染物量 Q_P

$$Q_{VP} = Q_{环}$$

$$Q_P = C(I-1) \times Q_{环}$$

2) Δt 内流过 N_2 点流量 QV_{N_2}，污染物量 Q_{N_2}

$$QV_{N_2} = Q$$

a)若 $QV_{N_2} < V_{N_1N_2}$

则 $Q_{N_2} = CND(1) \times QV_{N_2}$

b)若 $V_{N_1N_2} < QV_{N_2} < V_{PN_2}$

则 $Q_{N_2} = CND(1) \times V_{N_1N_2} + CPN(1) \times (QV_{N_2} - V_{N_1N_2})$

c)若 $QV_{N_2} > QV_{PN_2}$

则 $Q_{N_2} = CND(1) \times V_{N_1N_2} + CPN(1) \times V_{PN_1} + C(I-1) \times (QV_{N_2} - V_{PN_2})$

3)Δt 时间内，流过 D 点的流量及污染物量 QV_D，Q_D

$$QV_D = Q_{环} + A_{车} \times (DX_2 - DX_1) = Q$$

a)若 $QV_D < V_{N_1D}$

则 $Q_D = CND(1) \times QV_D$

b)若 $V_{pD} > QV_D > V_{N_1P}$

则 $Q_D = CND(1) \times V_{N_1D} + CPN(1) \times (QV_D - V_{N_1D})$

4)$t+\Delta t$ 时刻：车头后部浓度 $CPN(2)$，前部浓度 $CND(2)$

$CPN(2) = [CPN(1) \times V_{PN_1} + CND(1) \times V_{N_1N_2} + Q_P - Q_{N_2} + STR \times DT]/V_{PN_2}$

$CND(2) = [CND(1) \times V_{N_2D} + Q_{N_2} - Q_D]/V_{N_2D}$

式中　STR——Δt 时间内列车污染物排放量，mg。

污染量单位为 mg，浓度单为 mg/m^3，流量单位为 m^3/s。

3. 只有新鲜空气界面的网格(图 7.2)

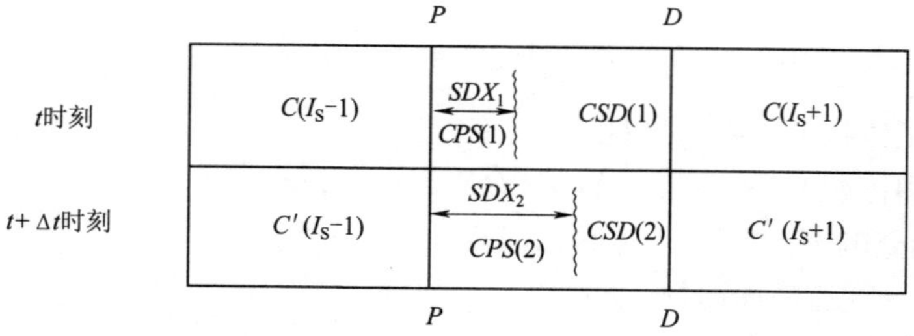

图 7.2　新鲜空气界面网格

因为只有空气界面，没有列车，故流过任意点的流量均为 Q

设 t 时刻界面前后浓度为 $CPS(1)$，$CSD(1)$

1)流过 P 点的污染物量 Q_P

$$Q_P = C(I_s - 1) \times Q$$

2)流过 D 点的污染物量 Q_D

$$Q_D = CSD(1) \times Q$$

3)$t+\Delta t$ 时刻界面前后的浓度 $CPS(2)$，$CSD(2)$

$CPS(2) = [CPS(1) \times V_{PS_1} + CSD(1) \times V_{S_1S_2} + Q_P - Q_{S_2}]/V_{PS_2}$

$CSD(2) = [CSD(1) \times V_{S_2D} + Q_{S_2} - Q_D]/V_{S_2D}$

其中：$V_{PS_1} = A_{隧} \times SDX_1$

　　$V_{S_2D} = A_{隧} \times (DX - SDX_2)$

　　$V_{S_1S_2} = A_{隧} \times (SDX_2 - SDX_1)$

　　$V_{PS_2} = A_{隧} \times SDX_2$

计算时,先将隧道划分成适当数量的网格(控制容积)。在某一时刻列车车头所处的网络是有源网格,源项的值为机车在单位时间排出的污染物质量,其余网格内没有污染源,源项的值为零。

二、污染物浓度数值计算过程

污染物浓度计算过程见图 7.3。

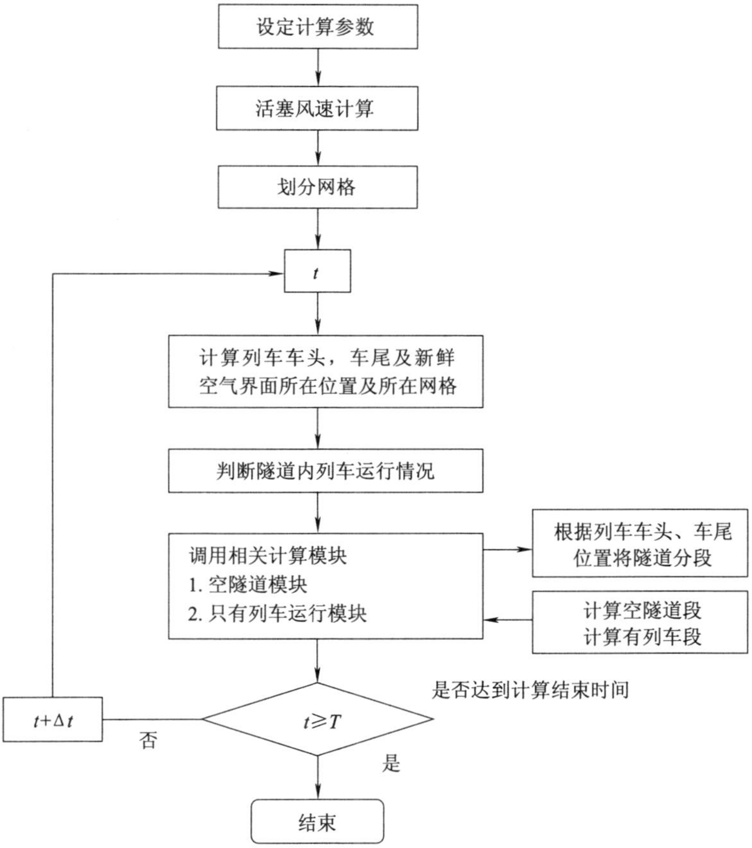

图 7.3　浓度程序计算框图

计算过程的第一步是设定计算参数,接下来就是计算活塞风速,并将计算结果存入一个数据文件供以后的浓度计算使用。浓度计算开始后先将隧道沿长度方向划分成一定数量的网格。然后从起始时刻开始计算列车车头、车尾的位置,并据此断别隧道中列车的运行情况。有两种不同情况:(1)隧道内没有列车运行;(2)隧道内有列车运行。

每种情况对应一个计算模块。在确定列车运行情况之后,即调用相应的模块进行计算。完成之后又进行下一时刻的计算。在有列车运行的模块中都要根据列车车头、车尾的位置把隧道分成有列车段和空隧道段,分别计算各段的浓度分布。此时需要用到前面已经计算出来的活塞风速。列车车头所在网格为有源网格,需要分成两个子网格分别计算。列车进入隧道之后,洞外的空气也有可能尾随其后进入隧道。为了反映这个现象,还需计算新鲜空气界面的位置,并确定它在哪一个网格,新鲜空气界面所在网格也分成为两个子网格进行计算。整个浓度计算结束之后,可得到各网格每一时刻的瞬时浓度值,并可再结合列车所经过各网格的时间对应关系,求出15 min 加权平均浓度。

第二节　隧道自然通风条件下污染物浓度计算

一、隧道分组及计算参数

以拉日线为例,长度在 2.0 km 以上的隧道有 10 座。隧道基本情况见表 7.1。

表 7.1　隧道基本情况及分组

组 别	隧道名称	隧道长度(m)	辅助坑道
2 000～4 000 m	双曲村	2 125	无
	萨嘎村	2 979	无
	帕当山	3 036	无
	康萨村	3 914	1 横洞
4 000～5 000 m	吉沃希嘎	4 070	无
	明炯	4 177	无
6 000～8 000 m	色麦村	6 698	1 横洞
	达嘎山	7 204	2 横洞
	甫当	7 468	2 横洞
>10 000 m	盆因拉	10 415	1 斜井,2 横洞

计算中列车通过隧道时,自然风速、列车进出洞速度以及通过隧道所用时间列于表 7.2。

表 7.2　自然风速、列车运行速度

隧道名称	长度(m)	进洞速度(m/s)	出洞速度(m/s)	洞内速度(m/s)
双曲村	2 125	68.5/47.4	68.5/47.4	68.5/47.4
萨嘎村	2 979	46.4	46.4	46.4

续上表

隧道名称	长度(m)	进洞速度(m/s)	出洞速度(m/s)	洞内速度(m/s)
帕当山	3 036	46.4/43.8	68.4/46.4	68.4/46.4
康萨村	3 914	30.6/48.7	50.8/68.6	30.6～61.2/48.7～68.6
吉沃希嘎	4 070	30.6/48.7	50.8/68.6	30.6～61.2/48.7～68.6
明炯	4 177	72.1/53.0	72.1/53.0	72.1/53.0
达嘎山	7 204	53/50.3	70.2/68.4	53～70.2/50.3～68.4
甫当	7 468	37.6/40.1	47.8/69.0	31.7～52.8/40.1～73

辅助坑道的计算参数列于表 7.3，隧道、列车的相关计算参数列于表 7.4。

表 7.3　辅助坑道参数

隧道名称	辅助坑道形式及长度(m)	辅助坑道横截面积(m^2)
康萨村	横洞 140	26.8
色麦村	横洞 290	26.8
达嘎山	横洞 1-540，横洞 2-530	26.8
甫当	横洞 1-215，横洞 2-610	26.8
盆因拉	斜井 500，横洞 1-1 530，横洞 2-1 100	47.2

表 7.4　基本计算参数

参数	取值	参数	取值
隧道横断面积	32.3 m^2	隧道断面等效直径	6.0 m
列车横断面积	12.6 m^2	列车段面等效直径	3.5 m
列车长度	590 m	污染物排放点位置	10.4 m(距车头)
牵引机车数	2	机车牵引功率	3 000 kW

根据第四章自然风速建议取值，自然风的风向沿雅鲁藏布峡谷自西向东，风速值选取出现频率较高的 2.6 m/s 进行计算。计算中根据隧道的坡度，选取上坡工况进行计算，表 7.4 中根据列车上坡时的形式方向相应的确定了自然风速的正负。列车牵引功率 3 000 kW。

二、计算方法的验证

为了检验一维计算模型、计算方法和参数选取的合理性，进行了验证性计算。用于验证的数据为羊八井隧道有害气体的监测数据。

羊八井Ⅰ号隧道长 3 345 m，隧道位于青藏高原腹地的当雄—羊八井盆地与拉萨谷地间的堆龙曲峡谷之中。监测点的设置为：在洞内距高洞口端 400 m、800 m、1 200 m、1 500 m 和 2 000 m 处共设 5 个监测点，分别为第 1、2、3、4、5 组。表 7.5 为列车在下坡工况时通过隧道各监测点的测试结果；表 7.6 为列车在上坡工况时通过隧道各监测点的测试结果。

表 7.5 列车通过隧道各监测点测试结果(列车处于下坡工况)

监测点	1	2	3	4	5
风速(m/s)	1.6	1.6	1.6	1.6	1.6
风向	格→拉	格→拉	格→拉	格→拉	格→拉
氮氧化物(mg/m^3)	最大值	最大值	最大值	最大值	最大值
	0.06	0.08	0.12	1.44	1.41

表 7.6 列车通过隧道各监测点测试结果(列车处于上坡工况)

监测点	1	2	3	4	5
风速(m/s)	1.4	1.4	1.4	1.4	1.4
风向	拉→格	拉→格	拉→格	拉→格	拉→格
氮氧化物(mg/m^3)	最大值 7.4	最大值 7.4	最大值 8.6	最大值 9.4	最大值 4.8

当列车在下坡工况时，5 个监测点的测试值和计算值的比较见图 7.4，C_1 为监测值，C_2 为计算值。从图 7.4 可以看出，下坡工况时，计算值和监测值吻合得很好。

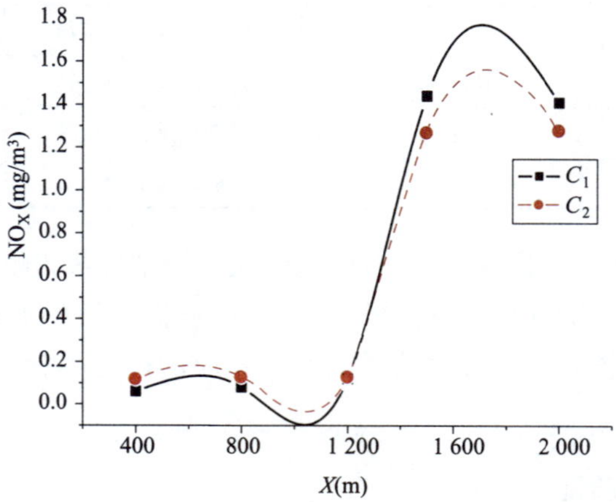

图 7.4 监测点实测与计算值比较(列车处于下坡工况)

当列车在上坡工况时，5 个监测点的测试值和计算值的比较见图 7.5。图中 C_1、

C_2 分别为机车尾部通过测点时刻、1 min 时氮氧化物的浓度值，其中 C_1 为监测值，C_2 为计算值。(a)、(b)图中各监测点计算值和监测值较为接近。

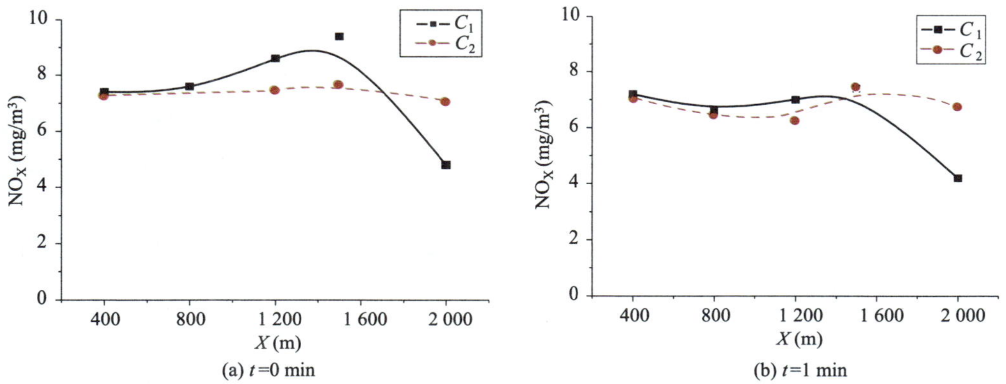

图 7.5　监测点实测与计算值比较(列车处于上坡工况)

三、计算结果

1. 无辅助坑道的隧道自然通风(表 7.7)

表 7.7　隧道自然通风计算

隧道名称	长度(m)	列车出隧道至 NO_2 达标所需时间(min)		列车速度(m/s)	远期运行图周期(min)
		正向自然风	反向自然风		
双曲村隧道	2 125	1.6	5.6	47.4	60
萨嘎村隧道	2 979	7.7	41.7	46.4	67
帕当山隧道	3 036	7.9	42.9	46.4	67
		5.3	10.5	68.4	
康萨村隧道	3 914	11.7	48.5	50.8	67
		9.1	47.4	68.6	
吉沃希嘎隧道	4 070	14.3	52.6	50.8	67
		9.9	50.9	68.6	
明炯隧道	4 177	12.9	53.0	53.0	53
		11.8	52.1	72.1	

表 7.7 中比较计算了正、反向自然风下列车出隧道后 NO_2 达标所需时间。对于无辅助坑道的隧道，由计算结果可知：

(1)按照《铁路隧道运营通风设计规范》(TB 10068—2010)中第 3.0.4 条规定：内燃机车通过隧道后 15 min 内，空气中 CO 浓度小于 30 mg/m^3，NO_X(换算成 NO_2)浓度小于 10 mg/m^3。比较此规范，在主导风向条件下，隧道长度小于 3 000 m 时，隧道内 NO_2浓度均能在列车出隧道后 15 min 内降到 10 mg/m^{3}以下。并且在第二辆列车进入隧道前，隧道内 NO_2浓度基本上可以忽略不计；长度大于 3 000 m 的隧道中，长 3 914 m的康萨村隧道和长 4 177 m 的吉沃希嘎隧道，列车上坡时运行方向与主导风向相反，隧道内 NO_2浓度不能在 15 min 内达标；长 4 070 m 的吉沃希嘎隧道，列车上坡时运行方向与主导风向同向，隧道内 NO_2浓度不能在 15 min 内达标。

(2)按现有行车组织条件，4 000 m 以下的隧道均能在运行图周期内降至很低(<0.01 mg/m^3)。

1)自然风方向对排除隧道内有害气体的影响

以吉沃希嘎隧道的计算为例，分析自然风向对隧道内 NO_2 排除的影响，见图 7.6。自然风分别为 2 m/s 和−2 m/s 时，列车在隧道中运行时的活塞风速相差很小，见 S_1 段，两条曲线很接近；在列车出隧道后，两条曲线分别下降到 2 m/s 和−2 m/s，见 S2 段。

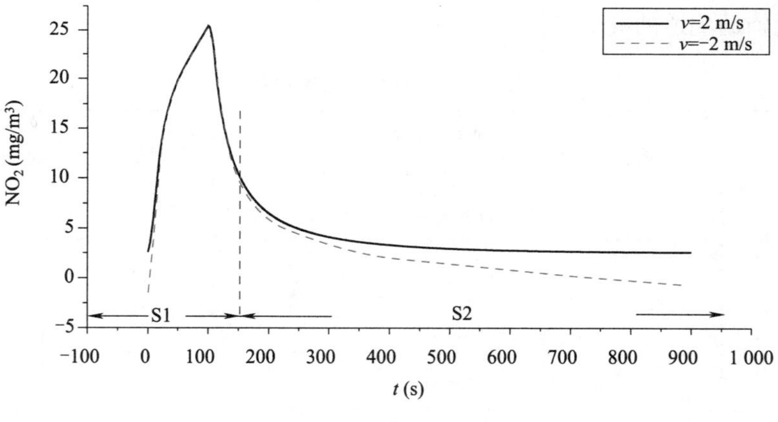

图 7.6　活塞风速比较

自然风分别为 2 m/s 和−2 m/s 时，对隧道内 NO_2浓度变化曲线进行比较分析。图 7.7(a)，从左至右分别为 $t=1,2,4,8,10$ min 时刻隧道内污染物浓度曲线，在正向自然风的作用下，隧道内 NO_2 被活塞风逐渐挤压出隧道。而反向自然风的情况见图 7.7(b)和图 7.7(c)，当活塞风速大于 0 时，隧道内 NO_2浓度曲线和正向自然风的 NO_2浓度曲线趋势相同，但当活塞风速小于 0 时，反向自然风将隧道内未排出的 NO_2 又挤入隧道内，形成一个波峰，之后反向自然风缓慢地将隧道内 NO_2 推出隧道进洞口。

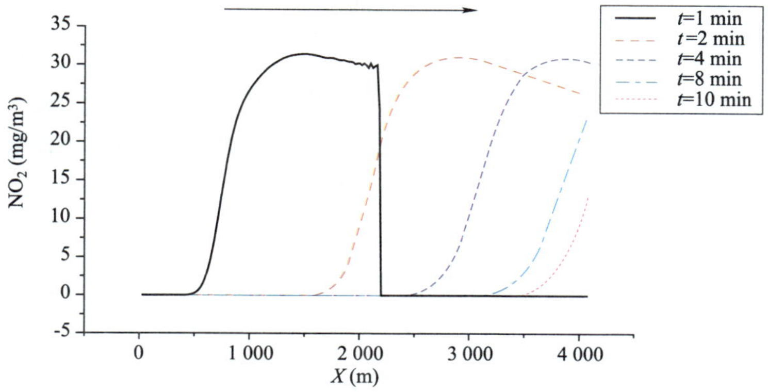

（a）正向自然风隧道内NO_2浓度曲线

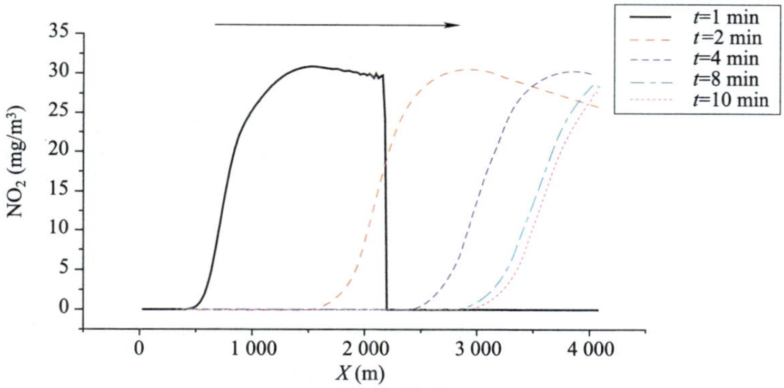

(b) 反向自然风隧道内NO_2浓度曲线1

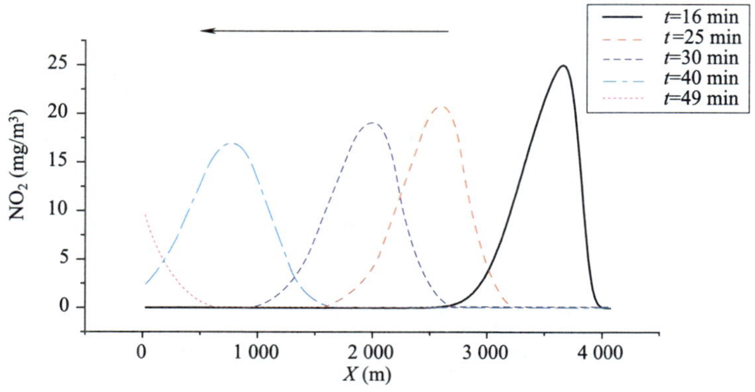

(c) 反向自然风隧道内NO_2浓度曲线2

图 7.7　正、反向自然风下隧道内 NO_2浓度曲线

通过以上比较可见，自然风向对隧道内有害气体的排除有很大影响，反向自然风将大大延长自然通风情况的有害气体达标时间。

2)机车功率对隧道自然通风的达标时间的影响

在表 7.7 中计算了机车功率为 3 000 kW,运行速度为 40.7 m/s 时隧道进行自然通风时隧道内有害气体达标的时间。为了比较机车功率对达标时间的影响,现计算了在不同功率(2 000 kW、2 200 kW、2 500 kW、2 800 kW、3 000 kW)下萨嘎村隧道(长 2 979 m)和吉沃希嘎隧道(长 4 070 m)在正、反自然风的作用下有害气体达标的时间,并分别绘于图 7.8 和图 7.9。

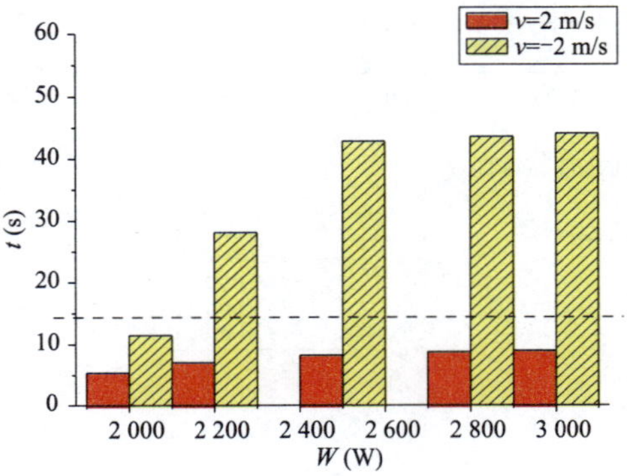

图 7.8　萨嘎村隧道达标时间比较

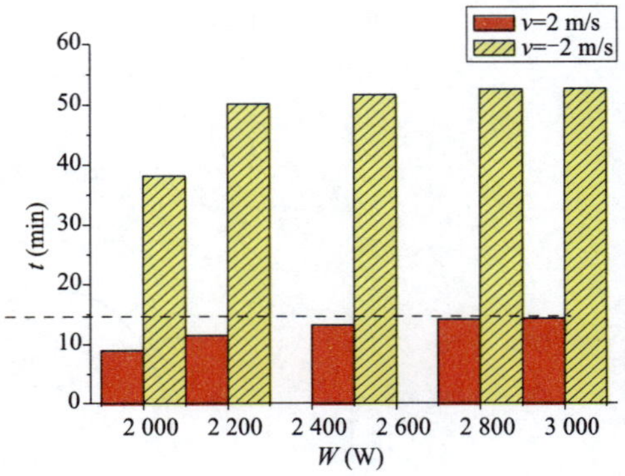

图 7.9　吉沃希嘎隧道达标时间比较

比较分析图 7.8 和图 7.9 可知,随着机车功率的增加,隧道内有害气体的达标时间也随之增加。较长隧道达标时间相对较短隧道受机车功率的影响较小,变化不大。对于 3 000 m 左右的隧道,机车功率大于 2 500 kW 后自然通风的达标时间变化就不大了;对于 4 000 m 左右的隧道,机车功率大于 2 200 kW 后自然通风的达标时间变化就不大了。

3)自然风速的大小对隧道自然通风的达标时间的影响

根据 2007 年 3 月 30 日拉日线现场风速观测值(图 7.10),隧道外自然风速分别为 2～8 m/s。现计算隧道外自然风速分别为 4、5、6、7、8 m/s 时,萨嘎村隧道(2 979 m)、吉沃希嘎隧道(4 070 m)内有害气体的达标时间。

比较图 7.11 和图 7.12 可知,隧道外自然风由 2 m/s 增大到 4 m/s 时,隧道内有害气体浓度的达标时间大大降低。对于 3 000 m 左右的隧道,当自然风速大于 6 m/s 之后,隧道内的有害气体浓度都能在 15 min 内达到标准;对于 4 000 m 左右的隧道,当自然风速大于 7 m/s 之后,隧道内的有害气体浓度都能在 15 min 内达到标准。

2. 利用辅助坑道的隧道自然通风

对于有辅助坑道的隧道,因每个隧道的具体情况不同,下面将分别计算每个隧道的自然通风情况。

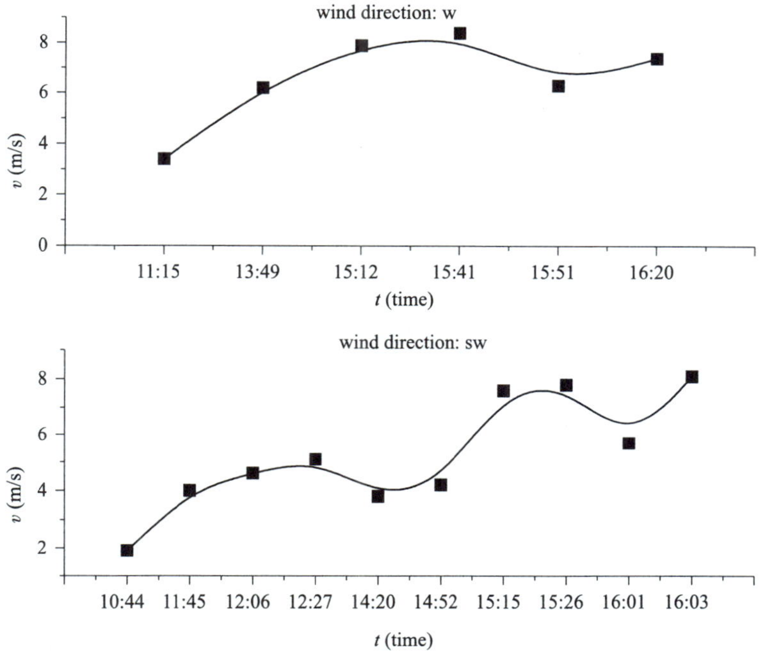

图 7.10　风速观测值

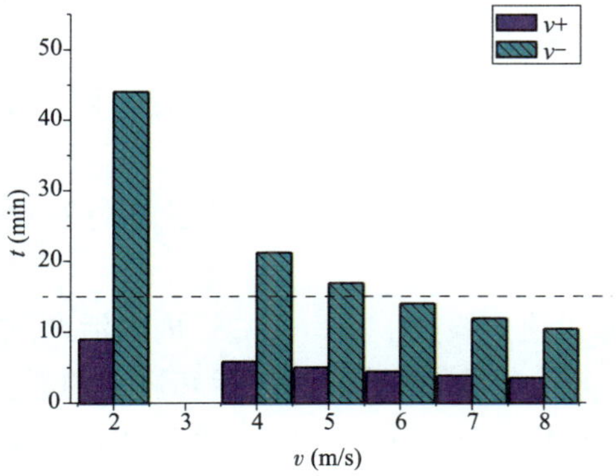

图 7.11　萨嘎村隧道不同自然风达标时间比较

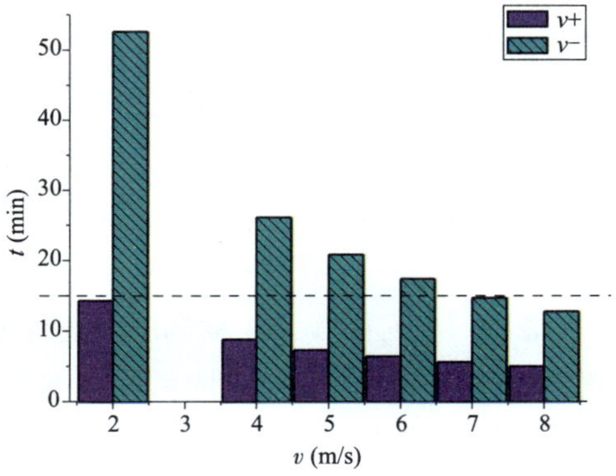

图 7.12　帕当山隧道不同自然风达标时间比较

(1)康萨村隧道

康萨村隧道全长 3 914 m,见图 7.13,康萨村有一长为 140 m 的横洞,但横洞的具体位置未给定,下面对横洞在不同位置的情况进行计算,计算结果列于表 7.8。表中 L_1,L_2 为隧道被横洞分隔开的两段长度,L_3 为横洞的长度;t_1 为隧道内 NO_2 浓度达标所需时间,t 为此隧道所在区间的远期运行图周期。

图 7.13 隧道位置横洞示意

表 7.8 康萨村隧道自然通风计算

L_1(m)	L_2(m)	L_3(m)	t_1(min)	t(min)
0	3 914	0	8.0	67
500	3 414	140	20.1	67
800	3 114	140	20.3	67
1 000	2 914	140	20.4	67
1 500	2 414	140	21.1	67

根据计算得知：

①横洞在不同位置时，排除隧道内 NO_2 所需时间相差不多，所以横洞的位置对隧道的自然通风影响不大。

②将有横洞和没有横洞的情况做对比计算，计算结果表明，横洞的设置不利于进行自然通风，而有利于隧道内 NO_2 的排除。

现对无横洞的自然通风情况和 $L_1=1\ 500$ m，$L_2=2\ 414$ m 的情况进行对比分析。

图 7.14，v_1 曲线为无横洞时隧道内的活塞风速曲线，v_{21} 为 L_1 段隧道内的活塞风速曲线，v_{22} 为 L_2 段隧道内的活塞风速曲线；v_{23} 为 L_3 段，即横洞内的活塞风速曲线。对活塞风速曲线比较可以看出，利用横洞进行自然通风时，隧道内的活塞风速较没有横洞的时候小；列车在隧道内运行时，列车将一部分活塞风压入横洞内，当列车驶离后，负压作用使得横洞内的空气又开始回流。

对 $t=0.5,1,2,8$ min 时刻有横洞和无横洞的隧道内的 NO_2 浓度曲线进行对比(图 7.15)，其中 C_1 曲线为无横洞的情况，C_2 为有横洞的情况。从图中可以看出，随着时间的增大，C_1 曲线和 C_2 曲线的间隔越来越大，这也就反映了有横洞的情况下活塞风速较没有横洞的时候小，因此导致了 C_2 曲线变化更为缓慢。

③不宜利用横洞进行自然通风。

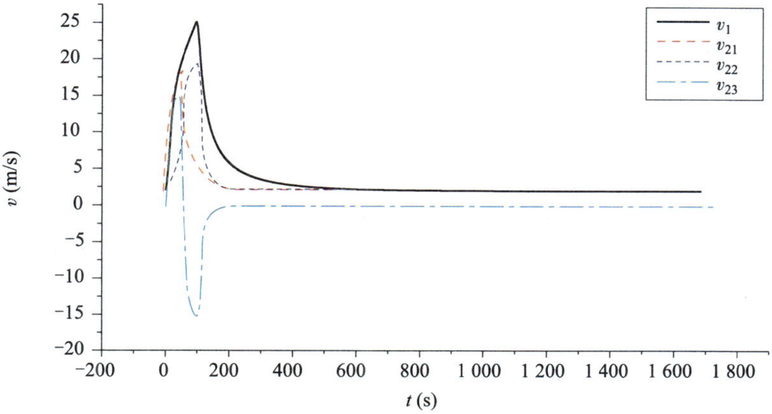

图 7.14　康萨村隧道内活塞风速曲线

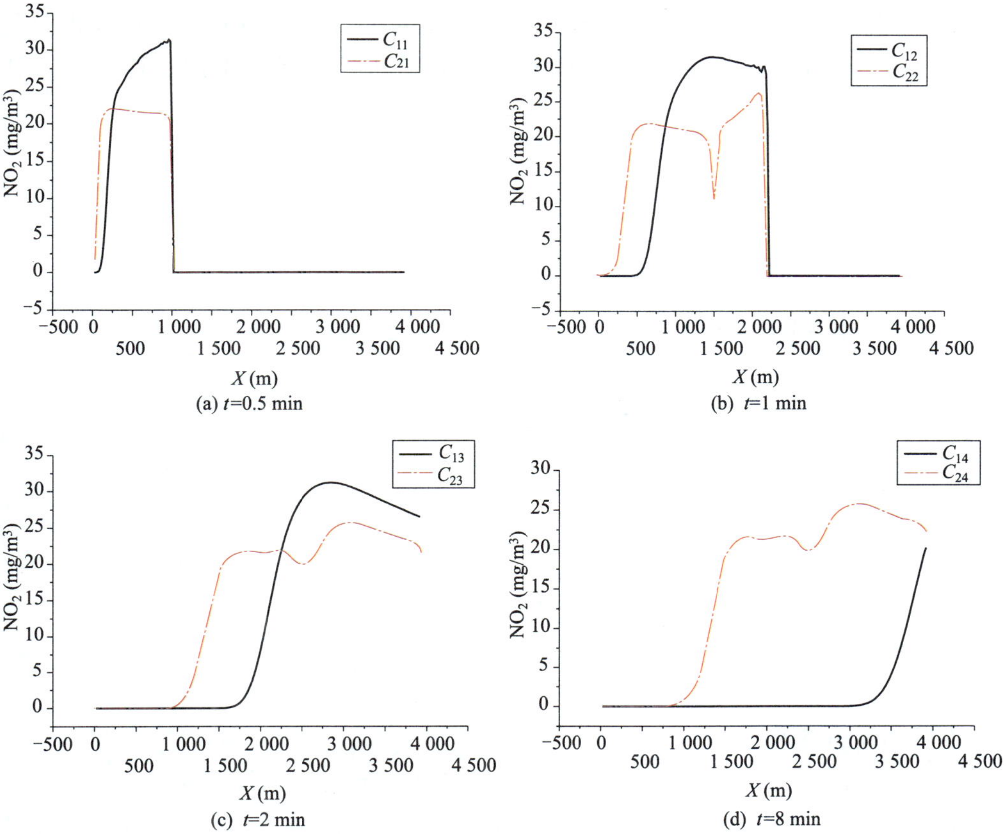

图 7.15　康萨村隧道内 NO_2 浓度曲线

(2)色麦村隧道

色麦村隧道全长 6 698 m,横洞位于距拉萨端 2 203 m 处,长为 290 m,隧道自然通风的结果列于表 7.9(表中,t 为色麦村隧道所在区间的远期运行图周期,t_1 为自然通风时隧道内 NO_2 达标所需时间)。

表 7.9 色麦村隧道自然通风计算

L_1(m)	L_2(m)	L_3(m)	t_1(min)	t(min)
0	6 698	0	>66	66
2 203	4 495	290	59.2	66

计算得知 t_1=59.2 min,远远大于 15 min,色麦村隧道需进行机械通风。

色麦村隧道在反向自然风的情况下隧道内的活塞风速曲线见图 7.16。在有横洞的情况下,隧道内的污染物浓度均比没有横洞时低,但与康萨村隧道在正向自然风的情况下不同,有横洞时隧道内有害气体的达标时间小于没有横洞时。见图 7.17。

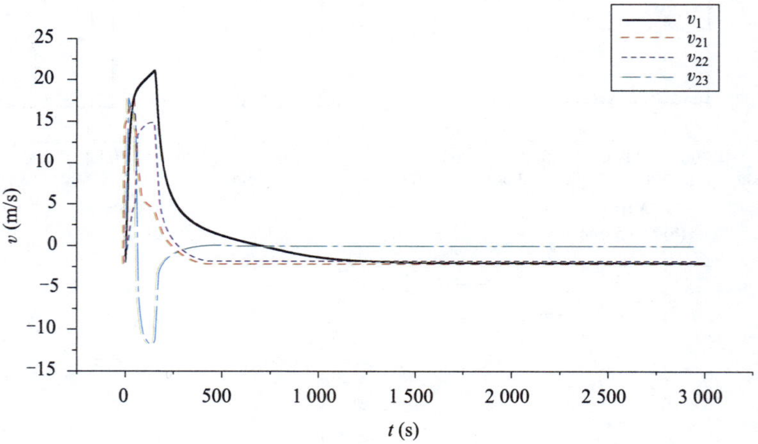

图 7.16 隧道内活塞风速曲线

(3)达嘎山隧道

达嘎山隧道全长 7 204 m,有两个横洞,横洞 1 长度 L_4=540 m,距拉萨 1 560 m;横洞 2 长度 L_5=530 m,距拉萨 4 556 m,(图 7.18)。表 7.10 中,t 为达嘎山隧道所在区间的远期运行图周期,C 为 t 时刻隧道内 NO_2 最大浓度。

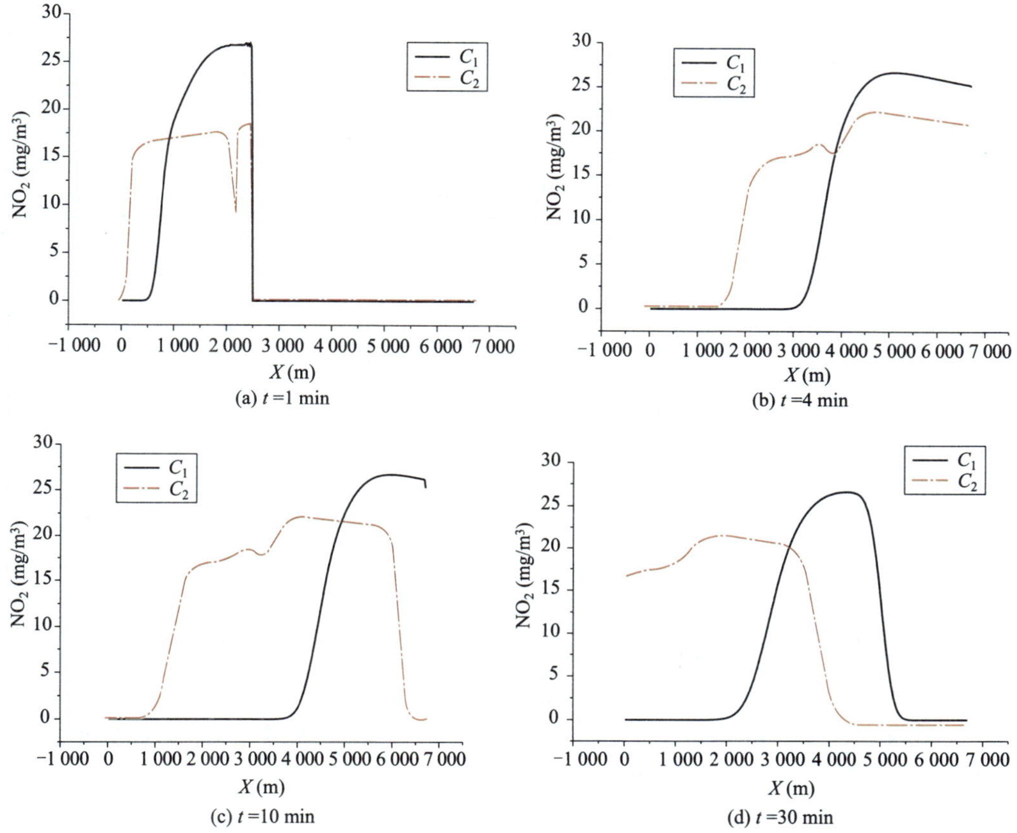

图 7.17　隧道内 NO_2 浓度曲线

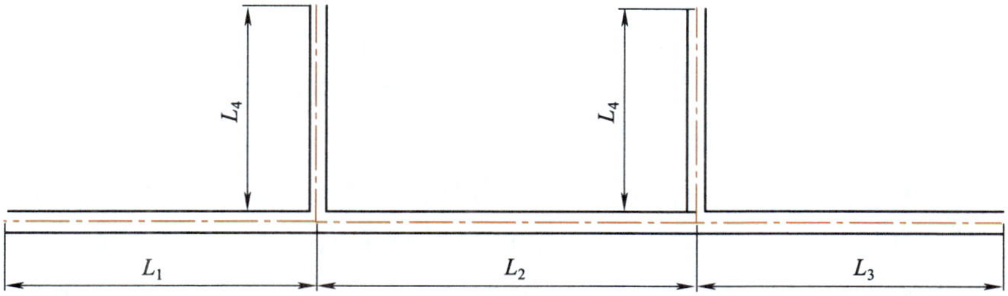

图 7.18　达嘎山隧道横洞位置示意

表 7.10　达嘎山隧道自然通风计算

L_1(m)	L_2(m)	L_3(m)	L_4(m)	L_5(m)	t(min)	C(mg/m^3)
0	7 204	0	0	0	65	22.5
1 560	2 996	2 648	540	530	65	16.3

(4)甫当隧道

甫当隧道全长 7 468 m,有两个横洞,横洞长度分别为 L_1=215 m,L_2=610 m,横洞的位置未定,下面对横洞在不同位置时进行计算。计算结果列于表 7.11,t 为甫当隧道所在区间的远期运行图周期,C 为 t 时刻隧道内 NO_2 最大浓度。

表 7.11 甫当隧道自然通风计算

L_1(m)	L_2(m)	L_3(m)	L_4(m)	L_5(m)	t(min)	C(mg/m^3)
0	7 468	0	0	0	66	26.8
500	6 468	500	215	610	66	22.1
800	5 868	800	215	610	66	21.1
1 000	5 468	1 000	215	610	66	20.6
1 500	4 468	1 500	215	610	66	19.9
2 000	3 468	2 000	215	610	66	19.3
2 500	2 468	2 500	215	610	66	19.0
1 500	3 468	2 500	215	610	66	19.3

通过对以上隧道利用辅助坑道进行自然通风的计算,利用辅助坑道能降低隧道内有害气体的浓度,但对于有辅助坑道的隧道(康萨村隧道、色麦村隧道、达嘎山隧道、甫当隧道),均不能仅靠自然通风实现在 15 min 内隧道内的有害气体达到标准。这些隧道不能利用辅助坑道进行自然通风。

三、小　结

通过对拉日线隧道的一维数值模拟计算可以得到如下结论:

(1)自然通风的情况下,按照主导风向确定列车上坡时的自然风向,则长度 3 000 m以下的隧道,列车通过隧道后 15 min 内,隧道内 NO_2 浓度降到 10 mg/m^3 以下,满足铁路隧道运营通风设计规范的卫生标准。

(2)机车功率、自然风速的大小对隧道内有害气体的达标时间有较大影响。

(3)利用辅助坑道进行自然通风虽然能降低隧道内有害气体的浓度,但 3 000 m 以上的隧道利用自然通风在 15 min 内不能达标,必须进行机械通风。因此,不建议利用辅助坑道进行自然通风。

第三节　隧道射流通风风机选型验算

一、甫当隧道

甫当隧道风机选型结果见表 7.12。

表 7.12　风机选型功率对比

风机型号	额定功率（kW）	出口风速（m/s）	出口断面积（m^2）	风机压力（Pa）	风机台数（台）	风机总功率（kW）
SLFJ63-1T	18.5	43.0	0.312	8.36	47	969
SLFJ90-1T	22.0	33.0	0.636	8.97	44	968
SLFJ100-1T	37.0	36.5	0.786	17.30	23	851
SLFJ112-1T	45.0	35.9	0.986	17.50	23	1 035
SLFJ125-1T	55.0	37.5	1.227	24.40	16	880

当列车行驶速度 $v_t=31.7\text{m/s}$，列车通过隧道所需时间 $t=4.23\ \text{min}$，验算的风机选型结果见表 7.13。

表 7.13　风机选型验算

风机型号	风机台数（台）	风机总压力（Pa）	机械通风停止时隧道内 NO_2浓度（mg/m^3）	隧道内 NO_2浓度达标所需机械通风时间（min）
SLFJ63-1T	47	392.9	0.01	11.7
SLFJ90-1T	44	394.7	0.01	11.7
SLFJ100-1T	23	397.9	0.01	11.7
SLFJ112-1T	23	402.5	0.01	11.6
SLFJ125-1T	16	390.4	0.01	11.8

二、达嘎山隧道

达嘎山隧道风机选型见表 7.14。

表 7.14　风机选型功率对比

风机型号	额定功率（kW）	出口风速（m/s）	出口断面积（m^2）	风机压力（Pa）	风机台数（台）	风机总功率（kW）
SLFJ63-1T	18.5	43.0	0.312	8.36	38	703
SLFJ90-1T	22.0	33.0	0.636	8.97	35	770
SLFJ100-1T	37.0	36.5	0.786	17.30	18	666
SLFJ112-1T	45.0	35.9	0.986	17.50	18	810
SLFJ125-1T	55.0	37.5	1.227	24.40	13	715

列车速度 50.2 m/s，列车通过隧道所需时间 2.6 min，验算的风机选型结果见表 7.15。

表 7.15　风机选型验算

风机型号	风机台数(台)	风机总压力(Pa)	机械通风停止时隧道内 NO_2浓度(mg/m³)	隧道内 NO_2浓度达标所需机械通风时间(min)
SLFJ63-1T	38	317.7	0.01	11.0
SLFJ90-1T	35	314.0	0.01	11.0
SLFJ100-1T	18	311.4	0.01	11.1
SLFJ112-1T	18	315.0	0.01	11.0
SLFJ125-1T	13	317.2	0.01	11.0

三、盆因拉隧道

盆因拉隧道风机选型结果见表 7.16。

表 7.16　风机选型功率对比

风机型号	额定功率(kW)	出口风速(m/s)	出口断面积(m²)	风机压力(Pa)	风机台数(台)	风机总功率(kW)
SLFJ63-1T	18.5	43.0	0.312	8.36	92	1 702
SLFJ90-1T	22.0	33.0	0.636	8.97	86	1 892
SLFJ100-1T	37.0	36.5	0.786	17.30	45	1 665
SLFJ112-1T	45.0	35.9	0.986	17.50	44	1 980
SLFJ125-1T	55.0	37.5	1.227	24.40	32	1 760

列车速度 50.2 m/s,列车通过隧道所需时间 3.7 min,验算的风机选型结果见表 7.17。

表 7.17　风机选型验算

风机型号	风机台数(台)	风机总压力(Pa)	机械通风停止时隧道内 NO_2浓度(mg/m³)	隧道内 NO_2 浓度达标所需机械通风时间(min)
SLFJ63-1T	92	769.1	1.83	13.5
SLFJ90-1T	86	771.4	1.77	13.5
SLFJ100-1T	45	778.5	1.57	13.4
SLFJ112-1T	44	770.0	1.81	13.5
SLFJ125-1T	32	780.8	1.51	13.4

四、小　结

模拟计算的结果显示，隧道内 NO_2 浓度要达到卫生标准的要求所需的时间均小于 15 min，这表明设计的通风能力偏大。建议在实际运行中，对风机的控制策略进行优化。

第四节　竖井送排式通风三维数值模拟

盆因拉隧道运营通风设计方案之一为竖井送排式通风，为了分析送排风口区段短道段回流、局部污染问题，将借鉴公路隧道的经验，进行模拟分析。

在送排式通风系统中，排风口的压力是负压，即低于大气压；而送风口前方的压力是正压，即大于大气压，见图 7.19。空气总是由压力高的地方向压力低的地方流动，因此，如果竖井的结构不合理，则送风口的空气会向排风口流动，产生回流。由送风口送至隧道后半段的新鲜空气反向流动，进入排风口通过排风井排出地面，成为隧道内气流短路。发生气流短路，会造成隧道后半段新鲜空气不足；同时，通风总阻力与通风量 Q 的平方成正比，由此新鲜空气的串入会导致排风井风量增大，从而导致排风机的功率增加，造成不必要的浪费或潜在的危险。因此，竖井底部送排风口间不得发生气流短路现象。

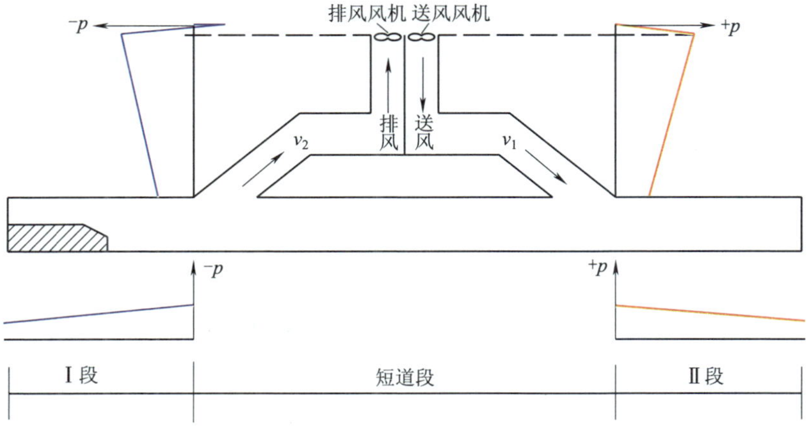

图 7.19　送排风道及短道内压力变化

隧道前半段中的污染空气在流经排风口时未被排出而继续流入隧道后半段，这种现象称为污染空气串流。发生污染空气串流，首先会导致隧道前半段污染空气对隧道后半段造成二次污染，造成送风量的增大，增加轴流送风机的功率，并影响送风机的安全性，应当避免。

一、计算模型

1. 几何模型

选取隧道长度 1 000 m，斜井全长 500 m 作为计算区域。隧道和竖井的横断面见图 7.20 和图 7.21。

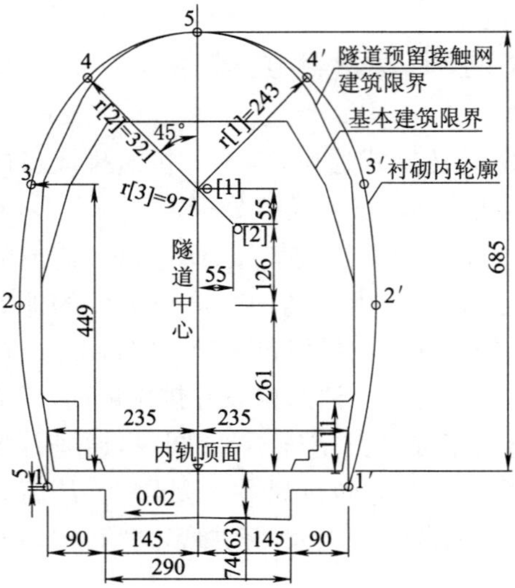

图 7.20　隧道横断面

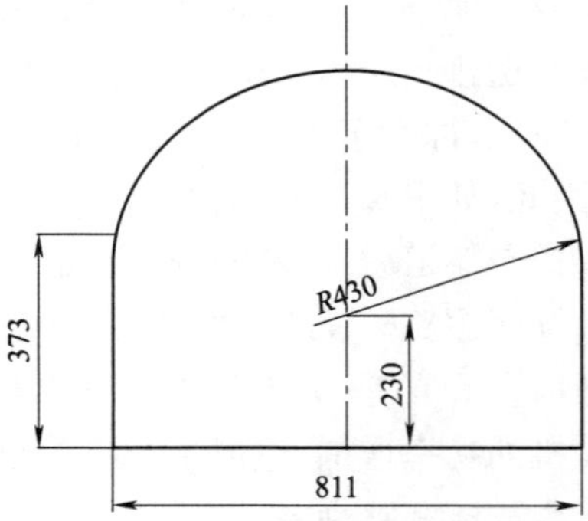

图 7.21　竖井横断面

计算区域确定后，隧道和送排风竖井的几何模型见图 7.22。整个几何模型按实际尺寸建立。

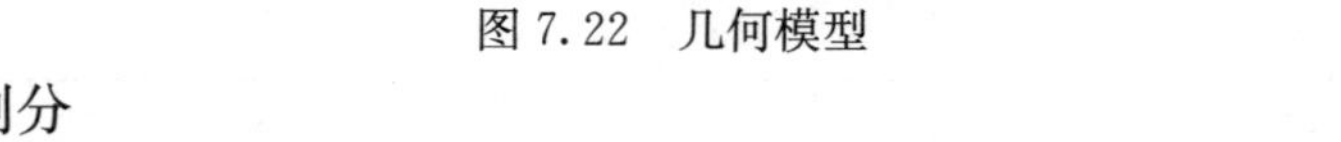
图 7.22　几何模型

2. 网格划分

网格采用结构化和非结构化混合网格。在斜井和短道部分，由于速度和压力变化梯度大，适当加密网格。由于在隧道斜井送排风的模拟中将改变隧道和斜井的几何形状以及边界条件，故对于不同工况的模拟中生成网格的数量也不相同，所有计算模型的网格单元均在 100 000～120 000。模拟中对计算网格的数量进行了验证，进一步增加网格数量对模拟结果没有影响。

3. 边界条件

(1)隧道和竖井(斜井)壁面设为固体壁面边界条件,并根据壁面的粗糙度给定相应的壁面函数中的参数。摩阻系数的范围在0.020～0.026。

(2)隧道进口设为速度入口边界条件,给定入口速度的标量。

(3)隧道出口为质量出口边界条件。

(4)竖井(斜井)送风道进口设为速度入口边界条件。

(5)竖井(斜井)排风道出口设为质量出口边界条件。

二、单斜井送排式通风模拟

当单斜井进行送排式通风时,排风口的压力是负压,而在送风口前方的压力是正压,空气总是由压力高的地方向压力低的地方流动,送风口正压与排风口负压之间的压差会引导风流回流。由送风口送至隧道后半段的新鲜空气反向流动,进入排风口通过排风井排出地面,隧道内气流短路。隧道前半段中的污染空气在流经排风口时未被排出而继续流入隧道后半段,污染空气产生窜流。以上现象都会造成送风量的增大,增加轴流送风机的功率。

为了保证通风效果,现对以下影响因素进行模拟研究:1)短道段长度;2)排风道的排风量占总风量的比例;3)送、排风道与隧道轴线夹角。

1. 不同短道长度的模拟结果及分析

在竖井(斜井)送排式通风时,“在排风口与送风口之间的竖井底部短道内存在着窜流和回流两种交替的状态”,这种流动会阻碍隧道内的空气交换。《公路隧道通风照明设计规范》(JTJ 026.1—1999)中,对于竖井送排式通风提出“应防止送、排内气流出现回流、短路以及污染问题,由此确定合理的短道长度。”“短道长度越长,其间污染浓度越大,其等效新鲜空气量就越少,从防止回流方面考虑,该短道又不得过短。根据日本数座特长公路隧道经验和我国工程实践,提出短道长度不得小于50 m。”

鉴于公路隧道的经验和工程实践,对铁路隧道送排式通风的短道流场进行三维数值模拟,建立短道实体模型,短道长度在$L=50$ m左右的范围内变化,进行数值模拟计算。

计算中所采用的边界条件如下:

1)竖井送风道入口速度边界条件:$v_1=28$ m/s;

2)竖井排风道出口为质量出口边界条件:出流质量占总流的比例为0.163;

3)隧道段入口速度入口边界条件:$v_2=2$ m/s;

4)隧道段出口为质量出口边界条件:出流质量占总流的比例为0.837;

5)壁面采用非滑移边界条件。

竖井送风道入口速度,隧道段入口速度已知,竖井排风道出流风速建议值为5～8 m/s,由此分别确定了排风道出口的出流质量和隧道段出口的出流质量占总流的比例。

以短道长度 L＝30 m 为例，计算斜井送排式通风时隧道内的流场，得到短道区域沿高度方向的横截面和沿 x 方向的纵断面的速度矢量图。

经分析可知，沿隧道高度方向（y 方向）短道内气流在隧道底部流动速度较大，见图 7.23(a)，回流现象明显；接近隧道顶端时，送风道附近仍会有一部份分流，但回流现象不明显，见图 7.23(c)。

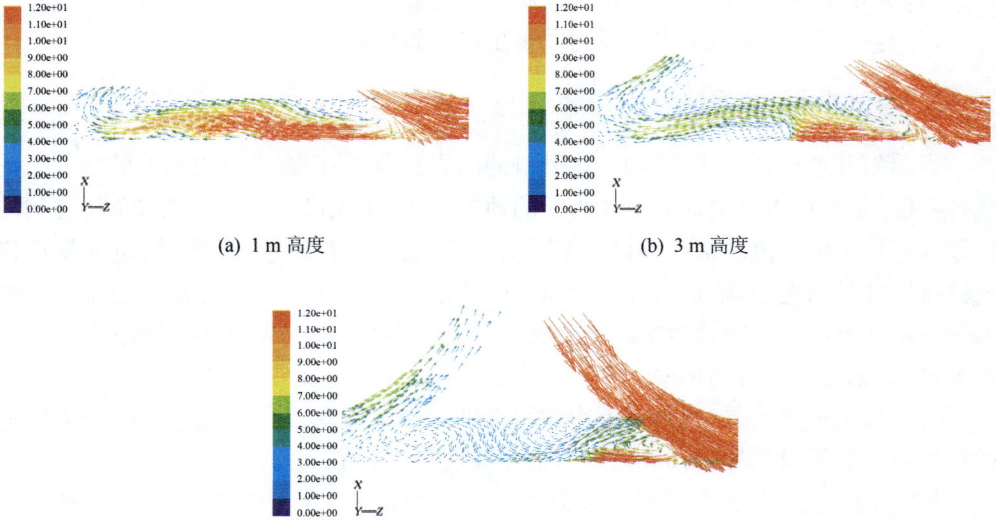

(a) 1 m 高度　(b) 3 m 高度

(c) 5 m 高度

图 7.23　L＝30 m 短道段高度方向速度矢量图

分别对短道长度为 40 m，50 m，60 m 的斜井送排式通风进行数值模拟，对模拟结果比较可知，在靠近送风口的短道末端，受送风口高速喷流的影响，一部分送入的新鲜空气回流至短道内，然后经排风道排出。随着短道长度的增加，送风回流的高速流区域相对于整个短道段的比例减小，到达排风段的回流最高风速也逐渐减小，L＝30 m时可达 8 m/s，L＝40 m 时约为 4 m/s，L＝50 m 时约为 3 m/s，L＝60 m 时则在 1 m/s以下。

短道内有一定的回流风速的存在有利于排除短道段内的污染物，但短道段长度过短时，短道内的回流风速较大，送风道送入短道的新鲜空气的损失增大造成浪费；短道过长，短道段内的污染浓度大，其等效新鲜空气量少，会造成短道段的局部污染。因此，合理的短道段长度应该是考虑各综合因素的一个范围值。

假定列车通过隧道后短道段内的污染物浓度为 30 mg/m^3。15 min 内短道内污染物浓度降到 10 mg/m^{3}以下。根据模拟结果得出短道内的风量，不同短道长度的斜井送排式通风的风量见表 7.18。

表 7.18　不同短道长度风量计算

短道长度(m)	稀释需风量(m^3)	短道内平均风速(m/s)	新鲜风量(m^3)	需风量与新鲜风量之比(%)
30	1 937.7	4.04	116 262.0	1.7
40	2 583.6	1.80	52 317.9	4.9
45	2 906.6	1.56	45 342.2	6.4
50	3 229.5	1.58	45 923.5	7.0
60	3 875.4	1.54	47 760.9	8.1
70	4 521.3	1.51	43 888.9	10.3
100	6 459.0	1.53	44 470.2	13.6

由上述模拟的结果可知，在 $v_1=28$ m/s 的送风速度条件下，从送风道送入的高速气流一部分回流至短道段内形成涡流。当短道段长度小于 40 m 时，此涡流没有充分发展完全，排风道与短道连接处仍处于涡流范围，短道内的平均风速较大，送风损耗量较大，是不合理的。短道段长度在 45～100 m 范围内变化时，短道长度的增加对短道段内的平均风速的大小没有影响。

考虑到利用一定的回流风速稀释短道段的局部污染，短道长度越长，回流风的利用率越高，从此意义上说，短道段长度越长越有利。但若全面考虑，还需结合土建结构、工程造价、施工和通风的经济性进行综合分析。从通风效果方面来讲，建议短道长度不应小于 45 m。

2. 不同排风量的模拟

送排风口的压力模式见图 7.19。污染风量(需风量)与新鲜风量(设计风量)之比如果大于 1.0，隧道内空气污浊，这是不允许的；如果等于或小于 1.0，隧道内空气清洁，符合设计要求；如果远小于 1.0，虽然隧道内空气清洁，但存在浪费，设计方案不经济。根据研究的内容，建立三维数值模型，改变排风风速的大小进行数值模拟计算。

前述计算中，排风道风量占总风量的比例 $\varphi=0.163$，对应的排风口断面平均风速为 5 m/s。《公路隧道通风照明设计规范》(JTJ 026.1—1999)规定，“排风口断面平均风速从行车安全考虑，提出宜取 5 m/s～6 m/s”。现改变 φ 的值，$\varphi_1=0.10$，对应排风口断面平均风速为 3 m/s；$\varphi_2=0.26$，对应排风口断面平均风速为 8 m/s。短道长度为 50 m，送风边界条件不变。

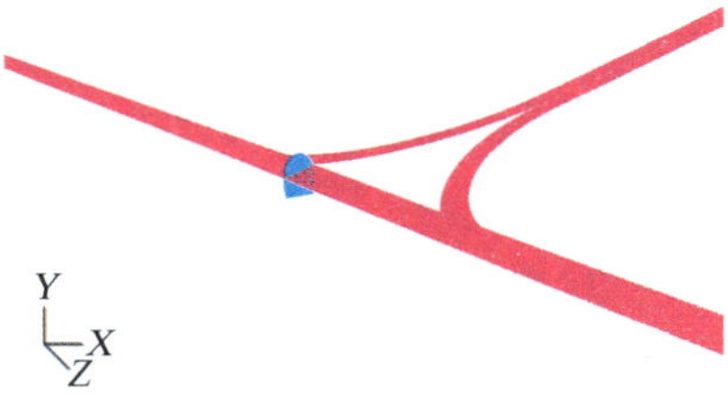

图 7.24　截面示意图

在隧道内截取见图 7.24 的截面，分析短道及排风道内的压力变化。

φ=0.10,0.163,0.26 时截面上的压力分布见图 7.25。从图中可以看出,排风量的改变之后,相应的短道及排风道内的压力场也发生了很大改变;排风量增大,φ 值增大,短道及排风道内压力值减小。

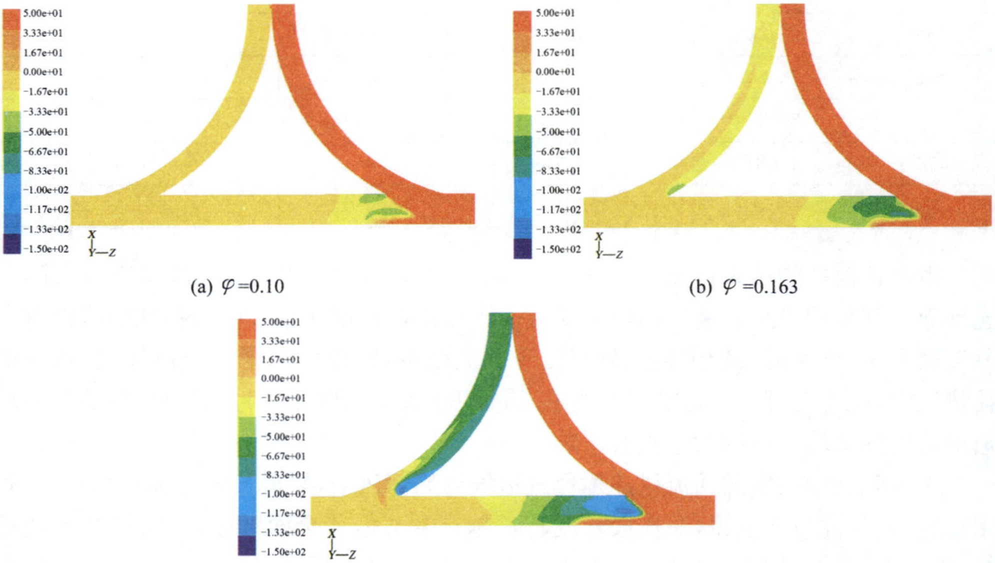

(a) φ=0.10　(b) φ=0.163

(c) φ=0.26

图 7.25　定截面上不同 φ 值压力分布

从截面的速度矢量图比较可知,排风道排风风量的增加会导致短道内的涡流区域范围增大,回流风速增大,当 φ=0.1 时,排风道和短道连接处的平均回流风速为 0.82 m/s;φ=0.163 时,排风道和短道连接处的平均回流风速为 1.58 m/s;φ=0.26 时,排风道和短道连接处的平均回流风速为 3.83 m/s。

排风风量的变化对短道内的涡流范围和强度有很大影响。短道长度大于涡流充分发展的范围后,排风道和短道连接处的平均回流风速不变。排风量较小时,短道内涡流区范围较小,强度较弱,涡流发展充分后短道内的回流风速较小,反之亦然。为控制短道回流,排风风量相对总风量的比例 φ 不同时,相应的合理的短道长度也会有相应的变化。

表 7.19 列出了不同的 φ 值所对应的较合理的短道长度取值范围。φ=0.16,0.26,0.33 时,100 m 短道内平均回流风速较 50 m 短道内平均回流风速较小。

表 7.19　不同 φ 值对应短道段长度

排风量与总风量之比 φ	出口平均风速(m/s)	50 m 短道内平均回流风速(m/s)	100 m 短道内平均回流风速(m/s)	短道段范围(m)
0.10	3	0.82	0.46	≥40
0.16	5	1.58	1.53	≥45
0.26	8	3.83	3.66	≥50
0.33	10	5.29	5.19	≥50

3. 改变送排风道与隧道轴线夹角的模拟

以短道长度 50 m，送风速度为 28 m/s，排风量与总风量之比为 0.16 为例，分析送排风道与隧道轴线夹角变化产生的影响。送风道与隧道的轴线夹角为 α，排风道与隧道轴线的夹角为 β。

送风道与隧道连接部分可看作“Y”形分流三通，排风道与隧道连接部分可看作“Y”形合流三通。三通连接处产生的损失为局部阻力损失。由于送排风道的局部阻力系数不能从常见管道的局部阻力系数表中查得，因此，进行数值模拟之后，参照实验方法对模拟结果的局部阻力进行比较分析。送、排风道的局部阻力计算断面见图 7.26。

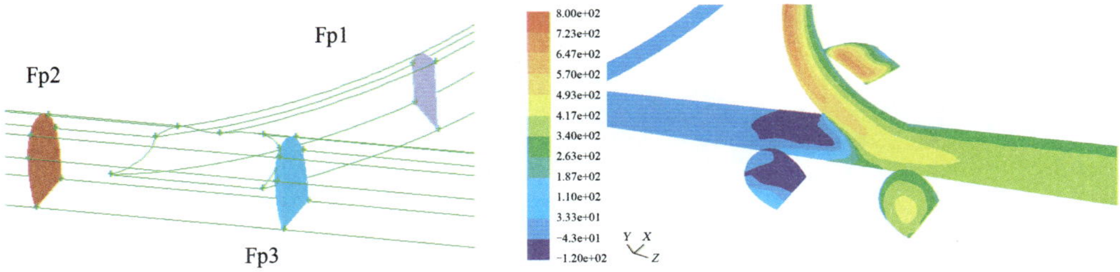

图 7.26　送、排风道局部阻力值计算断面

表 7.20　分流三通局部阻力值

夹角 α(°)	30	45	60	90
阻力值 Z_{12}(kPa)	−9.52	6.72	61.31	184.77
阻力值 Z_{13}(kPa)	191.15	153.14	142.73	111.85

改变送风道和排风道的入流角度，模拟计算得到送风道与隧道连接的分流三通的局部阻力值列于表 7.20。排风道与隧道连接的合流三通的局部阻力值列于表 7.21。当改变其中一个风道与隧道的夹角时，另一个风道保持与隧道夹角 30°不变。

分析表 7.20 数据，可以看出，随着送风道与隧道轴线夹角的增大，阻力值 Z_{12} 逐渐增大，表明从送风道吹入的新鲜空气更难流至隧道Ⅱ段；阻力值 Z_{13} 逐渐减小，表明从送风道吹入的新鲜空气更易回流至短道段。考虑短道回流和能耗，送风道与隧道轴线夹角不宜过大。

高度为 1 m 截面上送风道的速度矢量见图 7.27。从图中可以看出，随着送风道与隧道轴线夹角的增大，隧道Ⅱ段的涡流区范围也逐渐增大。局部损失的增加也正是由于涡流的产生消耗了主流的能量。

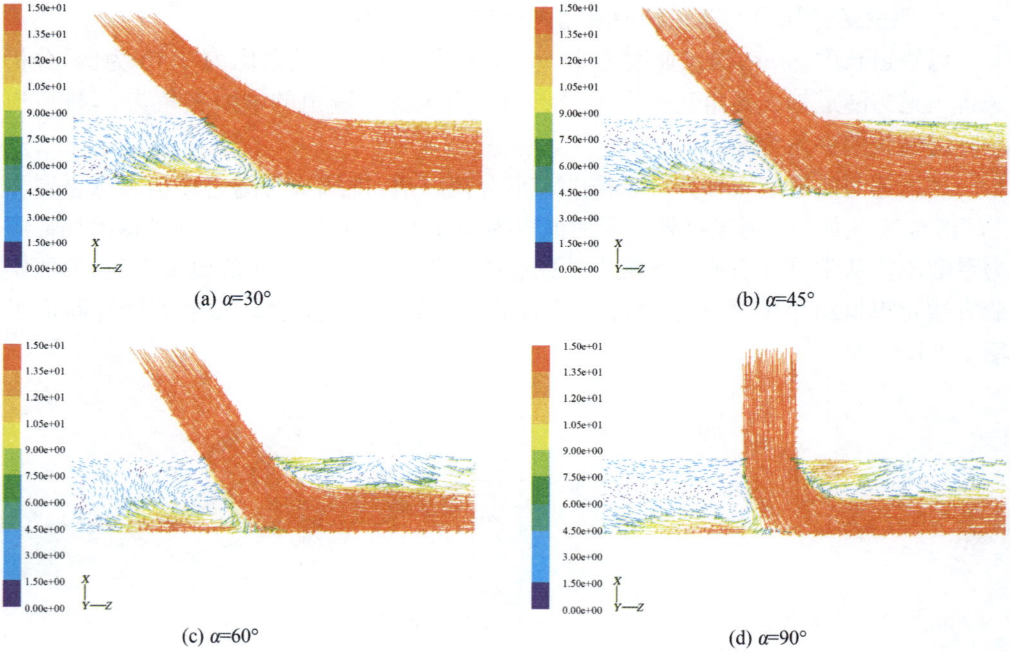

图 7.27　送风道局部速度矢量图

表 7.21　合流三通局部阻力值

夹角 β(°)	30	45	60	90
阻力值 Z_{21}(kPa)	4.51	4.53	4.65	4.83
阻力值 Z_{31}(kPa)	8.68	7.61	7.37	2.35

由表 7.21 可以看出，随着排风道与隧道轴线夹角的增大，阻力值 Z_{21} 逐渐增大，表明从隧道段的污染物更难从排风道排出，但增加的幅度不大；阻力值 Z_{31} 逐渐减小，表明短道段的气流更易流入排风道。因此，从抑制短道回流的角度考虑，排风道与隧道的轴线夹角也不宜过大。

三、小 结

隧道内空气品质的好坏与通风换气的效果密切相关，而高性能的通风系统在隧道空间中最主要的功能是供应新鲜空气和去除污染物，使隧道内环境安全舒适且有益于人体健康。为了保证隧道通风换气达到最佳效果，通常需要考虑通风系统各个局部对整个隧道通风的影响情况。隧道进行竖井（斜井）进行送排式通风时容易产生短道回流、短路、窜流等现象，影响通风效果增大能耗。因此，定性研究短道长度、送排风速度、入流角度对送排式通风局部影响，有利于隧道通风系统设计优化。

改变流速的大小，还是改变流速方向，较大的局部损失总是和旋涡区的存在相联系。旋涡区愈大，能量损失也愈大。

短道长度在 30～100 m 范围内时，短道内均有回流。短道内涡流区的范围与送风速度有关，在一定的送风速度下，短道长度大于涡流区范围之后，回流至排风道的风速趋于稳定。$v_1=28$ m/s 的送风速度条件下，考虑通风效果，建议短道长度大于 45 m。

排风风量的变化对短道内的涡流范围和强度影响大。在短道长度相同的情况下，随着排风风量占总送风量的比例的增大，短道内稳定后的回流风速及负压增大，短道回流加剧。因此，排风量不宜过大。通过计算还得到了不同比例值 φ 所对应的合理的短道长度。

送、排风风道与隧道轴线夹角的变化对隧道局部阻力有很大影响。送风道与隧道轴线夹角增大时，从送风道送入隧道的新鲜空气更难进入隧道Ⅱ段，更易回流至短道，这对于控制短道回流和减少送风轴流风机的能耗是不利的。排风道与隧道轴线夹角增大时，短道段的气流更易回流至排风道。因此，为了抑制短道回流，排风道与隧道轴线夹角不宜过大。

第五节 隧道间污染物影响模拟

在拉日线众多隧道中，相邻两隧道距离较近。列车通过第一个隧道后，从第一个隧道出口挤压出的气体污染物如果扩散到第二个隧道进口，造成第二隧道内的空气污染，增加第二个隧道内的污染物浓度。因此，模拟分析隧道间距较小的情况下隧道内污染物的相互影响。

一、计算模型

两相邻隧道的相对位置见图 7.28。列车通过隧道Ⅰ后，在隧道Ⅰ活塞风的作用下向隧道Ⅱ入口处扩散。考虑温度、气压对密度的影响，空气的密度取 0.765 kg/m^3，NO_2密度取 1.21 kg/m^3。拉日线隧道群中，距离较近的隧道Ⅰ、Ⅱ的位置及两隧道间的间距列于表 7.22。由于这些隧道均长于 3 000 m，因此在隧道运营通风中均会采用机械通风。

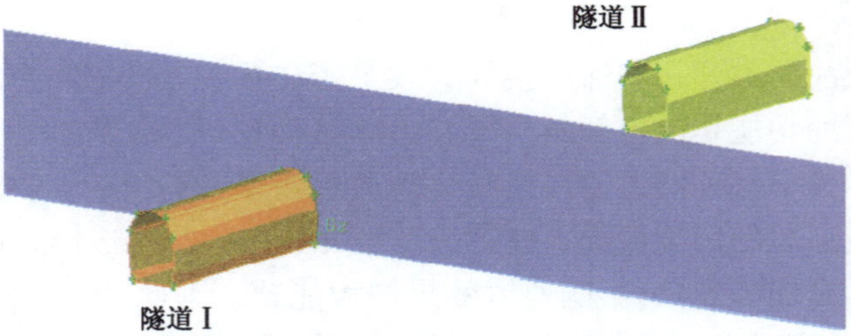

图 7.28　两相邻隧道相对位置示意图

表 7.22　两隧道间间距

序　　号		名　　称	两隧道间距(m)
1	隧道Ⅰ	达嘎山隧道	57
	隧道Ⅱ	盆因拉隧道	
2	隧道Ⅰ	色麦村隧道	73
	隧道Ⅱ	甫当隧道	
3	隧道Ⅰ	吉沃希嘎隧道	137
	隧道Ⅱ	康萨村隧道	

1. 几何模型

按照隧道的实际尺寸建立相邻洞口间的实体模型。洞口间几何模型的大气区域别取 $L\times50\ \mathrm{m}\times50\ \mathrm{m}$ 的方形区域(L 为两隧道间的距离)。由于整个模型在隧道长度方向即 z 方向是对称的,因此在不考虑自然风的情况下只取整个模型的一半作为计算的几何模型,见图 7.29;当有自然风侧向作用时,此模型不能看作几何对称,取整个模型作为几何模型,见图 7.30。

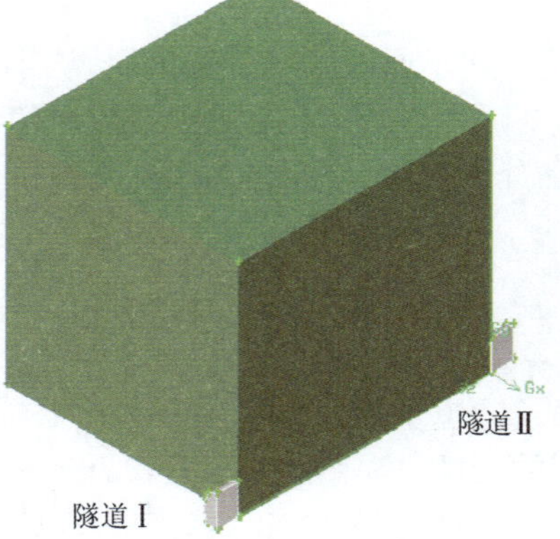

图 7.29　洞口交叉污染对称模型

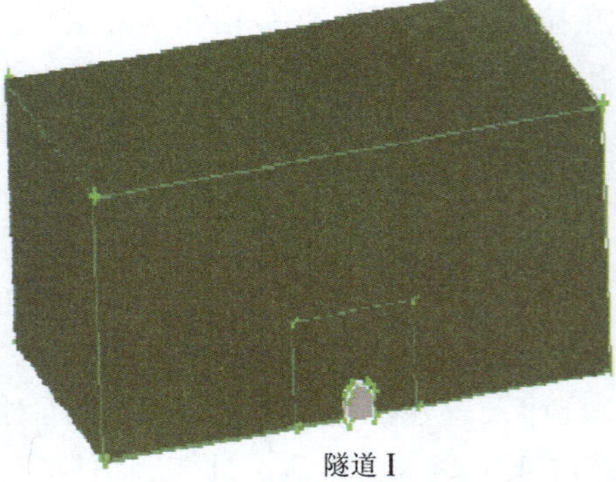

图 7.30　洞口交叉污染模型

2. 网格划分

采用六边形网格，对网格划分进行分区(图 7.31)，对每个区域的网格进行如下控制：

区域 1、2 的网格采用均分网格，网格长度控制在 0.3～0.5 m。对区域 1 的网格适当加密，网格长度控制在 0.2～0.3 m。区域 3 的网格采用渐变网格，沿 x 和 y 方向按 1.05 的比率变化，网格长度控制在 0.5～1 m。整个模型的网格单元数为 45 万～100 万。划分后的网格见图 7.32。

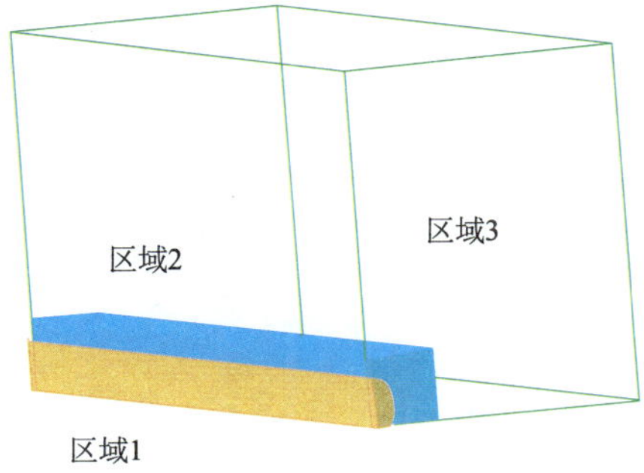

图 7.31　网格划分区域

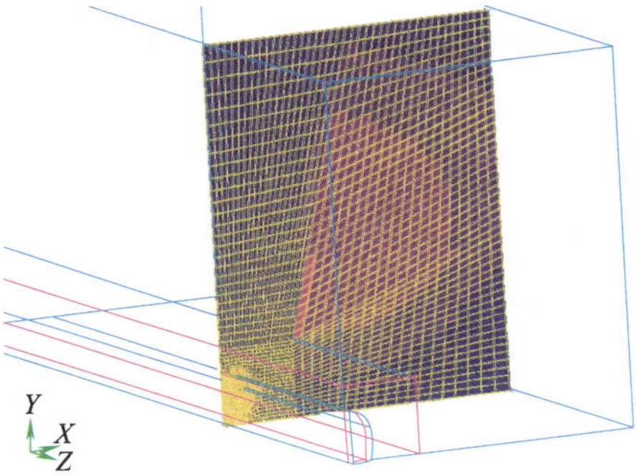

图 7.32　网格划分

3. 边界条件(图 7.33)

边界条件设置如下：

(1)隧道Ⅰ的出口设置为速度入口边界；

(2)隧道Ⅱ的入口和大气边界均设置为压力出口边界，相对压力为 0；

(3)隧道Ⅰ、Ⅱ两端的垂直面考虑为山体，设为壁面边界条件。

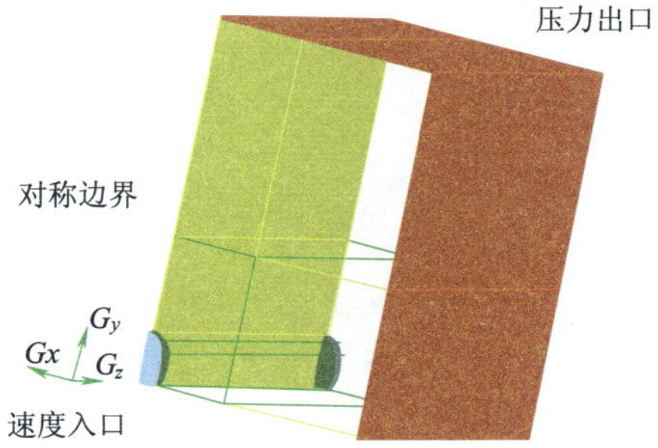

图 7.33　边界条件示意图

二、算法的验证

计算采用 RNG k-ε 湍流模型，边界条件为速度入口边界和压力出口边界条件。对模拟结果进行验证。

假定速度入口边界条件 v=3 m/s 时，模拟计算后，得到模型高度 3 m 这一中心对称面的速度等值线(图 7.34)。从图中可以看出此模型能够很好地模拟出射流结构，其外边界、内边界、核心区和边界层的空间关系很清楚。

将模拟计算得到的高度 3 m 的平面轴线流速分布与下述经验公式 1,2 计算得到的值进行比较(图 7.35)。

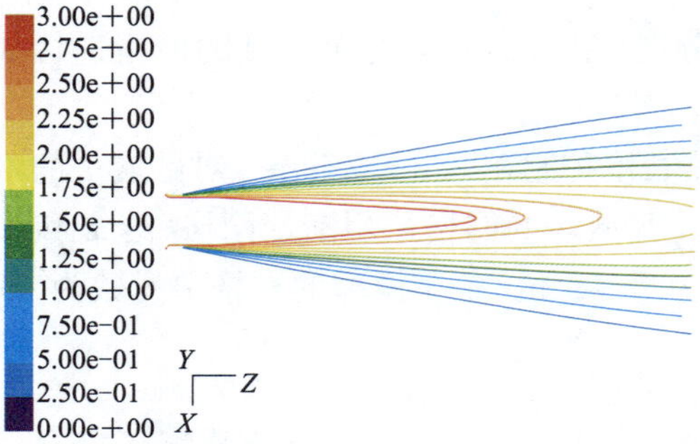

图 7.34　速度等值线图

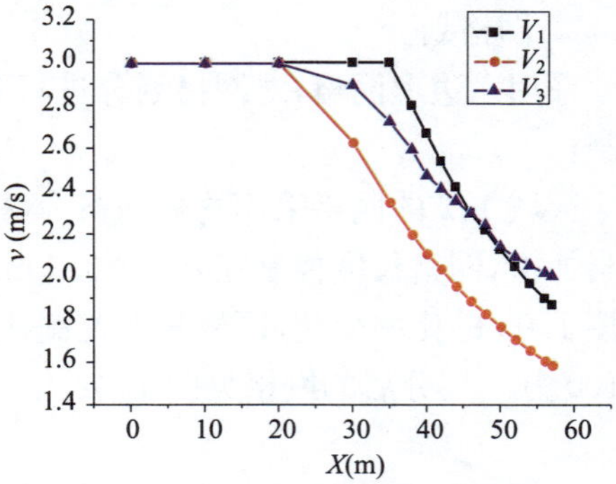

图 7.35　轴线速度分布比较

(1)经验公式 1

圆形紊动射流初始段长度

$$L=6.2D$$

圆形紊动射流主体段轴线流速衰减规律

$$\frac{u_m}{u_0}=6.2\frac{D}{x}$$

(2)经验公式 2

圆断面射流轴心速度变化规律

$$\frac{u_m}{u_0}=\frac{0.48}{\frac{ax}{D}+0.147}$$

式中　u_m——截面上轴心速度,m/s;

u_0——起始段射流轴心速度,m/s;

a——紊流系数,是表示射流流动结构的特征系数,参照圆柱形管,$a=0.076$;

D——水力直径,$D=5.7$ m。

模拟流速值 v_3 与经验公式 1,2 计算得到射流流速值 v_1,v_2,流速沿程变化趋势基本一致,模拟值与经验公式 1 的计算值较为接近,最大误差值为 0.27 m/s,误差范围小于 10%。因此,可利用 RNG k-ε 湍流模型及参数来模拟隧道出口的射流。

三、计算结果与分析

当列车出隧道后,启动射流风机进行机械通风时,隧道内气流速度从较高活塞风速过渡到稳定的机械风速,停止机械通风后活塞风速衰减到自然风速,自然风速为正向 2 m/s。当列车通过隧道的速度为 30 m/s 时,隧道内的活塞风速曲线见图 7.36,

计算时隧道出口的速度边界条件按 S 段的值设定。选取 NO_2 作为研究对象。计算得到隧道出口处 NO_2 的浓度值(ppm)见图 7.37。计算时隧道出口 NO_2 的体积百分数按曲线 C 设置。

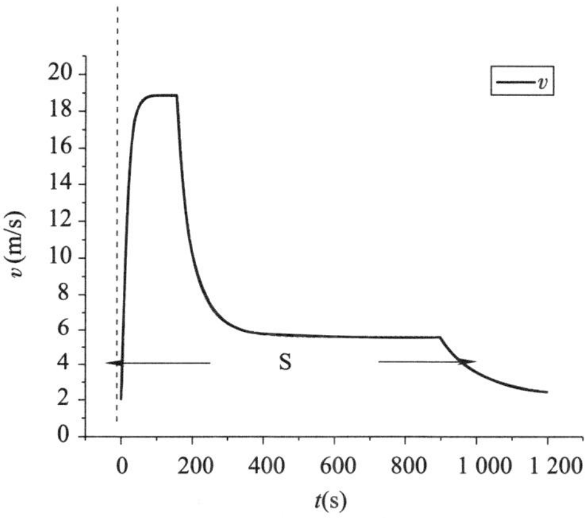

图 7.36　隧道Ⅰ活塞风速随时间的变化

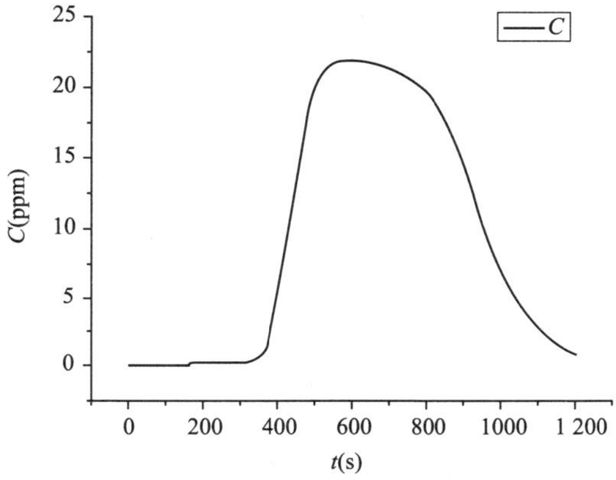

图 7.37　隧道Ⅰ出口处 NO_2 浓度随时间的变化

1. 隧道间无自然风时两隧道口之间的交叉污染

假设两隧道间的空气不受外界气流的影响。整个瞬态模拟的计算时间 $t=1\,200$ s。分别模拟了 $L=57$ m，$L=137$ m 时污染物浓度的扩散。模拟结果按表 7.23 的时间点进行比较。

表 7.23　不同时刻活塞风速和 NO_2 浓度

时间 t(s)	风速 (m/s)	NO_2浓度 (ppm)	时间 t(s)	风速 (m/s)	NO_2浓度 (ppm)
60	9.6	0.197 2	120	7.0	0.197 2
180	6.1	0.241 15	360	5.6	20.295 57
600	5.6	20.767 79	840	3.2	4.923 69
1 011	2.5	1.166 08	1 200	2.0	0

(1)隧道间风速矢量图(图 7.38)

从图 7.38 可以看出，$L=57$ m 时，由隧道Ⅰ出口吹出的气流在 $t=60$ s 时刻已经能吹到隧道Ⅱ入口处，并向周围扩散。

(2)隧道间 NO_2 浓度分布(图 7.39～图 7.40)

从图 7.39 隧道间 NO_2浓度分布可以看出，当 $L=57$ m 时，$t=840$ s 之后从隧道Ⅰ排出的 NO_2逐渐扩散到隧道Ⅱ入口处，并在入口处形成累积。

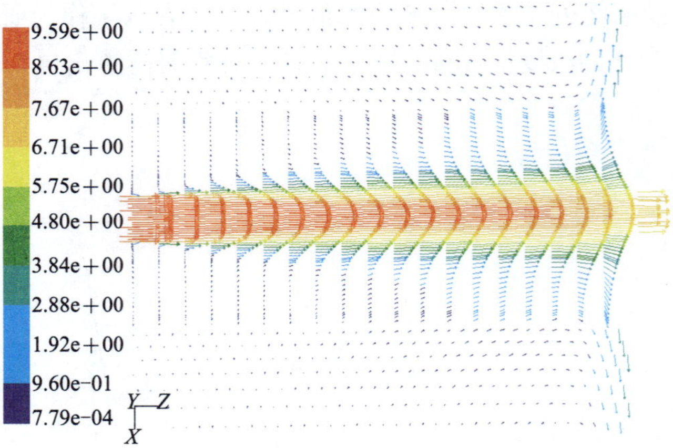

图 7.38　时间 60 s 时高度 3 m 截面速度矢量图

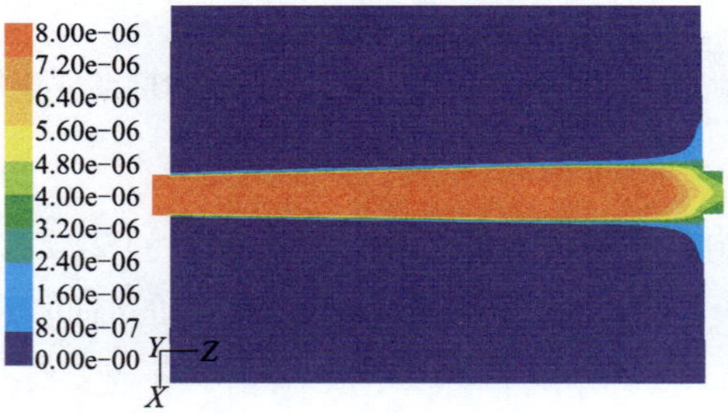

（a）t=840 s

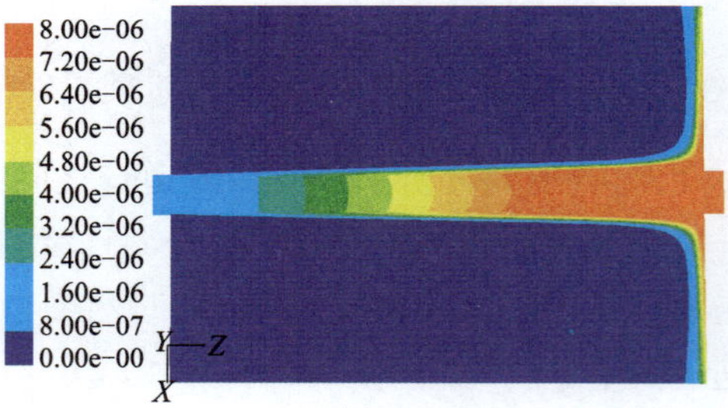

（b）t=1 020 s

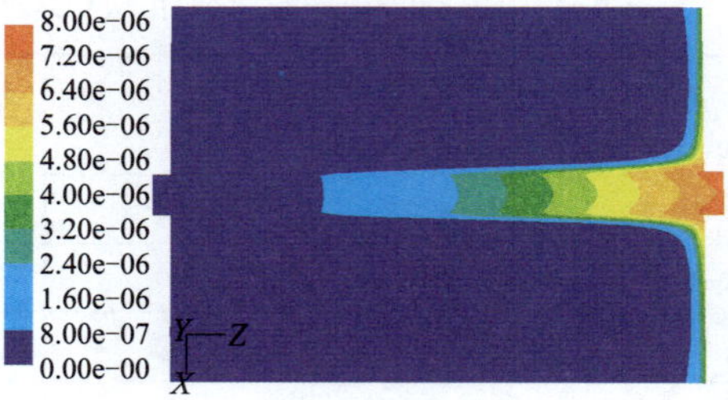

（c）t=1 200 s

图 7.39　L=57 m 时隧道间 NO_2 浓度分布

当 L=137 m 时，从图 7.40 可以看出，t=180 s 之前，隧道Ⅰ出口的气流速度大于 6 m/s，将隧道Ⅰ中的 NO_2 推移出较远距离。t=180 s 之后，隧道Ⅰ出口的气流速度逐渐衰减，隧道Ⅰ出口射流的核心区缩小，隧道Ⅰ中的 NO_2 被推移出较短距离后逐渐向周围大气中扩散，在隧道Ⅱ入口处没有形成大的浓度累积。

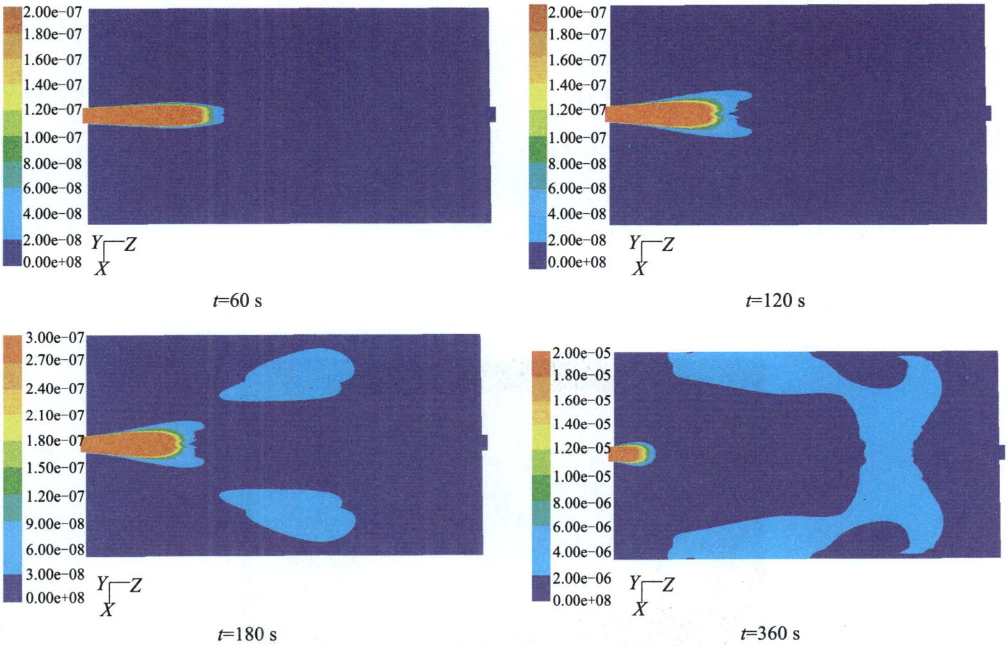

图 7.40　$L=137$ m 时隧道间 NO_2 浓度分布

(3)隧道Ⅱ入口处 NO_2 浓度曲线(图 7.41～图 7.42)

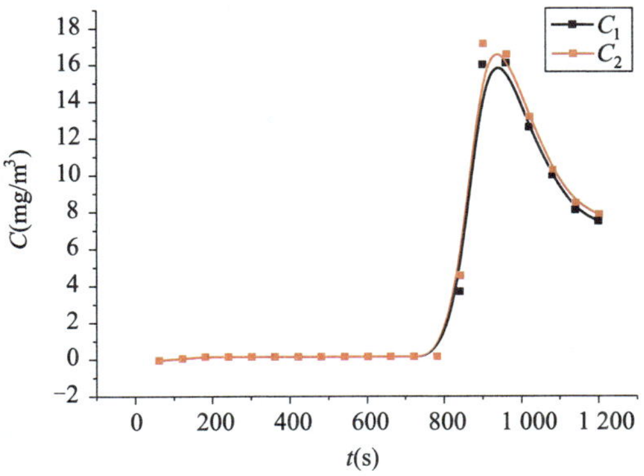

图 7.41　$L=57$ m 时隧道Ⅱ入口处 NO_2 浓度值

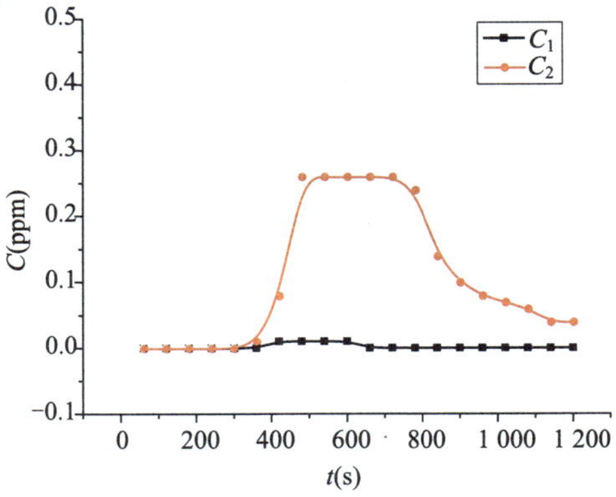

图 7.42　$L=137$ m 时隧道Ⅱ入口处 NO_2 浓度值

隧道Ⅱ入口处的 NO_2 浓度，不同时刻隧道Ⅱ入口平均浓度值绘成的曲线为 C_1，不同时刻隧道Ⅱ入口最高浓度值绘成的曲线为 C_2。

比较图 7.41 和图 7.42 可看出，隧道间距离为 57 m 时，隧道Ⅱ入口处在 $t=800\sim1\ 200$ s时段内会达到较大浓度；隧道间距离为 137 m 时，隧道Ⅱ入口处没有直

接引入的 NO_2，只有少量 NO_2 扩散到隧道Ⅱ入口处，最大值仅为 0.26 ppm，此时隧道Ⅰ的有害气体对隧道Ⅱ的影响可以忽略。

综合分析得知，当没有侧向自然风作用时，隧道间距离较近时，隧道Ⅰ的有害气体会对隧道Ⅱ造成交叉污染。因此，隧道间距离小于 100 m 时建议考虑交叉污染造成的影响。

2. 隧道间有侧向自然风时两隧道口之间的交叉污染

当两隧道间有侧向自然风作用时，整个计算模型的建立见图 7.43。从模型的右侧面有垂直于此面向左侧吹送的 2 m/s 的自然风。

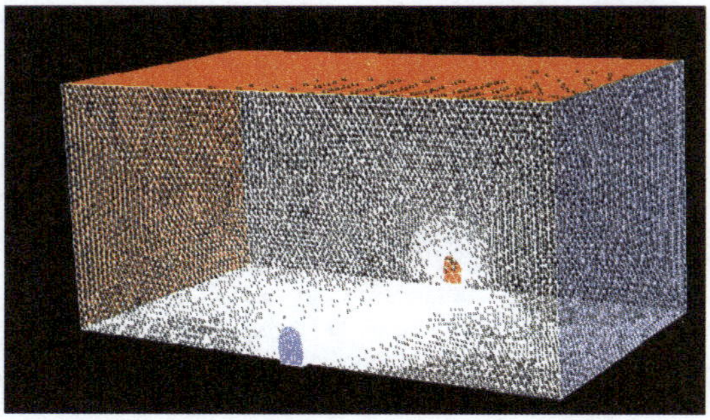

图 7.43 计算模型

模拟计算得高度 3 m 截面不同时刻 NO_2 的浓度分布（图 7.44）。从隧道Ⅰ出流的活塞风在前 40 s 时间内速度变化范围为 8～17 m/s，侧面的自然风速为 2 m/s，相对活塞风速较小，影响不大。因此，图 7.44(a)图显示 NO_2 浓度基本上仍是呈轴对称分布。当 $t=200$ s 时，活塞风速衰减到 2.0 m/s，此时侧面风速的影响较大，图 7.44(b)截面显示 NO_2 已向左侧偏移。当 $t=400$ s 时，活塞风速衰减到 1.4 m/s，隧道Ⅰ有 NO_2 扩散受到很大抑制，贴近第一个隧道左侧流动，见图 7.44(c)。侧吹 2 m/s的自然风条件下，隧道Ⅰ内的有害气体均不影响隧道Ⅱ。

四、小　结

自然风的大小和方向对两隧道空口间的交叉污染有极大影响。有侧向风作用时，两隧道间不易形成交叉污染。

由于将隧道Ⅰ出口所在面和隧道Ⅱ入口所在面考虑为山体，在隧道间没有侧向自然风的情况下，由隧道出口形成的扩散较小，并且内燃机车通过隧道时形成的 NO_2 密度较空气大，不易扩散。两隧道间距离在 50 m 左右时，隧道间的污染物极易造成交叉污染；当隧道间距为 137 m 时，两隧道间污染物的影响可以忽略。建议隧道间距离小于 100 m 时对交叉污染的影响进行观察和测量。

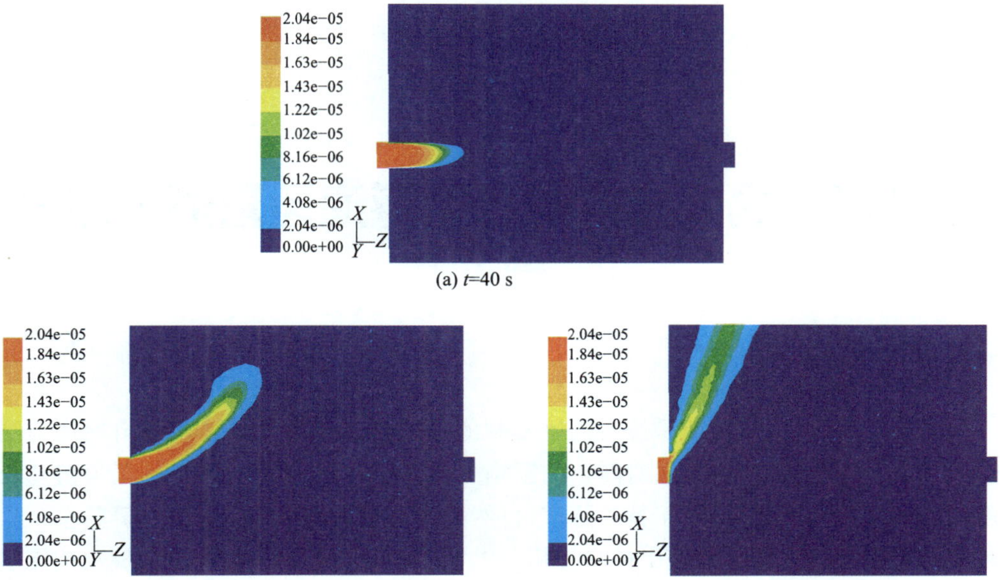

(a) t=40 s

(b) t=200 s

(c) t=400 s

图 7.44　不同时刻高度 3 m 截面 NO_2浓度分布

第八章　高海拔内燃牵引隧道运营通风方案

第一节　通风相关参数分析

一、自 然 风

目前通风设计中，习惯是按对通风不利的隧道自然反风计算。由于自然风对隧道通风设计影响较大，自然风对隧道的影响主要在隧道洞口附近(自然风随着隧道长度的增加而逐渐衰减)。对于特长隧道，自然风作为阻力和作为动力来计算将会产生很大的差别。一方面隧道进出口高程相差大，气温气压差异大；另一方面隧道内温度基本恒定，而洞外温度变化很大，两者相差悬殊，这对隧道通风将产生很大影响，如果不加考虑，或考虑不正确，可能会造成很大误差，甚至会产生错误结果。

针对通风系统设计，有必要开展以下几个问题的研究：(1)隧道气象资料收集；(2)洞外气象环境对自然风影响研究；(3)隧道内温室环境对自然风影响研究；(4)分段通风条件下通风技术研究；(5)特长隧道自然通风方案研究。

隧道内外自然风相互影响，如何使自然风的利用达到最佳，有必要进行分析研究。隧道穿越山岭时，应就小气候对隧道通风的影响进行评估。

山区隧道通风受地方气候(或称小气候)影响大，尤其地形起伏大、沟谷深邃时，影响显著。小气候发生在几米、几十米乃至几百米高气层中的物理现象和过程，从空间尺度看，其范围小，水平方向的尺度为数米至数十公里。由于尺度小，所以普通气象台站的观测项目一般都不会反映小气候条件。这方面的资料，需要根据具体条件专门测定。小气候规律相对稳定，每天都表现出其固有特性，除非大气环流较强，一般不会被破坏。这就有可能在年内各个季节通过短时间的实地观测了解其特性，而不需要进行不间断的观测。

地表、植被等下垫面均不断吸收太阳辐射并与周围进行辐射交换，引起表面温度的变化。太阳对下垫面的辐射程度的改变以及下垫面与周围辐射交换水平的改变，造成下垫面热量平衡的变化。下垫面是影响气候的重要因素。

山谷风是属于下垫面热力不均引起的以 24 h 为周期的地方性风。白天，在阳光照射下山坡增温，坡面气温比坡前同高度的自由大气温度高，产生从谷中指向山坡的气压梯度，形成沿谷轴向上吹的风(谷风)。与此相反，夜间，坡面热量散失，坡面上气温比坡前同高度的自由大气温度低，形成沿谷轴下泄的风（山风）。山谷风一年四季很少变化，具有相当好的稳定性和规律性。山谷风因下垫面热力不均引起，在 24 小时周期内因辐射量的交替变化而变化。一年四季太阳辐射强度不同，山谷风强度也会随之改变，山谷风多发生在晴朗、稳定、大范围气压梯度不大，没有天气系统大风干扰的天气形势中。

大量实测资料表明，山谷风速与气温日较差有关，日较差晴天大、阴天小，山谷风平均风速随平均气温日较差的增加而增加。

冬季太阳辐射较弱，地面和空气的增温也弱，所以谷风小（或很少出现），但冬季山风比谷风强。夏季太阳辐射日变化大，有利于局地环流的形成，所以谷风强度比冬季大。在山谷中的向阳坡与背坡，由于太阳辐射强度不同，下垫面结构的差异，辐射散失的情况不同，以及山坡的陡缓、植被多少、高矮等，都会影响各坡的温度。日平均温度（或最高温度）西坡比东坡都高，所以温度的日变化西坡也大于东坡，最高温度一般出现在西南坡，而不是南坡。阳坡的谷风往往越岭而过，背坡上部可形成静风区和涡旋，下部一般在向阳一侧山坡上形成向上的坡风。

在没有天气系统大风干扰的情况下，地形高差越大，山坡越陡，地面植被越疏、越矮小，山谷风就越强，出现的频率也越多。山坡越平缓，地面植被越密、越高大，山谷风的厚度就越小。而且，谷风厚度通常都比山风大。由于白天太阳辐射，造成坡面与坡前同高度自由大气间的温差，比夜间因坡面冷却造成的反向温差大，所以从理论上看谷风比山风大。谷风风速约为山风风速的 1.5 倍。

山风与谷风方向相反，在相互转换过程中，如果没有其他因素干扰，山谷风速应该为零。一般情况下，转换期间风向是不稳定的，风向时上时下，表现出间断性。转换期开始出现的时间，通常不与日出日没时间吻合，而且有明显的季节变化。山风转谷风迟于日出时间 3～3.5 h 左右，而谷风转山风则接近日落时间，除盛夏季节外一般均略有提前，严冬时节提前较多。

山谷风大小约在 2～3.5 m/s 左右，最大值为 4 m/s。山风在日出前最大，谷风在 12:00～16:00 最大。转换期间的平均风速约为 1～2 m/s。

在起伏地形，风的垂直结构很复杂，风向风速变化大。高层为天气尺度系统的梯度风，低层主要是地形风、山谷风。

山谷风是在大范围水平气压场较弱的条件下产生的，大气稳定度增加时山风速度大，而大气的不稳定度增加时谷风速才加强 。

二、地形对自然风特性的影响

(1)峡谷风

峡谷风存在所谓“加速效应”。这种效应与海拔高度和两面山坡边界层有关，当峡谷较宽时，两面山坡地边界层不至于影响到峡谷中央，峡谷内部的风速比谷口来流风速大，随着峡谷变窄，两面边界层逐渐增厚进而影响到峡谷中央，谷内的风速反而减小，但是海拔高度更大的峡谷上方风速增加的幅度较大。

(2)越山风

越山风对山顶附近气象站观测数据的影响采用“加速因子”描述，根据线性化理论，风工程针对几何简化的二维或者三维山体给出了简化计算公式，并通过风洞试验检验和修正，其中比较被接受的简化公式有：

对于二维山岭的顶部平均风速加速比 ΔS_{max} 建议如下简化公式(Taylor & Teunissen，1987)：

$$\Delta S_{max} \approx 2\frac{h}{l}$$

式中　h——山脊高度，m；

l——山脊长度，m。

对于三维山峰，Taylor 和 Lee 建议(Taylor & Teunissen，1987)：

$$\Delta S_{max} \approx 1.6\frac{h}{l}$$

对于陡峭的悬崖，建议如下公式(Finningan，1988)：

$$\Delta S_{max} \approx 0.8\frac{h}{l}$$

但是实际山体远比理论分析或者风洞模型试验采用的几何简化复杂，特别是山区地形并不是孤立的山峰或者山岭。国内外风工程规范中更多采用试验或者实测的数据。

三、活塞风的主要特性

根据兰州交通大学模拟分析结果，阻塞比、隧道长度、列车速度、列车长度是影响活塞风的 4 个主要因素。隧道长度大于 7.5 km，对于确定的阻塞比和隧道长度，活塞风引入新风的长度为一定值。

四、隧道内的气流速度

当列车出洞后启动射流风机进行机械通风时，隧道内气流速度从较高的活塞风速 v_m 过渡到稳定的机械风速 v_e，这一过渡时间较长，气流速度的变化见图 8.1。

由于隧道内气流速度的计算是隧道内污染物浓度分布计算的基础。在传统的恒定流理论中，忽略了风机启动后，隧道内风速向机械风速过渡需要一段过程，仅简单地认为启动风机后隧道内风速即达到机械风速，因此，计算的机械通风时间及通风量偏大。另一方面，当最后稳定的机械风速大于活塞风速时，恒定流理论同样忽略了活塞风速向机械风速过渡的过程，计算得到的气流速度将高于实际气流速度，形成虚假的气流动能增加，导致机械通风时间及通风量偏小。

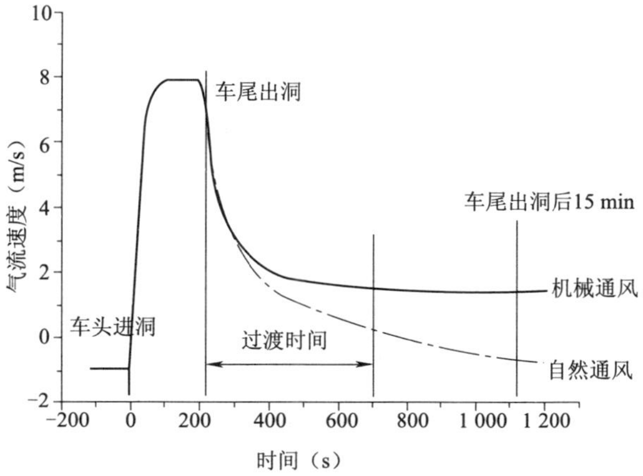

图 8.1　机械通风时隧道内气流速度的变化

五、隧道内污染物浓度分布

由于污染物浓度沿隧道长度的分布是不均匀的（图 8.2），因此，隧道内污染物浓度必然有一个从小到大的变化过程，按《铁路隧道运营通风设计规范》（TB 10068—2010）需要排除的污染物长度只是浓度超过 10 mg/m^3 的部分（图 8.2 中对应长度 L_{qr}）。其中，L_{qs}表示用传统的恒定流理论求得的需要排除的污染段长度，L_{qr}表示用非恒定流理论求得的需要排除的污染段长度。仅仅从需要排除的污染段长度角度考虑，用非恒定流理论进行通风设计时可在通风耗能上节约 10%左右。

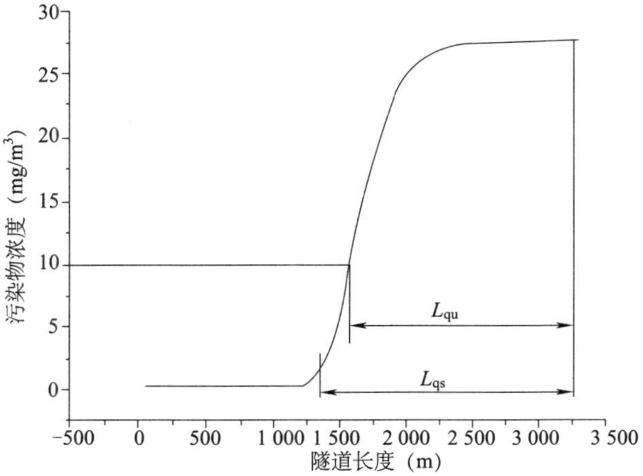

图 8.2　列车车尾通过隧道时，污染物沿程分布

六、污染物散发量的确定

根据西南交通大学分析计算，当污染物散发量为额定工况下的 2 倍时，需要排除的污染段长度仅增加不到 2%。当污染物散发量较小时，用额定工况下散发量来计算污染段长度是偏安全的。因此，可以把污染物散发量认为是一固定值。

七、内燃机车通过隧道时热效应

列车通过隧道时，不仅会引起隧道内空气压力波动和流速的变化，也会引起隧道内空气温度的变化，尤其是内燃机车通过坡度较大的隧道或者列车通过长隧道对数较多时，隧道内的空气温度就变化得比较剧烈。比如内燃机车牵引的列车通过隧道时，由于机车头部的放热使隧道内的温度急剧上升；当列车以较大的密度通过长隧道时也会造成隧道内温度持续上升，因此隧道内热效应正确的计算结果是进行有效通风系统设计的基础。2001 年兰州铁道学院依据一维稳定可压缩流体流动理论，建立了单列车车头通过隧道进口瞬间车头在隧道内运行过程中引起空气流动的边界条件，边界条件中考虑了内燃机车与隧道内空气换热的因素，从而建立了隧道内热效应数值计算所必需的边界条件，采用广义黎曼变量特征线法求解了隧道内空气。计算结果表明，当列车进入隧道时隧道内 500 m 处温度会突然升高 2 ℃左右，而后当列车在隧道内前进到 500 m 处时；此处温度又急剧上升直至车尾经过此点，而后温度由于列车尾经过以后随着后面新鲜空气的流入温度会缓慢下降。

八、隧道空气含氧量的变化

自由大气的含氧量，在标准状态下(大气压力 76 mmHg，温度 20 ℃)，按体积计算为 20.93%，按重量计算为 23.2%。1 m^3空气中氧气的重量为 279.5 g。内燃机车燃料燃烧时消耗氧气，所以在同样条件下隧道内空气含氧量比隧道外空气含氧量低。隧道内空气含氧量的变化与列车密度、机车数量、列车速度、隧道长度及自然风的方向、大小有关。

隧道空气含氧量变化服从气流运动规律，根据以往对隧道内有害气体分布规律的研究，列车出洞后空气质量分布为浓烟段、过渡段和新鲜空气段，为简化计算，将浓烟段和过渡段统一为含氧量减少段。

内燃机车牵引隧道含氧量的计算如下：

(1)单机牵引

含氧量减少段长度 $L_1=L-\dfrac{Lv}{v_0}$

新鲜空气段长度 $L_2=\dfrac{Lv}{v_0}$

含氧量减少段空气含氧量 $m_1=\left[1-\frac{Q}{F(v_0-v)}\right]m_0(\mathrm{g/m^3})$

新鲜空气段含氧量 $m_2=m_0'$

式中　L——隧道长度,m;

v——活塞风速,m/s;

v_0——列车车速,m/s;

m_0——隧道空气初始含氧量,$\mathrm{g/m^3}$;

m_0'——洞外空气含氧量,$\mathrm{g/m^3}$;

Q——机车单位时间进气量,$\mathrm{m^3/s}$;

F——机车断面面积,$\mathrm{m^2}$。

(2)双机牵引

1)车速大于 70 km/h

车速大于 70 km/h,第二台机车不吸收第一台机车的废气,即每台机车都吸进洞内的原有的空气。

含氧量减少段空气含氧量 $m_1=\left[1-\frac{Q_1}{F(v_0-v)}-\frac{Q_2}{F(v_0-v)}\right]m_0(\mathrm{g/m^3})$

新鲜空气段含氧量 $m_2=m_0'$

式中　m_0——隧道空气初始含氧量,$\mathrm{g/m^3}$;

m_0'——洞外空气含氧量,$\mathrm{g/m^3}$;

Q_1、Q_2——第一台、第二台机车单位时间进气量,$\mathrm{m^3/s}$;

F——机车断面面积,$\mathrm{m^2}$。

2)车速小于 70 km/h

车速小于 70 km/h,第二台机车要吸收第一台机车的废气

含氧量减少段空气含氧量 $m_1=\left[1-\frac{Q_2}{F(v_0-v)}\right]m_0(\mathrm{g/m^3})$

新鲜空气段含氧量 $m_2=m_0'$

式中　m_0——隧道空气初始含氧量,$\mathrm{g/m^3}$;

Q_2——第二台机车单位时间进气量,$\mathrm{m^3/s}$;

F——机车断面面积,$\mathrm{m^2}$。

九、空气含氧量对机车效率的影响

高海拔地区空气稀薄,空气密度随海拔高度的增加逐渐减小,空气密度 ρ 随海拔高度变化的计算表达式为:

$$\rho=\frac{0.465p}{T}-\frac{0.176Ef}{T}$$

式中 p——大气压强，kg/m^3；

f——空气相对湿度；

E——对应温度的饱和水汽压，mmHg；

T——绝对温度，K。

鉴于空气密度的变化，铁路《列车牵引计算规程》规定，应对内燃机车牵引力进行高度修正和温度修正。在长隧道内机车消耗氧气，在同一高度和温度地区，隧道内外空气含氧量也有差别。

由于列车活塞风和自然风的作用，隧道内空气的含氧量不是无限降低的。内燃机车通过通风不良的长隧道，燃料燃烧消耗氧气，使隧道内空气含氧量降低，是导致内燃机效率下降，牵引力降低的原因之一。加强长隧道运营通风，改善隧道内空气环境将有助于提高列车的牵引重量，提高行车速度，增加通过能力。

十、隧道通风控制参数

根据西南交通大学相关分析计算结果，列车在隧道内行驶时，隧道长度，行驶速度、列车长度和自然风速等因素都将影响隧道通风。在隧道通风控制参数中，隧道内自然风速的风向和大小对隧道通风的影响最大，而列车长度的影响最小。

十一、通风设计计算

目前，在已经设置机械通风设备的隧道中，由于通风系统耗能较大，运行费较高，致使许多隧道的通风系统实际上处于停运状态。因此，如何在满足卫生标准的前提下，改进现有的隧道通风设计和控制方法，使隧道通风系统低能耗优化运行已成为当前铁路隧道通风重要而迫切的课题。

在通风设计计算方面，最初采用“挤压理论”和“冲淡理论”，但均没考虑列车的活塞作用。随后的设计中，一直采用恒定流理论作为隧道通风设计的基础，先计算得到隧道内的活塞风速，此活塞风速是恒定的，然后根据活塞风速求得需要排除得污染段长度，最后确定通风设备的容量和通风时间。另外，由于恒定流无法得到隧道内污染物浓度的分布，以“挤压理论”得到的污染段长度会偏大，直接导致通风能耗增大。因此传统的设计必然存在较大的误差。

运用非恒定流理论不仅更能准确模拟隧道内活塞风的非恒定流动过程，而且能模拟列车通过隧道过程中隧道内污染物浓度的分布，同时还能考虑利用隧道内气流(活塞风)惯性作用促进隧道通风，节约通风能耗。

十二、换气次数与通风时间

由于列车所排出的烟气与列车引入的活塞风在隧道的部分长度范围内发生混

合，即列车活塞风靠前面的一段气流被烟气所污染，于是在某一时刻所引入的活塞风的长度 l_w 大于新鲜空气所达到的长度 l_f。l_w 与 l_f 的比值称为换气系数 i。

已知列车在隧道中的运行速度 v_0 及隧道的长度 l，计算得出列车通过隧道的时间 t_0，根据不同时段活塞风速 v，得到列车尾端出洞时引入的活塞风长度 $l_w=\sum vt$，列车出洞时隧道中余留的污染空气段长度为

$$l_c=i(l-l_w)$$

式中　l——隧道的长度，m。

现要求在一定通风时间 t_c 内将隧道中污染空气排出洞外，使隧道内空气的洁净程度达到卫生标准。根据铁路工程相关技术规范，通风时间 t_c 一般为 15 min，个别情况可延至 20 min，但不得大于上行列车出洞至下一次下行列车进洞的间隔时间。

在决定通风时间时，单独追求达标时间，非常耗能。因此只要按照规范在 15 min 能够达到标准值即可，这样最节能。

在一般情况下无需提前通风，正常通风是常规的通风方式。在运输繁忙路段为了避免对开列车将污染空气推回隧道内需要缩短隧道污染空气净化时间时才需要采用提前通风。

十三、横洞(斜井)的作用

单向隧道中，如果隧道气流的运动方向与车行方向一致，列车运动产生的风压连续变化。当隧道开设横洞(斜井)与外界大气连通时，隧道内产生的压差，使得横洞(斜井)产生排出或吸入气流。

横洞(斜井)处的作用风压，将使得通风孔保持持续的气流运动，隧道内部的空气因此而得以置换，其环境空气质量得到相应的改善。

当隧道设有横洞(斜井)时，隧道内部压力大于外界时，隧道向外排污风。反之，则向隧道内进新鲜风。

沿行车方向，对于任意一个横洞(斜井)而言，位于其后方的列车产生的运动风压皆为正压，其作用使得该横洞(斜井)排风。而位于其前方的列车产生的运动风压则为负压，其作用效果为吸入气流。

利用横洞(斜井)进行自然通风，其主要的通风原理是利用活塞风在沿隧道纵向的横洞(斜井)处产生的压力变化，使隧道内部空气与外界得以反复交换，其内部的空气质量较之其他通风方式更为良好。而隧道通风孔的自然排风，以隧道纵向呈线形分布，难以形成有害气体浓度过高的现象。

十四、沿程摩阻损失系数

现有资料表明，隧道的沿程摩阻损失系数可取 0.015～0.025，但如何取值，需由

隧道的衬砌情况来定。摩阻损失系数取值的大小直接影响风机的配置和运营费用。因此对于特长隧道以及较长的横洞(斜井)井,取值应慎重考虑。

十五、局部摩阻损失系数

对于局部损失系数,部分需要从相关手册查得。而对于影响较大的局部段(如送风口、排风口、风机房、风门、消音器等),应通过 CFD 模拟或通过试验来确定其损失系数。并在隧道土建完成后,通过实测来修正设计中的取值。

第二节　2.0～4.0 km 隧道自然通风可行性

第七章已经根据污染物扩散基本方程模拟分析了 2.0～4.0 km 隧道自然通风可行。本章采用“挤压理论”再次进行分析,便于两种方法比较。

一、自然通风可能性

列车出洞后,衰减的活塞风仍然可能在规定的 15 min 时间内将隧道中余留的污染空气排出洞外,那么就实现了自然通风。为此,算出在逆向自然风影响下的活塞风速。然后算出引入的活塞风长度和新鲜空气段长度。计算得列车出洞时余留的污染空气段长度 l_c。

设列车出洞后,活塞风速衰减到零所经历的时间为 t_s,计算式为:

$$t_s=\frac{2l}{kv_n}\arctan\left(\frac{v_p}{v_n}\right)$$

式中　v_n——列车未进洞前隧道内的逆向自然风速,m/s;

v_p——列车出洞时的活塞风速,m/s;

k——隧道的总阻力系数。

其余符号意义同前。

活塞风衰减为零所推移污染空气的长度:

$$l_s=-\frac{2l}{k}\ln\cos\left[\arctan\left(\frac{v_p}{v_n}\right)\right]$$

若 $t_s<1\,500$ s 而且 $l_s\geqslant l_c$,则表明在规定的通风时间 25 min 内衰减的活塞风可将隧道中余留的污染空气完全排出洞外,能实现自然通风。

二、双曲村隧道

1. 反向自然风

以列车速度 $v_0=47.4$ km/h,反向自然风风速 $v_n=1.5$ m/s 为例,说明计算过程如下:

双曲村隧道长度 $l=2\ 140$ m，坡度 5‰，拉萨端高，日喀则端低。隧道横断面积 $A=32.29\ m^2$；隧道当量直径 $d_e=6.04$ m，沿程阻力系数 $\lambda=0.020$，进口局部阻力系数 $\xi=0.5$，列车横断面积 $A_0=12.6\ m^2$。列车未进入隧道前，洞内存在与活塞风反向的自然风，其风速 $v_n=1.5$ m/s。

列车长度 $l_0=590$ m 时，

$$\xi_t=\xi+\lambda\frac{l-l_0}{d_e}+1=0.5+0.02\times\frac{2\ 140-590}{6.04}+1=6.63$$

$$K=\frac{86\times10^{-4}l_0}{\left(1-\frac{A_0}{A}\right)^2}=\frac{86\times10^{-4}\times590}{\left(1-\frac{12.6}{32.29}\right)^2}=12.95$$

$$k=\xi+\lambda\frac{l}{de}+1=0.5+0.02\times\frac{2\ 140}{6.04}+1=8.59$$

按非恒定流计算活塞风速，

令：
$$A=\frac{Kv_0^2}{2\left(l+\frac{al_0}{1-a}\right)},B=\frac{Kv_0}{\left(l+\frac{al_0}{1-a}\right)},C=\frac{K-\zeta}{2\left(l+\frac{al_0}{1-a}\right)}$$

式中　ζ_t——隧道段(环状空间外)的阻力系数；

K——活塞风作用系数；

a——阻塞比，$a=A_0/A$；

k——隧道段总阻力系数。

当 $K>\zeta_t$ 时，$C>0$ 时，非恒定流的活塞风速为：

$$v=\frac{-2AC+2ACe^{t\sqrt{B^2-4AC}}}{C(B+\sqrt{B^2-4AC})-C(B-\sqrt{B^2-4AC})e^{t\sqrt{B^2-4AC}}}$$

当 $K<\zeta_t$，则令 $C=\frac{\zeta_\tau-K}{2\left(l+\frac{al_0}{1-a}\right)}>0$，得非恒定流的活塞风速为：

$$v=\frac{-2AC+2ACe^{t\sqrt{B^2+4AC}}}{C(B+\sqrt{B^2+4AC})-C(B-\sqrt{B^2+4AC})e^{t\sqrt{B^2+4AC}}}$$

列车出洞时，引入活塞风长度约 782 m，隧道中余留的污染空气段长度为：

$$l_c=i(l-l_w)=1\ 493(\text{m})$$

活塞风速衰减到零所经历的时间为：

$$t_s=\frac{2l}{kv_n}\arctan\left(\frac{v_p}{v_n}\right)=7.6(\text{min})$$

衰减活塞风所推移污染空气的长度为：

$$l_s=-\frac{2l}{k}\ln\cos\left[\arctan\left(\frac{v_p}{v_n}\right)\right]=825(\text{m})$$

不同行车速度，不同自然风速条件计算结果表明：

(1)双曲村隧道内列车速度为 68.5 km/h(19.02 m/s)时

反向自然风为小于 1.3 m/s，活塞风推移长度(l_S)大于余留污染段长度(l_c)，可以实现自然通风。

反向自然风为 1.4～1.8 m/s，扣除活塞风速衰减历时 t_S，通风时间由 25 min 延长至 34.3～26.4 min，依靠反向自然风可以将余留污染空气推出隧道，也可以考虑依靠下一趟列车排出。

反向自然风大于 1.9 m/s 时，虽然活塞风推移长度(l_S)小于余留污染段长度(l_c)，但活塞风速衰减为零后，在 25 min 内自然风可将污染段空气从隧道另一端口排出。所以自然风速大于 1.9 m/s，完全可以实现自然通风。

(2)双曲村隧道内列车速度为 47.4 km/h(13.17 m/s)时

反向自然风为小于 0.9 m/s，活塞风推移长度(l_S)大于余留污染段长度(l_c)，可以实现自然通风。

反向自然风为 1.0～1.8 m/s，扣除活塞风速衰减历时 t_S，通风时间由 15 min 延长至 47.7～25.41 min，依靠反向自然风可将余留污染空气推出隧道，也可以考虑依靠下一趟列车利用同向自然风排出。

自然风大于 1.9 m/s 时，虽然活塞风推移长度(l_S)小于余留污染段长度(l_c)，但活塞风速衰减为零后，在 25 min 内自然风可将污浊段空气从隧道另一端口排出。自然风速大于 3.0 m/s，完全可以实现自然通风。

2. 同向自然风

双曲村隧道坡度 5‰，拉萨端高，日喀则端低。频率较高的自然风向为西风，宜更多考虑同向自然风。

自然风与列车活塞风同向时，列车活塞风引进的新鲜空气长度(l)计算式为：

$$l=\frac{2L}{\xi_n}\ln\frac{\sinh\left(\dfrac{v_n t\xi_n}{2L}+\text{artanh}^{-1}\dfrac{v_n}{v}\right)}{\text{sh}\left(\text{artanh}^{-1}\dfrac{v_n}{v}\right)}$$

计算结果表明，隧道内列车速度为 47.4 km/h(13.2 m/s)～68.4 km/h(19.0 m/s)，自然风与列车活塞风同向时，活塞风推移长度大于余留污染段长度，15 min 内可以实现自然通风。

3. 结论

(1)双曲村隧道自然通风计算结果表明，反向自然风为小于 0.9 m/s 或大于 1.9 m/s时，可以实现自然通风。

(2)同向自然风条件下均能实现自然通风。

(3)拉日线现场风速观测资料表明，每天自然风为 1.0～1.8 m/s 出现的时间在

8:00～12:00 之间，而且全年同向自然风出现的频率为 65%，因此，该风速全年出现的频率为 5.8%。该隧道全年有 94%的时段实现自然通风。即使在夏半年(6 月～10 月)不利条件下，平均每天有 20 h 可实现自然通风。

(4)综合考虑通风时间、机车最高排放浓度、列车通过隧道后 25 min 容许浓度、隧道自然环境等因素，结合羊八井隧道有害气体监测结果，可认为，双曲村隧道可以采用自然通风方案。

三、托布村一号隧道

托布村一号隧道长 2 665 m，自拉萨端 240 m 区段坡度为 6‰，沿程抬高，后续 2 425 m区段坡度为 4.5‰，沿程下降，日喀则端低。隧道相关计算参数与双曲村相同。列车速度 v_0＝53.0～72.1 km/h，设定与活塞风反向的自然风风速 v_n＝0.1～5.0 m/s，同向的自然风风速 v_n＝0.01～7.0 m/s。

托布村一号隧道自然通风计算结果表明：

(1)反向自然风为小于 0.7 m/s 或大于 2.3 m/s 时，可以实现自然通风。

(2)同向自然风条件下均能实现自然通风。

(3)拉日线现场风速观测资料表明，每天自然风为 0.7～2.3 m/s 出现的时间在 8:00～13:00、17:00～18:00 之间，全年同向自然风频率为 65%，因此，该风速全年出现的频率为 8.7%，该隧道全年有 91%的时段实现自然通风。夏半年(6 月～10 月)不利条件下，平均每天有 18 h 可实现自然通风。

(4)综合考虑通风时间、机车最高排放浓度、列车通过隧道后 25 min 容许浓度、隧道自然环境等因素，结合羊八井隧道有害气体监测结果，可认为，托布村一号隧道可以采用自然通风方案。

四、萨嘎村隧道

萨嘎村隧道长 2 979 m，坡度为 3‰，日喀则端高，拉萨端低。隧道相关计算参数与双曲村相同。列车速度 v_0＝46.4～68.5 km/h，设定与活塞风反向的自然风风速 v_n＝0.1～5.0 m/s，同向的自然风风速 v_n＝0.01～7.0 m/s。

萨嘎村隧道自然通风计算结果表明：

(1)反向自然风为小于 0.4 m/s 或大于 2.3 m/s 时，可以实现自然通风。

(2)同向自然风条件下均能实现自然通风。

(3)拉日线现场风速观测资料表明，每天自然风为 1.0～2.3 m/s 出现的时间在 8:00～13:00、17:00～18:00 之间，全年反向自然风出现的频率为 65%，全年该风速出现的频率为 16.2%，该隧道全年有约 84%的时段可实现自然通风。冬半年(11 月～次年 5 月)不利条件下，平均每天有 18 h 可实现自然通风。

(4)虽然萨嘎村隧道拉萨端高,但综合考虑通风时间、机车最高排放浓度、列车通过隧道后 25 min 容许浓度、隧道自然环境等因素,结合羊八井隧道有害气体监测结果,可认为,萨嘎村隧道可以采用自然通风方案。

五、帕当山隧道

帕当山隧道长 3 036 m,距拉萨端 383 m 区段坡度为 3.5‰,沿程抬高,后续 2 653 m区段坡度 6.5‰,沿程下降,日喀则端低。隧道相关计算参数与双曲村相同。列车速度 v_0=43.8～68.4 km/h,设定与活塞风反向的自然风风速 v_n=0.1～5.0 m/s,同向的自然风风速 v_n=0.01～7.0 m/s。

帕当山隧道自然通风计算结果表明:

(1)反向自然风为小于 0.5 m/s 或大于 2.5 m/s 时,可以实现自然通风。

(2)同向自然风条件下均能实现自然通风。

(3)拉日线现场风速观测资料表明,每天自然风为 1.0～2.5 m/s 出现的时间在 8:00～13:00、17:00～18:00 之间,全年同向自然风出现的频率为 65%,全年该风速出现的频率为 8.7%,该隧道全年有约 91%的时段实现自然通风。夏半年(6 月～10 月)不利条件下,平均每天有 18 h 可实现自然通风。

(4)综合考虑通风时间、机车最高排放浓度、列车通过隧道后 25 min 容许浓度、隧道自然环境等因素,结合羊八井隧道有害气体监测结果,可认为,帕当山隧道可以采用自然通风方案。

六、小　　结

(1)双曲村隧道、托布村一号隧道、帕当山隧道(长度 2 140～3 036 m)隧道自然通风计算结果表明:现有列车速度情况下,反向自然风小于或大于一定值,25 min 内可以实现自然通风。而不利风速全年出现的频率均小于 10%,即全年有约 90%的时段可以实现自然通风。夏半年(6 月～10 月)不利条件下,平均每天有 18 h 可实现自然通风。

即使隧道外无风,在热位差作用下,隧道内也可保持一定的同向自然风(风速 0.7 m/s 以上)。若隧道外自然风等效压差与热位差作用相反,隧道内自然风也接近于零,有利于自然通风。

萨嘎村隧道全年有约 84%的时段可以实现自然通风。冬半年(11 月～次年 5 月)不利条件下,平均每天有 18 h 可实现自然通风。

(2)综合考虑通风时间、机车最高排放浓度、列车通过隧道后 25 min 容许浓度、隧道自然环境等因素,结合羊八井隧道有害气体监测结果可认为,双曲村隧道、托布村一号隧道、萨嘎村隧道、帕当山隧道可以采用自然通风方案。

第三节　4.0～4.2 km 隧道运营通风方案

一、吉沃希嘎隧道

吉沃希嘎隧道长 4 070 m，坡度 9‰，日喀则端高，拉萨端低。隧道相关计算参数与双曲村相同。列车速度 v_0＝30.6～68.8 km/h。设定与活塞风反向的自然风风速 v_n＝0.1～5.0 m/s，同向的自然风风速 v_n＝0.01～7.0 m/s。

吉沃希嘎隧道自然通风计算结果表明：

(1)反向自然风为小于 0.1 m/s 或大于 3.2 m/s 时，可以实现自然通风。

(2)同向自然风条件下均能实现自然通风。

(3)拉日线现场风速观测资料表明，每天自然风为 0.1～3.2 m/s 出现的时间在 8:00～14:00、17:00～19:00 之间，全年 65％天数风向为同向自然风，全年该风速出现的几率为 21.7％，该隧道全年有约 78％的时段可实现自然通风。冬半年(11 月～次年 5 月)不利条件下，每天有 67％的时段可实现自然通风。考虑热位压作用，外界自然风速小于 0.05 m/s，吉沃希嘎隧道热位压作用产生的隧道内反向自然风速达 1.2 m/s，对实现自然通风不利。但出现几率较大的外界反向自然风大于 0.1 m/s，与热位压共同作用产生的洞内自然风约为零，有利于自然通风。

综合上述因素可认为，该隧道全天有 67％的时段可实现自然通风。

(4)吉沃希嘎隧道 NO_X 排放浓度小于 126.7 mg/m^3，CO 排放浓度小于 31.7 mg/m^3。考虑现场空气污染较少，有害气体扩散较快，羊八井隧道监测结果也说明高原区隧道有害气体扩散比低海拔地区快。综合各种因素，可认为，吉沃希嘎隧道可以采用自然通风方案。

二、明炯隧道

明炯隧道长 4 177 m，坡度 3‰，拉萨端高，日喀则端低。隧道相关计算参数与双曲村相同。列车速度 v_0＝53.0～72.1 km/h，设定与活塞风反向的自然风风速 v_n＝0.1～5.0 m/s，同向的自然风风速 v_n＝0.01～7.0 m/s。

明炯隧道自然通风计算结果表明：

(1)反向自然风为小于 0.1 m/s 或大于 3.3 m/s 时，可以实现自然通风。

(2)同向自然风条件下均能实现自然通风。

(3)拉日线现场风速观测资料表明，每天自然风为 1.0～2.5 m/s 出现的时间在 8:00～14:00、17:00～19:00 之间，全年 65％天数风向为同向自然风，全年该风速出现的几率为 11.7％，该隧道全年有约 88％的时段实现自然通风。夏半年(6 月～10 月)不利条件下，每天有 67％的时段实现自然通风。

(4)综合考虑通风时间、机车最高排放浓度、列车通过隧道后 25 min 容许浓度、隧道自然环境等因素,结合羊八井隧道有害气体监测结果,可认为,明炯隧道可以采用自然通风方案。

三、结　论

(1)明炯隧道全年有约 88%的时段实现自然通风。夏半年(6 月～10 月)不利条件下,每天有 67%的时段实现自然通风。

吉沃希嘎隧道全年有约 78%的时段可实现自然通风。冬半年(11 月～次年 5 月)不利条件下,每天有 67%的时段可实现自然通风。

(2)综合考虑通风时间、机车最高排放浓度、列车通过隧道后 25 min 容许浓度、隧道自然环境等因素,结合羊八井隧道有害气体监测结果,可认为,明炯隧道、吉沃希嘎隧道可以采用自然通风方案。

(3)第七章一维非恒定流污染物扩散数值模拟结果表明:1)拉日线隧道 3 000 m 以下的隧道,运营通风可利用自然通风在 15 min 中内排除隧道内有害气体。2)隧道长度 4 070 m 及以下时,采用自然通风,虽然不能在 15 min 内达到卫生标准,但可以在远期运行图周期内达到卫生标准。该结论与挤压理论计算结果基本一致。

第四节　6.5～10 km 隧道运营通风方案

一、色麦村隧道

色麦村隧道长 6 698 m,坡度 8.3‰,拉萨端低,日喀则端高。隧道相关计算参数与双曲村隧道相同。列车速度 v_0=31.2～73.0 km/h。分别针对同向自然风和反向自然风两种情况进行计算。

列车未进入隧道前,洞内与活塞风反向的自然风风速 v_n=0.1～5.0 m/s,同向的自然风风速 v_n=0.01～7.0 m/s。

1. 射流通风方案

色麦隧道海拔高度 3 800 m 左右,空气密度 0.763 kg/m^3,反向自然风风速确定为 v_n=2.0 m/s,允许通风时间按列车出洞后 20 min、25 min 考虑。

根据《铁路隧道运营通风设计规范》(TB 10068—2010),计算列车活塞风速 v_m。

当列车在隧道内行驶速度为 40.0 km/h,自然风速 v_n=2.0 m/s,排烟所需的风速分别为 v_e=3.56 m/s(允许通风时间按列车出洞后 20 min 考虑),v_e=2.85 m/s(允许通风时间按列车出洞后 25 min 考虑)。

当列车在隧道内行驶速度为 73.0 km/h,自然风速 v_n=2.0 m/s,排烟所需的风速分别为 v_e=3.47 m/s(允许通风时间按列车出洞后 20 min 考虑),v_e=2.77 m/s(允许通风时间按列车出洞后 25 min 考虑)。

射流风机台数的计算公式 $n=\dfrac{p_\lambda+p_n}{p_j}$

隧道通风阻力 $p_\lambda=\zeta_n\dfrac{\rho}{2}v_e^2$

自然风阻力 $p_n=\zeta_n\dfrac{\rho}{2}v_n^2$

风机压力计算 $p_j=\rho v_j^2\left(\dfrac{A_j}{A-A_j}\right)\left(1-\dfrac{v_e}{v_j}\right)^2\dfrac{1}{k}$

式中　ξ_n——自然风的全隧道总阻力系数;

v_n——自然风速,m/s;

v_j——风机出口风速,m/s;

A——隧道横断面面积, m^2;

A_j——风机横断面面积, m^2;

v_e——排烟风速,m/s;

k——射流损失系数,按 1.2 取值。

排烟风速按 $v_e=3.56$ m/s 计算,可得隧道通风阻力:$p_\lambda=114.0$ Pa,自然风阻力:$p_n=36.1$ Pa。

根据射流通风计算理论,单台射流风机所提供的压力为:

(1)壁面射流

一台风机实际增压 Δp_{ja}的表达式:

$$\Delta p_{ja}=k_j\Delta p_t=k_j\times\beta(1-\alpha)\frac{2-\beta(3-\alpha)}{(1-\beta)^2}\times\frac{1}{2}\rho v_j^2$$

式中　k_j——考虑能量损失的修正系数,称为射流升压系数,$k_j<1$;

α——流速比,$\alpha=\dfrac{v_t}{v_j}$;

β——射流扩张比,$\beta=\dfrac{A_j}{A_t}$。

其余符号意义同前。

(2)壁龛射流

一台风机壁龛射流的实际增压计算式可采用:

$$\Delta p_{ja}=K_j\times\Delta p_{jt}=K_j\times\frac{1}{2}\rho v_j^2\times 2\beta\left[\frac{(\gamma-\alpha)(\gamma-2\beta)}{(\gamma-\beta)^2}-K_Q\frac{2\sin^2\theta+\cos\theta-1}{1+\cos\theta}\right]$$

式中　γ——壁龛扩大比 $\gamma=\dfrac{A_n}{A_t}$;

K_j——壁龛射流组的增压系数;

A_n——壁龛断面面积。

其余符号意义同前。

按照射流通风方案，通风时间按列车出洞后 15 min 考虑，以柳州东亚通风系统有限公司生产的 SLFJ 系列 1T 机型为例选型。见表 8.1。

表 8.1　风机选型功率对比

风机型号	额定功率(kW)	出口风速(m/s)	出口断面积(m^2)	风机压力(Pa)	风机台数(台)	风机总功率(kW)
SLFJ63-1T 型	18.5	43	0.312	8.36	18(18.0)	333
SLFJ90-1T 型	22	33	0.636	8.97	17(16.7)	374
SLFJ100-1T 型	37	36.5	0.786	17.3	9(8.7)	333
SLFJ112-1T 型	45	35.9	0.986	17.5	9(8.6)	405
SLFJ125-1T 型	55	37.5	1.227	24.4	7(6.2)	385

当列车在隧道内行驶速度为 40.0 km/h，自然风速 v_n＝2.0 m/s 按照同向计算时，排烟所需的风速分别为 v_e＝3.29 m/s(允许通风时间按列车出洞后 20 min 考虑)隧道通风阻力 97.8 Pa，自然风阻力 36.1 Pa。对应风机开启台数计算结果见表 8.2。

表 8.2　同向自然风为 2 m/s 对应风机开启台数

风机型号	额定功率(kW)	出口风速(m/s)	出口断面积(m^2)	风机压力(Pa)	风机台数(台)	风机总功率(kW)
SLFJ63-1T 型	18.5	43	0.312	8.36	8(7.4)	148
SLFJ90-1T 型	22	33	0.636	8.97	7(6.9)	154
SLFJ100-1T 型	37	36.5	0.786	17.3	4(3.6)	148
SLFJ112-1T 型	45	35.9	0.986	17.5	4(3.5)	180
SLFJ125-1T 型	55	37.5	1.227	24.4	3(2.5)	165

对照表 8.1、表 8.2 可以看出，当列车在隧道内行驶速度为 40.0 km/h，自然风速 2.0 m/s，同向自然风条件下需要开启的风机台数比反向自然风条件下减少约 55%。

2. 前馈式射流通风方案

为了充分利用较大的自然风，达到较好的通风效果，降低能耗，特提出此方案。

前馈式射流通风的原理是：依据模糊控制理论，基于隧道内安装的风速风向仪实测的资料，确定不同风速、风向对应开启的风机台数及开启方向。

考虑反向自然风，计算不同风速条件下射流风机开启台数，风机反转时，区分对向列车进洞时已排出有害气体和对向列车出洞时排出两种情况。

计算时选用 SLFJ90-1T 型风机，设隧道内列车行驶速度为 80 km/h。计算结果见表 8.3。

表 8.3　反向自然风，风机正、反转配套风机

反向风速(m/s)	通风时间(min)	风机正向开启		风机反向开启				风机开启方向	实际开启台数	
				进洞已排出		出洞排出				
		台数(台)	功率(kW)	台数(台)	功率(kW)	台数(台)	功率(kW)		台数(台)	功率(kW)
1.0	15	28	616	50	1100	27	594	反	27	594
2.0	15	35	770	47	1034	24	528	反	24	528
3.0	15	48	1 056	43	946	20	440	反	20	440
4.0	15	71	1 562	37	814	14	308	反	14	308
5.0	15	115	2 530	28	616	7	154	反	7	154
6.0	15	271	5 962	19	418	0	0	反	0	0
7.0	15	349	7 678	7	154	0	0	反	0	0
8.0	15	375	8 250	0	0	0	0	反	0	0

上述计算结果说明，采用前馈式射流通风，反向自然风为 2.0 m/s 时，风机开启台数将减小。

3. 横洞压入式通风方案

利用设置在距离拉萨端 2 203 m 的横洞（轴线夹角 60°09′28″，长度 290 m）作为风道，实施压入式通风。风道吹入隧道的新鲜空气部分从短路端（拉萨端）隧道口漏出，不起排烟作用，从而损失一部分功率。气流从风道流入隧道时因气流方向改变和断面扩大，又要损失相当大的功率，所以这种通风方式通风效率较低，推移污浊空气排出洞外的有效通风量比风道的风量小。计算中首先计算隧道有效通风量与风道风量的比值，然后再计算风机的全压、风机的功率。

具体计算如下：

列车驶出隧道后，活塞风衰减结束剩余的污染段长度 $l_c=4\ 142$ m

隧道内有效风速 $v=\dfrac{l_c}{900}=4.6(\mathrm{m/s})$

有效通风量 $Q=Av=148.65(\mathrm{m^3/s})$

$$k_1=\lambda\frac{l_1}{d_e}=14.88,\quad k_2=\lambda\frac{l_2}{d_e}=7.29,\quad k=1.5+\lambda\frac{l}{d_e}=23.68$$

自然风速 2.0 m/s，三通阻力系数 $m=1.15$。

自然风等效压差 $p_n=k\dfrac{\rho v_n^2}{2}=36.94(\mathrm{Pa})$

风道的风量、风道口的局部阻力、以及风机的全压都与风道面积有关。由

$$R=\frac{-mk_2-\left[(mk_2+2)^2+\left(mk_1-mk_2+\frac{kv_n^2}{v_1^2}\right)\times\left(mk_2+2\times\frac{32.3}{26.8}\cos\theta+2\right)\right]^{0.5}}{mk_1-mk_2+\frac{kv_n^2}{v_1^2}}$$

$=0.267$

风道风量 $Q_0=\frac{Q}{R}=556.01(\mathrm{m^3/s})$

风道内实际风速 $v_f=20.7(\mathrm{m/s})$

风机的全压 $H=\left(\lambda_1\frac{l_1}{d}+\zeta\right)\frac{\rho v_f^2}{2}+\left(\lambda\frac{l}{d_e}+1+\sum\zeta\right)\frac{\rho v_1^2}{2}+p_n=722.21(\mathrm{Pa})$

风机的功率 $N=\frac{Q_0H}{\eta}=715.6(\mathrm{kw})$

计算结果表明，该横洞压入式通风方案风机功率比射流通风方案至少大13.5%。

4. 斜井吸出式通风方案

该隧道拉萨端低，日喀则端高，如果在靠近高洞口端设置斜井，使污染空气由斜井吸出，新鲜空气由隧道两端洞口流入隧道，则污染空气排出洞外所经过的路程相对较短，需要的气流速度小，可降低通风功率。但吸出式通风方案的缺点是如果不能利用施工竖井而另需建造通风竖井，则造价很高。另外，斜井两侧部分区段的通风效果受反向自然风的影响较大。

有斜井隧道活塞风的特点是，列车未经过斜井前的活塞风速与列车经过斜井之后的活塞风速不相等，而且当列车未经过斜井之前在隧道运行时，新鲜空气只由隧道进口吸入，当列车经过斜井后，新鲜空气由隧道进口、斜井吸入。但当隧道进口吸入的新鲜空气到达斜井所在位置之前，由斜井吸入的新鲜空气主要起冲淡污染浓度的作用，在计算其推移污染空气作用的活塞风长度时，不应考虑起冲淡作用的风量。所以计算有斜井隧道的活塞风长度，首先要计算由隧道进口吸入的新鲜空气到达斜井底口位置的时间 t_h：

$$t_h=\frac{l_z}{v_0}+\frac{l_z-\frac{l_zv_z}{v_0}}{v_z'}=1\,632(\mathrm{s})$$

列车在隧道中运行的时间 $t_0=\frac{l}{v_0}=603(\mathrm{s})$。

$t_0<t_h$，说明列车尾端出洞时，由隧道进口吸入的新鲜空气尚未到达斜井底口位置。故计算由隧道进口吸入的新鲜空气起推移作用的活塞风长度。

设置斜井时隧道的列车活塞风长度 $l_{ws}=\dfrac{v_z l_z+v'_z l_y}{v_0}=2\ 468(\mathrm{m})$

洞内余留的污浊空气段长度 $l_c=l-\dfrac{l_{ws}}{i}=4\ 454(\mathrm{m})$

为保证列车出洞后 15 min 内通风结束，通风时间需要减去活塞风衰减为 0 的时间，通风时间

$$t'_c=900-330=570(\mathrm{s})$$

左边隧道段排烟需要的风速 $v_2=\dfrac{l_c-l_1}{t'_c}=3.95(\mathrm{m/s})$

右边隧道段排烟需要的风速 $v_1=5.52\ \mathrm{m/s}$

需要通风机抽风量 $Q=(v_1+v_2)A=305.85(\mathrm{m^3/s})$

斜井中气流速度 $v_s=\dfrac{Q}{A_s}=11.41(\mathrm{m/s})$

气流在隧道中的压力损失 $p_1=201.29(\mathrm{Pa})$

气流在斜井中的压力损失 $p_2=158.18(\mathrm{Pa})$

自然风等效压降 $p_n=36.94(\mathrm{Pa})$

通风机全压 $H=p_1+p_2+p_n=396.41(\mathrm{Pa})$

风机的功率 $N=\dfrac{QH}{\eta}=202.1(\mathrm{kW})$

斜井吸出式通风方案配套风机功率比射流通风、横洞压入式通风方案低。但考虑土建条件和运营管理情况，斜井吸出式通风方案并不是最佳方案。

二、达嘎山隧道

达嘎山隧道长 7 204 m，距离拉萨端 4 460 m 坡度 3‰，沿程抬高，后续 2 744 m 坡度 3‰，沿程下降。隧道相关计算参数与双曲村隧道相同。隧道左线设置两个横通道，距离拉萨端 1.56 km 处横通道长 450 m，与隧道中线夹角 48°44′7″，距离日喀则端 2.644 km 处横通道长 530 m，与隧道中线夹角 57°41′16″。列车速度 $v_0=50.3\sim70.2$ km/h，分别针对同向自然风和反向自然风两种情况进行计算。

1. 射流通风方案

达嘎山隧道海拔高度 3 800 m 左右，空气密度为 0.763 kg/m^3，反向自然风风速确定为 $v_n=2.0$ m/s，允许通风时间按列车出洞后 20 min(1 200 s)考虑。

活塞风系数 K 取 1.10，活塞风全隧道总阻力系数 $\xi_m=1.5+\lambda(L-l)/d_e=24.62$，自然风的全隧道总阻力系数 $\xi_n=1.5+\lambda L/d_e=26.67$，活塞风作用系数 $K_m=Nl/(1-f/F)^2=12.76$，$N=86\times10^{-4}$。

当列车在隧道内行驶速度为 50.2 km/h，自然风速 $v_n=2.0$ m/s，求得列车活塞

风速 $v_m = 6.04$ m/s，排烟所需的风速分别为 $v_e = 3.75$ m/s(通风时间按列车出洞后 20 min 考虑)，$v_e = 3.0$ m/s(通风时间按列车出洞后 25 min 考虑)。

隧道通风阻力 $p_\lambda = \xi_n \frac{\rho}{2} v_e^2 = 143.1$(Pa)，自然风阻力 $p_n = \xi_n \frac{\rho}{2} v_n^2 = 41.76$(Pa)。

以柳州东亚通风系统有限公司生产的 SLFJ 系列 1T 机型为例，分析风机选型对通风功率的影响(表 8.4)。

表 8.4　风机选型功率对比

风机型号	额定功率(kW)	出口风速(m/s)	出口断面积(m^2)	风机压力(Pa)	风机台数(台)	风机总功率(kW)
SLFJ63-1T 型	18.5	43	0.312	8.36	23(22.1)	425.5
SLFJ90-1T 型	22	33	0.636	8.97	21(20.6)	462
SLFJ100-1T 型	37	36.5	0.786	17.3	11(10.7)	407
SLFJ112-1T 型	45	35.9	0.986	17.5	11(10.6)	495
SLFJ125-1T 型	55	37.5	1.227	24.4	8(7.6)	440

如果同向自然风为 2 m/s，对应风机开启台数将减少 40%左右。具体计算结果见表 8.5。

表 8.5　同向自然风为 2 m/s 对应风机开启台数

风机型号	额定功率(kW)	出口风速(m/s)	出口断面积(m^2)	风机压力(Pa)	风机台数(台)	风机总功率(kW)
SLFJ63-1T 型	18.5	43	0.312	8.36	13(12.1)	240.5
SLFJ90-1T 型	22	33	0.636	8.97	12(11.3)	264
SLFJ100-1T 型	37	36.5	0.786	17.3	6(5.8)	222
SLFJ112-1T 型	45	35.9	0.986	17.5	6(5.8)	270
SLFJ125-1T 型	55	37.5	1.227	24.4	5(4.1)	275

2. 前馈式射流通风方案

考虑反向自然风，计算不同风速条件下射流风机开启台数，风机反转时，区分对向列车进洞时已排出有害气体和对向列车出洞时排出两种情况。

计算时选用 SLFJ90-1T 型风机，设隧道内列车行驶速度为 80 km/h。计算结果见表 8.6。

表 8.6　反向自然风,风机正、反转配套风机

反向风速(m/s)	通风时间(min)	风机正向开启		风机反向开启				风机开启方向	实际开启台数	
				进洞已排出		出洞排出				
		台数(台)	功率(kW)	台数(台)	功率(kW)	台数(台)	功率(kW)		台数(台)	功率(kW)
1.0	15	37	814	65	1 430	31	682	反	31	682
2.0	15	45	990	62	1 364	29	638	反	29	638
3.0	15	62	1 364	57	1 254	24	528	反	24	528
4.0	15	92	2 024	50	1 100	18	396	反	18	396
5.0	15	157	3 454	41	902	10	220	反	10	220
6.0	15	390	8 580	30	660	0	0	反	0	0
7.0	15	414	9 108	18	396	0	0	反	0	0
8.0	15	444	9 768	3	66	0	0	反	0	0

上述计算结果说明,采用前馈式射流通风,反向自然风为 2.0 m/s 时,风机开启台数将减小。

3. 横洞送排式通风方案

隧道从拉萨端开始 4 460 m 长度坡度 3‰,沿程抬高,后续 2 744 m 坡度为 3‰,沿程下降。为人字坡。利用两个横通道进行送排式通风,即从距离拉萨端 1 560 m 处横洞(长 450 m,与隧道中线夹角 48°44′7″)进风,从距离日喀则端 2 644 m 处横洞(长 530 m,与隧道中线夹角 57°41′16″)排风。具体计算如下:

(1)送风风机功率计算

反向自然风速 2.0 m/s 条件下,考虑列车最小洞内允许速度 50.2 km/h,隧道内剩余污染段长度 4 490 m,隧道内有效风速 $v=\dfrac{l_c}{900}=4.99(\text{m/s})$。

有效通风量 $Q=Av=161.14(\text{m}^3/\text{s})$

$$k_1=\lambda\frac{l_1}{d_e}=9.93,\quad k_2=\lambda\frac{l_2}{d_e}=5.17,\ k=1.5+\lambda\frac{l}{d_e}=16.6$$

自然风速 2.0 m/s,三通阻力系数 $m=1.15$。

自然风等效压差 $p_n=\left(1.5+\lambda\dfrac{L}{d_e}\right)\dfrac{\rho v_n^2}{2}=36.94(\text{Pa})$

风道的风量、风道口的局部阻力、以及风机的全压都与风道面积有关。由

$$R=\frac{-mk_2-\left[(mk_2+2)^2+\left(mk_1-mk_2+\frac{kv_n^2}{v_1^2}\right)\times\left(mk_2+2\times\frac{32.3}{26.8}\cos\theta+2\right)\right]^{0.5}}{mk_1-mk_2+\frac{kv_n^2}{v_1^2}}$$

$=0.544$

风道风量 $Q_0=\frac{Q}{R}=296.25(\mathrm{m^3/s})$

风道内实际风速 $v_f=11.05(\mathrm{m/s})$

风机的全压 $H=\left(\lambda_1\frac{l_1}{d}+\zeta\right)\frac{\rho v_f^2}{2}+\left(\lambda\frac{l}{d_e}+1+\sum\zeta\right)\frac{\rho v_1^2}{2}+p_n=355.01(\mathrm{Pa})$

风机的功率 $N=\frac{Q_0H}{\eta}=175.2(\mathrm{kW})$

(2)排风风机功率计算

根据能量平衡关系，计算得到排风横洞为平衡点，隧道左右两端损失压降相等，可得：

$$(0.5+0.02\times\frac{2\,640}{6.04}+0.5)\frac{\rho}{2}v_{左}^2=H=\left(\lambda\frac{l}{d_e}+1+\sum\zeta\right)\frac{\rho v_1^2}{2}+p_n$$

左段隧道风速 $v_{左}=6.08(\mathrm{m/s})$

隧道风量 $Q=(6.08+4.99)\times32.3=357.5(\mathrm{m^3/s})$

横洞风速 $v_s=13.3(\mathrm{m/s})$

横洞损失压降 $p_2=\left(0.021\times\frac{530}{5.46}+2.5\right)\frac{\rho}{2}v_s^2=313.0(\mathrm{Pa})$

隧道损失压降 $p_1=\left(\lambda\frac{l}{d_e}+1+\sum\zeta\right)\frac{\rho v_1^2}{2}+p_n=119.14+17.92=137.06(\mathrm{Pa})$

风机的功率 $N=\frac{Q(p_1+p_2)}{\eta}=268.2(\mathrm{kW})$

送风风机与排风风机功率总和为 443.4 kW。

送风风机与排风风机功率总和小于射流通风方案配套风机功率。

4. 吸出式通风方案

考虑隧道为人字坡，可利用横洞进行吸出式通风。在列车活塞风衰减结束后，两横洞风机交替运行，即列车下行时，距离日喀则端 2 644 m 处横洞风机运行，将距离拉萨端 1 560 m 处横洞风机不运行；列车上行时，距离拉萨端 1 560 m 处横通道风机运行，距离日喀则端 2 644 m 处横通道风机不运行。具体计算过程如下：

考虑列车出洞后 15 min 内通风结束，通风时间 $t_c'=900-354=546(\mathrm{s})$。

左边隧道段排烟需要的风速 $v_2=\frac{l_c-l_1}{t_c'}=3.39(\mathrm{m/s})$

右边隧道段排烟需要的风速 $v_1=5.31(\mathrm{m/s})$

需要通风机抽风量 $Q=(v_1+v_2)A=281.1(\mathrm{m^3/s})$

横洞中气流速度 $v_s=\dfrac{Q}{A_s}=10.48(\mathrm{m/s})$

气流在隧道中的压力损失 $p_1=\left(0.5+\lambda\dfrac{l_1}{d_e}+\zeta\right)\dfrac{\rho v_1^2}{2}=111.02(\mathrm{Pa})$

气流在横洞中的压力损失 $p_2=\left(1.0+\lambda_s\dfrac{l_s}{d_s}+\zeta\right)\dfrac{\rho v_s^2}{2}=314.6(\mathrm{Pa})$

自然风等效压降 $p_n=\left(0.5+\lambda\dfrac{l}{d_e}+\zeta\right)\dfrac{\rho v_n^2}{2}=38.5(\mathrm{Pa})$

通风机全压 $H=p_1+p_2+p_n=464.2(\mathrm{Pa})$

风机的功率 $N=\dfrac{QH}{\eta}=217.5(\mathrm{kW})$

吸出式通风方案配套风机功率比射流通风、横洞压入式通风方案低。但考虑土建条件和运营管理情况，斜井吸出式通风方案并不是最佳方案。

三、甫当隧道

甫当隧道长 7 468 m，距离拉萨端 132 m 坡度 8.3‰，后续 5 800 m 坡度为 3‰，沿程抬高，其余 1 536 m 坡度为 5‰，沿程下降。隧道相关计算参数与双曲村隧道相同。隧道左线设置两个横通道，距离拉萨端 2 532 m 处横通道长 216.54 m，与隧道中线夹角 69°23′17″，距离日喀则端 1 836 m 处横通道长 611.21 m，与隧道中线夹角 62°41′42″。列车速度 $v_0=31.7\sim73.0$ km/h，分别针对同向自然风和反向自然风两种情况进行计算。

1. 射流通风方案

海拔高度 3 800 m 左右，空气密度＝0.763 kg/m³，反向自然风风速确定为 $v_n=$ 2.0 m/s。

以 SLFJ 系列 1T 机型为例，分析风机选型对通风功率的影响(表 8.7)。

表 8.7　风机选型功率对比

风机型号	额定功率(kW)	出口风速(m/s)	出口断面积(m²)	风机压力(Pa)	风机台数(台)	风机总功率(kW)
SLFJ63-1T 型	18.5	43	0.312	8.36	29(28.7)	536.5
SLFJ90-1T 型	22	33	0.636	8.97	27(26.8)	594
SLFJ100-1T 型	37	36.5	0.786	17.3	14(13.9)	518
SLFJ112-1T 型	45	35.9	0.986	17.5	14(13.7)	630
SLFJ125-1T 型	55	37.5	1.227	24.4	10(9.8)	550

如果正向自然风为 2 m/s 对应风机开启台数将减少 43%左右。具体计算结果

见表 8.8。

表 8.8　正向自然风为 3 m/s 对应风机开启台数

风机型号	额定功率（kW）	出口风速（m/s）	出口断面积（m^2）	风机压力（Pa）	风机台数（台）	风机总功率（kW）
SLFJ63-1T 型	18.5	43	0.312	8.36	16(15.6)	296
SLFJ90-1T 型	22	33	0.636	8.97	15(14.6)	330
SLFJ100-1T 型	37	36.5	0.786	17.3	8(7.6)	296
SLFJ112-1T 型	45	35.9	0.986	17.5	8(7.4)	360
SLFJ125-1T 型	55	37.5	1.227	24.4	6(5.4)	330

2. 前馈式射流通风方案

考虑反向自然风，计算不同风速条件下射流风机开启台数，风机反转时，区分对向列车进洞时已排出有害气体和对向列车出洞时排出两种情况。

计算时选用 SLFJ90-1T 型风机，设隧道内列车行驶速度为 80 km/h。计算结果见表 8.9。

表 8.9　反向自然风，风机正、反转配套风机

反向风速（m/s）	通风时间（min）	风机正向开启		风机反向开启				风机开启方向	实际开启台数	
				进洞已排出		出洞排出				
		台数（台）	功率（kW）	台数（台）	功率（kW）	台数（台）	功率（kW）		台数（台）	功率（kW）
1.0	15	44	968	73	1 606	34	748	反	34	748
2.0	15	51	1 122	70	1 540	32	704	反	32	704
3.0	15	70	1 540	65	1 430	27	594	反	27	594
4.0	15	106	2 332	58	1 276	20	440	反	20	440
5.0	15	186	4 092	48	1 056	12	264	反	12	264
6.0	15	427	9 394	37	814	2	44	反	2	44
7.0	15	454	9 988	24	528	0	0	反	0	0
8.0	15	485	10 670	8	176	0	0	反	0	0

计算结果说明，采用前馈式射流通风，反向自然风为 2.0 m/s 时，风机开启台数将减小。

3. 横洞送排式通风方案

考虑甫当隧道为人字形，(自拉萨端 132 m 区段坡度为 8.3‰，后续 5 800 m 区段坡度为 3‰，这两个区段沿程抬高，后续 1 536 m 区段坡度为 5‰，沿程下降)。拟利用两个横洞进行送排式通风，即从距离拉萨端 2 532 m 处横洞(长 216.54 m，与隧道中线夹角 69°23′17″)进风,从距离日喀则端 1 836 m 处横洞(长 611.21 m,与隧道中线夹角 62°41′42″)排风。具体计算如下:

(1)送风风机功率计算

反向自然风速 2.0 m/s 条件下,考虑列车最小洞内运行速度 31.7 km/h,隧道内剩余污染段长度 4 813 m,隧道内有效风速 5.35 m/s,有效通风量 172.73 m^3/s。

$$k_1=\lambda\frac{l_1}{d_e}=16.34,\qquad k_2=\lambda\frac{l_2}{d_e}=8.38,\quad k=1.5+\lambda\frac{l}{d_e}=26.23$$

自然风速 2.0 m/s,三通阻力系数 $m=1.15$。

自然风等效压差 $p_n=39.87(\mathrm{Pa})$

风道风量 $Q_0=\frac{Q}{R}=398.98(\mathrm{m^3/s})$

风道内实际风速 $v_f=14.88(\mathrm{m/s})$

风机的全压 $H=\left(\lambda_f\frac{l_f}{d}+\zeta\right)\frac{\rho v_f^2}{2}+\left(\lambda\frac{l_2}{d_e}+1+\sum\zeta\right)\frac{\rho v^2}{2}+p_n=439.76(\mathrm{Pa})$

风机的功率 $N=\frac{Q_0H}{\eta}=292.4(\mathrm{kW})$

(2)排风风机功率计算

根据能量平衡关系,计算得到排风横通道为平衡点,隧道左右两端损失压降相等,可得:

$$\left(0.5+0.02\times\frac{1\,836}{6.04}+0.5\right)\frac{\rho}{2}v_{左}^2=\left(\lambda\frac{l_2}{d_e}+1+\sum\zeta\right)\frac{\rho v^2}{2}+p_n$$

左段隧道风速 $v_{左}=7.69(\mathrm{m/s})$

隧道风量 $Q=(7.69+5.35)\times32.3=421.4(\mathrm{m^3/s})$

横通道风速 $v_s=15.7(\mathrm{m/s})$

横通道损失压降 $p_2=\left(0.021\times\frac{611.21}{5.46}+2.5\right)\frac{\rho}{2}v_s^2=454.3(\mathrm{Pa})$

隧道损失压降 $p_1=\left(\lambda\frac{l_2}{d_e}+1+\sum\zeta\right)\frac{\rho v^2}{2}+p_n=119.47+39.87=159.34(\mathrm{Pa})$

风机的功率 $N=\frac{Q(p_1+p_2)}{\eta}=430.9(\mathrm{kW})$

送风风机与排风风机功率总和为 723.3 kW。

该方案送风风机与排风风机功率总和小于射流通风方案配套功率。

4. 吸出式通风方案

由于甫当隧道呈人字形,可考虑利用横洞进行吸出式通风。在列车活塞风衰减结束后,两个横洞的风机交替运行,即列车下行时,距离日喀则端 1 836 m 处横洞风机运行,将距离拉萨端 2 532 m 处横洞风机不运行;即列车上行时,距离拉萨端

2 532 m处横洞风机运行，距离日喀则端 1 836 m 处横洞风机不运行。具体计算如下：

考虑列车出洞后 15 min 内通风结束，通风时间 $t_c'=900-300=600(\text{s})$。

左边隧道段排烟需要的风速 $v_2=\dfrac{l_c-l_1}{t_c'}=\dfrac{4\,813-1\,836}{600}=4.96(\text{m/s})$

根据横通道左右两侧能量平衡关系，计算得到右边隧道段排烟需要的风速 $v_1=8.78$ m/s（风速超过允许值 8.0 m/s，说明位置不大合理）。

需要通风机抽风量 $Q=(v_1+v_2)A=443.9(\text{m}^3/\text{s})$

斜井中气流速度 $v_s=\dfrac{Q}{A_s}=16.55(\text{m/s})$

气流在隧道中的压力损失 $p_1=\left(0.5+\lambda\dfrac{l_1}{d_e}+\zeta\right)\dfrac{\rho v_1^2}{2}=230.82(\text{Pa})$

气流在斜井中的压力损失 $p_2=\left(1.0+\lambda_s\dfrac{l_s}{d_s}+\zeta\right)\dfrac{\rho v_s^2}{2}=608.97(\text{Pa})$

自然风等效压降 $p_n=\left(0.5+\lambda\dfrac{l}{d_e}+\zeta\right)\dfrac{\rho v_n^2}{2}=39.86(\text{Pa})$

通风机全压 $H=p_1+p_2+p_n=464.2(\text{Pa})$

风机的功率 $N=\dfrac{QH}{\eta}=650.2(\text{kW})$

斜井吸出式通风方案配套风机功率比射流通风、横洞压入式通风方案低。但考虑土建条件和运营管理情况，斜井吸出式通风方案并不是最佳方案。

四、小　结

通过对色麦村隧道射流通风、横洞压入式通风、斜井吸出式通风三个方案配套风机功率计算，对达嘎山、甫当隧道射流通风、横洞送排式通风、吸出式通风三个方案配套风机功率计算。考虑日常运行运营管理、土建等情况，建议三条隧道均采用射流通风方式。

第五节　10 km 以上隧道运营通风方案

盆因拉隧道全长 10.41 km，整体道床。距离拉萨端 9 739 m 区段坡度为 7‰，其余 676 m 坡度为 3‰，均沿程抬高，即拉萨端低，日喀则端高。根据行车资料，列车通过隧道的速度 $v_0=50.2\sim73.0$ km/h，隧道横断面积 $A=32.29$ m^2；隧道水力直径 $d_e=6.04$ m，沿程阻力系数 $\lambda=0.020$，进口局部阻力系数 $\xi=0.5$，列车横断面积 $A_0=12.6$ m^2。海拔高度 3 800 m 左右，空气密度 $\rho=0.763$ kg/m^3，反向自然风风速 $v_n=2.6$ m/s，允许通风时间按列车出洞后 15 min(900 s)考虑。

三个横洞将隧道分成四个区段，横洞进口低于正洞（2 号横洞进口与正洞交汇处高差 62.74 m，3 号横洞高差 35.33 m，4 号横洞高差 17.22 m）。

一、分段式通风方案

对盆因拉隧道应首先考虑分段式通风，考虑如何利用包括隧道进出口在内的共五个通风口将新鲜风送入，使各段的污浊空气排出洞外，以缩短排烟路程从而降低通风功率。为保证当通风机工作时隧道中各段的气流互不干扰，各段气流应有各自的进口和出口。

拉日线自然风速大，热位差（热位压）作用相对较大，风向相对稳定，考虑拉日线现场实际，自然风的有效利用十分必要。

1. 方案一　2 号横洞送风至 4 号横洞与隧道交接处，4 号横洞送风，拉萨端、日喀则端隧道口排风

反向自然风速 2.6 m/s 条件下，考虑列车最小洞内运行速度 50.2 km/h，隧道内剩余污染段长度 6 557 m，活塞风衰减时间 5.8 min，隧道内有效风速 6.49 m/s，有效通风量 212.25 m^3/s；$k_1=13.24$，$k_2=11.39$，$k=26.12$。

三通阻力系数 m 取 1.1。

$$R=\frac{-mk-2+\left[(mk_2+2)^2+\left(mk_1-mk_2+\frac{kv_n^2}{v^2}\right)\times\left(mk_2+2\times\frac{A}{A_0}\cos\theta+2\right)\right]^{0.5}}{mk_1-mk_2+\frac{kv_n^2}{v^2}}$$

$=0.461\ 71$

（1）2 号横洞送风功率

横洞风量 $Q_0=459.72\ m^3/s$，横洞内实际风速 $v_f=12.5$ m/s。

横洞损失压降 $p_f=363.4$ Pa，隧道损失压降 $p=228.9$ Pa，自然风等效压差 $p_n=22.50$ Pa，断面高差 $\Delta H=14.02$ Pa。

$$风机的功率\ N=\frac{Q_0p_f+Q(P+\Delta H-p_n)}{\eta}\left(\frac{273+t_0}{273+t_1}\right)\frac{p_1}{p_2}=225(\mathrm{kW})$$

如果与隧道夹角修改为 90°，则 $R=0.469\ 3$. 如果与隧道夹角修改为 60°，则 $R=0.495\ 9$，横洞风量 Q_0 为 428.0 m^3/s，横洞内实际风速 v_f 为 11.65 m/s，风机功率 546 kW。

（2）4 号横洞送风功率

4 号横洞与隧道交接断面压降为 606.3 Pa。

隧道风速 $v_4=12.4$ m/s（超过规范要求），横洞风量 $Q_0=192.68\ m^3/s$，横洞内实际风速 $v_f=5.24$ m/s。

风机的全压＝58.30＋636.12（Pa）

风机的功率＝282 kW

该方案总功率为 507 kW。

2. 方案二　2 号横洞送风至 4 号横洞与隧道交接处，日喀则端隧道口集中送风，拉萨端及 4 号横洞排风。

1)2 号横洞送风至 4 号横洞与隧道交接处计算过程与方案一相同。

2)4 号横洞排风功率

4 号横洞与隧道交接断面压降为 606.3 Pa，隧道风速 $v_4=12.4$ m/s(超过规范要求)

横洞风量 $Q_0=404.93+212.25=617.18$ (m^3/s)，横洞内实际风速 $v_f=16.8$ m/s

风机的风压 540.4＋636.12(Pa)

风机的功率 564 kW

该方案总功率为 789 kW。

3. 方案三　2 号、4 号横洞进风，3 号横洞、拉萨端、日喀则端排风

一区段建立能量方程：

$$p_2+17.18\Delta\rho g=\left(1+0.02\,\frac{3\,437}{6.04}\right)\frac{\rho}{2}v_1^2$$

2 号横洞能量方程：

$$-62.74\Delta\rho g=p_2+\left(0.5+0.022\,\frac{1\,335}{6.39}\right)\frac{\rho}{2}v_{22}^2$$

由连续性方程有：

$$36.73v_{22}=32.69v_1+1.78\times 32.69$$

三式联立可得：

$$-11.16=4.72v_1^2+1.95v_{22}^2$$

该式不成立，只有改变流向，即拉萨端、日喀则端进风。

4. 方案四　拉萨端、日喀则端、2 号、4 号横洞进风，3 号横洞集中排风

计算得知 2 号横洞风速小(0.2 m/s)，说明横洞利用程度小。该方案实施过程中，由于压力平衡较难控制，容易在交汇段产生滞留气流。为能较好的利用 2 号横洞，考虑将 2 号横洞由进风改为排风。

5. 方案五　2 号、4 号横洞排风、拉萨端、日喀则端、3 号横洞进风

利用三个横洞将隧道划分为四个区段，3 号横洞不安装风机，作为气流通道，2 号、4 号横洞安装排风机，将污染空气排出。

(1)计算过程如下：

$$v_3=\frac{l_3}{t}=\frac{2\,400}{900}=2.67(\mathrm{m/s})\qquad Q_3=Av_3=87.18(\mathrm{m^3/s})$$

$$v_2=\frac{l_2}{t}=\frac{1\,600}{900}=1.78(\mathrm{m/s})\qquad Q_2=Av_2=58.12(\mathrm{m^3/s})$$

根据流体运动连续性方程、能量方程：

$$(35.33+21.6)\times 2g\frac{\Delta\rho}{\rho}+\left(2.0+0.02\times\frac{1\,536}{6.39}\right)v_{33}^2+0.02\times\frac{2\,400}{6.04}v_3^2$$

$$=\left(0.5+0.02\times\frac{2\,973}{6.04}\right)v_4^2+17.78\times 2g\frac{\Delta\rho}{\rho}$$

$$v_{33}=\frac{Q_2+Q_3}{36.73}=3.96(\mathrm{m/s})$$

计算得知 $v_4=4.27(\mathrm{m/s})$　$Q_4=Av_4=139.59(\mathrm{m^3/s})$

$$(35.33-14.4)\times 2g\frac{\Delta\rho}{\rho}+\left(2.0+0.02\times\frac{1\,536}{6.39}\right)v_{33}^2+0.02\times\frac{1\,600}{6.04}v_2^2$$

$$=\left(0.5+0.02\times\frac{3\,437}{6.04}\right)v_1^2+17.18\times 2g\frac{\Delta\rho}{\rho}$$

$$v_1=4.07(\mathrm{m/s})\quad Q_1=Av_1=133.14(\mathrm{m^3/s})$$

第一段损失压降 $p_1=\left(0.5+0.02\times\frac{3\,437}{6.04}\right)\frac{\rho}{2}v_1^2=48.17(\mathrm{Pa})$

$$v_{22}=\frac{Q_1+Q_2}{36.73}=4.48(\mathrm{m/s})$$

横洞损失压降 $p_2=\left(0.34+0.02\times\frac{1\,335}{6.39}+1\right)\frac{\rho}{2}v_{22}^2=42.25(\mathrm{Pa})$

自然风等效压降 $p_n=\left(1.0+0.02\times\frac{3\,437}{6.04}\right)\frac{\rho}{2}v_n^2=18.89(\mathrm{Pa})$

结合防灾，考虑选用射流风机。以柳州东亚通风系统有限公司生产的SLFJ90-1T机型为例，出口风速 $v_j=33.0\ \mathrm{m/s}$，额定功率 22 kW，出口断面积 $f=0.636\ \mathrm{m^2}$，由于风机布置方式不定，风机压力按照下式计算（安装位置损失系数 K_j 取 1.162）。

$$p_j=\rho v_j^2\varphi(1-\psi)\frac{1}{K_j}=0.763v_j^2\frac{f}{32.69}\left(1-\frac{6.09}{v_j}\right)\frac{1}{1.162}=0.020\,09v_j^2 f\left(1-\frac{6.09}{v_j}\right)$$

得风机压力 $p_j=11.36(\mathrm{Pa})$

2 号横洞风机台数 $n=\frac{p_1+p_2+p_n}{11.36}=10$ 台，风机总功率 220 kW。

根据《铁路隧道防灾救援疏散工程设计规范》（TB 10020—2012），紧急出口、避难所或紧急救援站，应设置机械加压防烟系统，防烟系统的余压值应为 40～50 Pa。考虑压力损失，风机与火源点距离按照 2 km 考虑，增加 6 台 SLFJ90-1T 机型风机。

$$v_5=\frac{Q_3+Q_4}{36.73}=6.17(\mathrm{m/s})$$

第四段损失压降 $p_4=\left(0.5+0.02\times\frac{2\,973}{6.04}\right)\frac{\rho}{2}v_4^2=71.95(\mathrm{Pa})$

横洞损失压降 $p_{xj}=\left(3.3+0.022\times\frac{1\,076}{6.39}+1\right)\frac{\rho}{2}v_5^2=116.25(\text{Pa})$

自然风等效压降 $p_n=\left(0.5+0.02\times\frac{2\,973}{6.04}\right)\frac{\rho}{2}v_n^2=15.8(\text{Pa})$

考虑选用 SLFJ90-1T 射流风机，4 号横洞风机台数 18 台，风机功率 396 kW，根据防灾救援要求，余压值应为 40～50 Pa，因此增加 6 台 SLFJ90-1T 机型风机。

(2)风机配置考虑：

①为了更有效地利用活塞风，在拉萨端及日喀则端分别设置射流风机，在部分情况下可以使新鲜空气长度大于进(出)口与横洞之间的间距。

②考虑防灾救援疏散，为便于控制烟雾，在拉萨端及日喀则端分别设置射流风机。

③3 号横洞作为气流通道，所安装风机在火灾工况下开启，正常运营情况不运行。

④第一组射流风机应安装距离隧道(横洞)口 120 m 以上位置。

⑤隧道发生火灾时，射流风机及附属设备、外接配电线路等满足在 250 ℃的烟气中正常工作 60 min 以上。

风机控制以自动控制为主，手动控制为辅。由传感器传递有害气体浓度信号，根据时间和浓度实施控制。CO 浓度大于 15 mg/m^3，风机开启；小于 15 mg/m^3，风机关停。NO_2浓度大于 5 mg/m^3，风机开启；小于 5 mg/m^3，风机关停。

射流风机配置见表 8.10。

表 8.10　射流风机配置表

位置	台数(台)	功率(kW)	型　号	备　　注
拉萨端	6	132	SLFJ90-1T	
2 号横洞	10	176	SLFJ90-1T	正常运营情况开启 4 台，火灾工况全部开启
3 号横洞	4	88	SLFJ90-1T	火灾工况下开启(进风)，正常运营情况不运行
4 号横洞	12	220	SLFJ90-1T	正常运营情况开启 10 台，火灾工况全部开启
日喀则端	8	176	SLFJ90-1T	

注：1. 正常运营通风风机数量为 28 台，火灾工况下增加 12 台。

2. 考虑为了便于控制，火灾工况放置在一个位置(2 号、3 号横洞)。

探头布置建议设置在人字坡最高断面 DK142＋750，距离日喀则端 1.0 km，距离拉萨端 2.0 km、1.1 km 四处设置传感器(CO、NO_2)，每个断面设置两套(一用一备)。

(3)考虑风机从启动到满负荷运行需要 2 min 多。建议同时满足以下两个条件时开启风机。

①列车出洞后 3 min；

②某一断面单个传感器检测指标超过规定值：CO 浓度大于 15 mg/m^3，NO_2浓度大于 5 mg/m^3；或四个断面检测值平均超过规定值：CO 浓度大于 7.5 mg/m^3，NO_2浓

度大于 2.5 mg/m^3。

6. 推荐方案

对盆因拉隧道进行了五种方案比较。

(1)2 号横洞送风至 4 号横洞与隧道交接处,4 号横洞送风,拉萨端、日喀则端隧道口排风;

(2)2 号横洞送风至 4 号横洞与隧道交接处,日喀则端隧道口集中送风,拉萨端及 4 号横洞排风;

(3)2 号、4 号横洞进风,拉萨端、日喀则端、3 号横洞排风;

(4)拉萨端、日喀则端、2 号、4 号横洞进风,3 号横洞集中排风;

(5)2 号、4 号横洞排风、拉萨端、日喀则端、3 号横洞进风。

推荐方案五作为运营通风方案。结合防灾,选用射流风机。正洞内安装风机开启后风向应与车行方向一致。

二、横洞送(排)风与射流风机组合方案

利用两个横洞将隧道通风分成三个区段,横洞采用中间隔板分隔,一半为排风通道,一半为送风通道。启动隧道进口附近的射流风机、排风风机,将新鲜风从隧道进口送入隧道一区段,废气从第一个横洞排出;启动隧道出口附近的射流风机、送风风机,将新鲜风从第二个横洞(斜井)送入隧道三区段,污染空气从隧道出口排出。中间二区段利用隧道内射流风机及两个横洞的送、排风风机送入新鲜风,排出污染空气(图 8.3)。这种通风方式,废气的排出及新鲜风的送入可以根据需要组合使用,可以只排出废气不送新鲜风,也可以不排出废气只送新鲜风。理论上,这种组合可以实现更长隧道的通风,能耗相对较低。

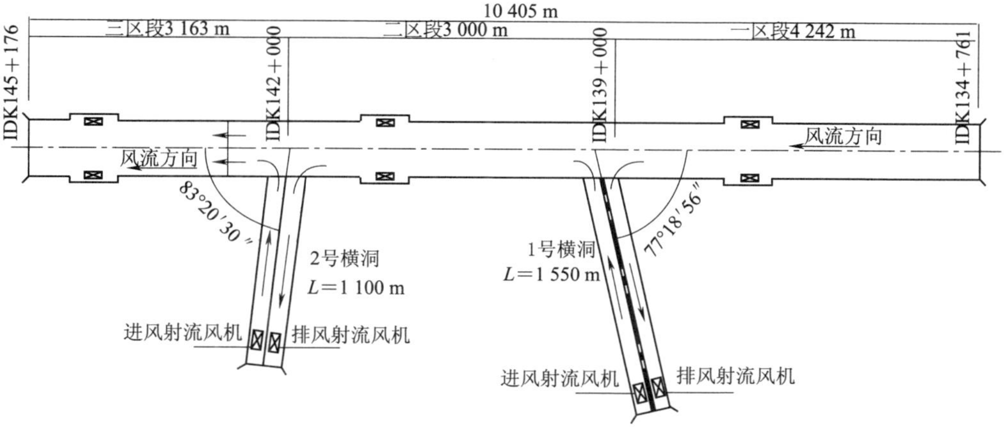

图 8.3　横洞送(排)风与射流风机组合方案计算模式图

计算过程如下：

(1)一区段：

反向自然风速 2.0 m/s 条件下，考虑列车最小洞内运行速度 50.2 km/h，隧道内剩余污染段长度 6 902 m，活塞风衰减时间 5.8 min。

1)射流风机功率计算

隧道内有效风速 $v=\frac{l_c-6\,166}{(15-t_s)\times60}\times1.1=1.47(\text{m/s})$

有效通风量 $Q=Av=47.40\text{m}^3/\text{s}$

$$k_1=\lambda\frac{l_1}{d_e}=20.42,\quad k_2=\lambda\frac{l_2}{d_e}=14.55,\quad k=1.5+\lambda\frac{l}{d_e}=36.0$$

自然风速 2.0 m/s，三通阻力系数 $m=1.1$。

自然风等效压差 $p_n=22.12(\text{Pa})$

隧道损失压降 $p=11.95(\text{Pa})$

若选用 SLFJ90-1T 型射流风机，功率 22 kW，出口压力 p_j 按照 8.97 Pa 计，需要射流风机台数为：

$n=\frac{p+p_n}{p_j}=3.8$(台)，选用 4 台，配套功率 88 kW。

2)排风风机功率计算

风道的风量、风道口的局部阻力、以及风机的全压都与风道面积有关。计算得知：

$$R=0.614\,9$$

风道风量 $Q_0=\frac{Q}{R}=192.7(\text{m}^3/\text{s})$

风道内实际风速 $v_f=8.17(\text{m/s})$

风机的全压 $H=\left(\lambda_f\frac{l_f}{d}+\zeta\right)\frac{\rho v_f^2}{2}=201.86(\text{Pa})$

风机的功率 $N=\frac{Q_0H}{\eta}=64.8(\text{kW})$

(2)二区段

1)射流风机功率计算

洞内风速 $v=\frac{3\,000}{15\times60}\times1.1=3.67(\text{m/s})$

隧道损失压降 $p=0.02\times\frac{3\,000}{6.04}\frac{\rho v^2}{2}=50.8(\text{Pa})$

选用 SLFJ90-1T 型射流风机，功率 22 kW，出口压力 p_j 按照 8.97 Pa 计，需要射流风机台数为：

$n=\dfrac{p+p_n}{p_j}=5.7$(台),选用 6 台,配套功率 132 kW。

2)送风风机功率计算

$$R=0.3958$$

风道风量 $Q_0=\dfrac{3.67\times 32.3}{R}=299.5(\mathrm{m^3/s})$

风道内实际风速 $v_f=12.69(\mathrm{m/s})$

风道损失压降 $p=\left(\lambda_f\dfrac{l_f}{d}+\zeta\right)\dfrac{\rho v_f^2}{2}=506.7(\mathrm{Pa})$

自然风等效压差 $p_n=0.02\times\dfrac{3\,000}{6.04}\times\dfrac{\rho v_n^2}{2}=15.1(\mathrm{Pa})$

风机的功率 $N=\dfrac{Q_0 p+Q p_n}{\eta}=256(\mathrm{kW})$

3)排风风机功率计算

$k_1=0.02\times\dfrac{3\,163}{6.04}=10.47, k_2=0.02\times\dfrac{10\,410-3\,163}{6.04}=24.0, k=1.5+\lambda\dfrac{l}{d_e}=36.0$

$R=0.4799$

风道风量 $Q_0=\dfrac{Q}{R}=247.0(\mathrm{m^3/s})$

风道内实际风速 $v_f=10.47(\mathrm{m/s})$

风机的全压 $H=\left(\lambda_f\dfrac{l_f}{d}+\zeta\right)\dfrac{\rho v_f^2}{2}=325.4(\mathrm{Pa})$

风机的功率 $N=\dfrac{Q_0 H}{\eta}=133(\mathrm{kW})$

(3)三区段:

1)射流风机功率计算

洞内风速 $v=\dfrac{3\,163}{15\times 60}\times 1.1=3.87(\mathrm{m/s})$

隧道损失压降 $p=\left(1+0.02\times\dfrac{3\,163}{6.04}\right)\dfrac{\rho v^2}{2}=65.3(\mathrm{Pa})$

选用 SLFJ90-1T 型射流风机,功率 22 kW,出口压力 p_j 按照 8.97 Pa 计,需要射流风机台数为:

$n=\dfrac{p}{p_j}=7.3$(台),选用 8 台,配套功率 176 kW。

2)排风风机功率计算

$$k_1=\lambda\frac{l_1}{d_e}=10.47,\quad k_2=\lambda\frac{l_2}{d_e}=24.0,\quad k=1.5+\lambda\frac{l}{d_e}=36.0$$

自然风速 2.0 m/s,三通阻力系数 $m=1.1$。

$$R=0.5134$$

风道风量 $Q_0=\dfrac{Q}{R}=243.5(\text{m}^3/\text{s})$

风道内实际风速 $v_f=10.32(\text{m/s})$

风道损失压降 $p=\left(\lambda_f\dfrac{l_f}{d}+\zeta\right)\dfrac{\rho v_f^2}{2}=306.9(\text{Pa})$

自然风等效压差 $p_n=\left(1+0.02\times\dfrac{3163}{6.04}\right)\times\dfrac{\rho v_n^2}{2}=17.43(\text{Pa})$

风机的功率 $N=\dfrac{Q_0 p+Qp_n}{\eta}=128(\text{kW})$

计算结果汇总见表 8.11。

表 8.11 横通道送(排)风与射流风机组合方案计算结果

通风时间(min)	洞内风速			射流风机						轴流风机				功率合计(kW)
				一区		二区		三区		1 号横洞		2 号横洞		
	一区(m/s)	二区(m/s)	三区(m/s)	台数(台)	功率(kW)	台数(台)	功率(kW)	台数(台)	功率(kW)	送风(kW)	排风(kW)	送风(kW)	排风(kW)	
15	1.47	3.67	3.87	4	88	6	132	8	176	260	65	128	133	982

鉴于现场风速较大,为了有效利用自然风,节约能耗,该方案具体实施过程中可考虑采用前馈式控制方案。

三、送排组合式通风方案

根据第五章模拟计算结果,选择距离日喀则端 3 455 m 的斜井作为送排风通道(图 8.4)比较合理。具体设计参数为:

送风口断面积 $A_b=12(\text{m}^2)$

排风口断面积 $A_e=23.6(\text{m}^2)$

$$\beta=60^\circ$$

$$\alpha=0^\circ$$

排风道段长度 $l_1=3455$ m,短风道段长度 $l_s=56$ m,送风道段长度 $l_4=6927$ m。

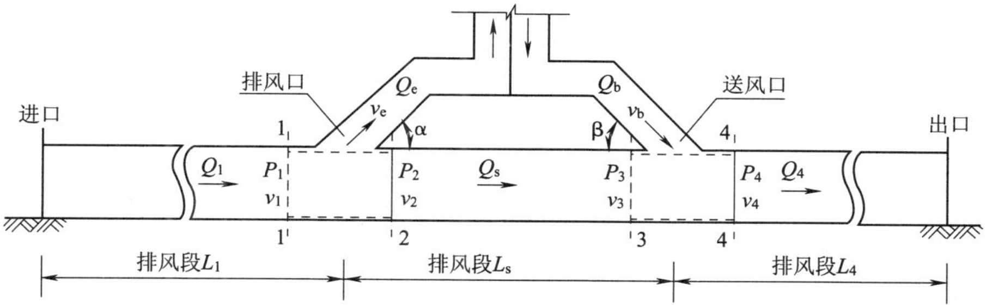

图 8.4　送排组合通风模式图

$$v_4=\frac{3\ 427}{900}=3.87(\text{m/s})\qquad Q_4=125.0(\text{m}^3/\text{s})$$

$$v_1=\frac{3\ 427}{9.2\times 60}=6.21(\text{m/s})\qquad Q_1=200.6(\text{m}^3/\text{s})$$

根据流量分配公式计算排风量：

$$k_1=\lambda\frac{l_4+l_s}{de}=11.53,\quad k_2=\lambda\frac{l_1}{de}=22.94,\quad k=1.5+\lambda\frac{l}{de}=36.0$$

三通阻力系数 $m=1.2$。

$$R=\frac{mk_2-2+\left[(-mk_2+2)^2+\left(4+mk_1-mk_2+\frac{kv_n^2}{v_1^2}\right)\times\left(-mk_2+2\times\frac{32.3}{26.8}\cos\theta+2\right)\right]^{0.5}}{4+mk_1-mk_2+\frac{kv_n^2}{v_1^2}}$$

$=0.51$

$$\frac{Q_s}{Q_e}=\frac{Q_1-Q_e}{Q_e}=0.51$$

$$Q_e=132.8(\text{m}^3/\text{s})\quad v_e=5.63(\text{m/s})\quad Q_s=67.7(\text{m}^3/\text{s})$$

排风升压 $p_{e1}=17.16(\text{Pa})$

隧道损失压降 $p_1=347.85(\text{Pa})$

排风道损失压降 $p_e=58.41(\text{Pa})$

自然风等效压降 $p_n=36.08(\text{Pa})$

排风机设计风压 $p=1.1\times(p_{e1}+p_1+p_e+p_n)=507.459(\text{Pa})$

排风机功率 $N=\dfrac{Q_e p_e+Q_1(p_{e1}+p_n+p_1)}{\eta}=147(\text{kW})$

根据流量分配公式计算送风量：

$$k_1=\lambda\frac{l_4}{d_e}=11.35,\quad k_2=\lambda\frac{l_1+l_s}{d_e}=23.12,\quad k=1.5+\lambda\frac{l}{d_e}=36.0$$

三通阻力系数 $m=1.2$

$$R=0.61$$

$$\frac{Q_4}{Q_b}=0.51 \quad Q_b=204.9(m^3/s) \quad v_b=17.07(m/s)$$

$Q_s=Q_4-Q_b=79.9(m^3/s)$（与图示流动方向相反），实际 $Q_s=79.9-67.6=120.3(m^3/s)$，对应流速 $v_s=0.38$ m/s，流动方向与图示相反，产生回流。

送风升压 $p_{b1}=75.56(Pa)$

隧道损失压降 $p_4=74.26(Pa)$

送风道损失压降 $p_b=499.65(Pa)$

自然风等效压降 $p_n=19.83(Pa)$

送风机设计风压 $p=1.1\times(p_{b1}+p_4+p_b+p_n)=736.23(Pa)$

风机功率 $N=\dfrac{Q_b p_b+Q_4(p_{b1}+p_n+p_4)}{\eta}=206(kW)$

送排组合式方案在公路隧道已经应用。而公路隧道活塞风作用相对铁路隧道较小。该方案在盆因拉隧道实施过程中，需要配套射流风机调压，而且活塞风对风机的开启影响较大。因此，该方案不宜作为最佳方案。

四、横洞送风、斜井集中排风方案

利用两个横洞、一个斜井将隧道划分为四个区段，距离拉萨端 1 970 m 的横洞和距离日喀则端 3 455 m 的斜井不安装风机，作为气流通道，隧道中部横洞（距离拉萨端 4 360 m，距离日喀则端 6 065 m）安装排风机，实施排风。

计算过程如下：

$$v_3=\frac{l_3}{t}=\frac{2\ 610}{900}=2.90(m/s) \qquad Q_3=Av_3=93.67(m^3/s)$$

$$v_2=\frac{l_2}{t}=\frac{2\ 610}{900}=2.66(m/s) \qquad Q_2=Av_2=85.92(m^3/s)$$

根据流体运动连续性方程、能量方程：

$$\left(2.0+0.02\times\frac{1\ 560}{5.46}\right)v_{44}^2+0.02\times\frac{2\ 390}{6.04}v_2^2=\left(0.5+0.02\times\frac{1\ 970}{6.04}\right)v_1^2$$

$$v_{44}=\frac{Q_2+Q_3}{26.8}=6.70(m/s)$$

计算得知 $v_1=7.7(m/s) \quad Q_1=Av_1=248.97(m^3/s)$

$$\left(2.0+0.02\times\frac{1\ 560}{5.46}\right)v_{44}^2+0.02\times\frac{2\ 610}{6.04}v_3^2=\left(0.5+0.02\times\frac{3\ 455}{6.04}\right)v_4^2$$

$$v_4=6.03(m/s) \quad Q_4=Av_4=194.68(m^3/s)$$

第一段损失压降 $p_1=158.2(Pa)$

$$v_{33}=\frac{Q_1+Q_2}{26.8}=12.9(\text{m/s})$$

横洞损失压降 $p_2=517.44(\text{Pa})$

自然风等效压降 $p_n=11.44(\text{Pa})$

风机功率 $N=\dfrac{(p_n+p_1)Q_1+p_2(Q_1+Q_2)}{\eta}=359(\text{kW})$

$$v_5=\frac{Q_3+Q_4}{26.8}=10.76(\text{m/s})$$

第四段损失压降 $p_4=165.0(\text{Pa})$

斜井损失压降 $p_{xj}=314.9(\text{Pa})$

自然风等效压降 $p_n=18.15(\text{Pa})$

风机功率 $N=\dfrac{(p_4-p_n)Q_4+p_{xj}(Q_3+Q_4)}{\eta}=200(\text{kW})$

风机功率总功率 559 kW。

由于横洞距离拉萨端 1 970 m，第一段隧道内风速太大。将该横洞设置在距离拉萨端 4 000 m 左右处比较合理，这样一、二段风速较为接近，也便于进行平衡计算。该方案配套风机功率小，但横洞、斜井位置需要根据施工方案确定。此方案可作为比选方案。

五、利用平导与射流风机组合进行送排式通风方案

结合施工方案，在烟气段适当位置设置两处横通道将隧道与平导连通，两处横通道一处排风，将废气从平导洞口排出，一处送风，从平导送入新鲜空气，将废气从隧道口压出。隧道内的损失压降一部分由送、排风机承担，剩余压降由射流风机承担。

计算过程如下：

平导断面与错车道断面相同，断面面积 $A=47.21\ \text{m}^2$，当量直径 $de=7.22$ m。

根据压力平衡关系，计算得知，横通道分别设置在距离拉萨端 4 390 m 处，距离日喀则端 4 500 m 处，两个横通道间距 1 517 m。

(1)下游段：

1)射流风机功率计算

全部烟气在规定 15 min 排出，隧道内风速 $v=\dfrac{4\,500}{900}=5.0(\text{m/s})$

该段损失压降 $p=\left(1+\lambda\dfrac{l}{d_e}\right)\dfrac{\rho v^2}{2}=151.0(\text{Pa})$

选用 SLFJ90-1T 型射流风机，功率 22 kW，出口压力 p_j 按照 8.97 Pa 计，需要射流风机台数为：

$n=\frac{p}{p_{\mathrm{j}}}=16.8$(台)，选用 17 台，配套功率 374 kW。

2)送风机功率计算

自然风等效压差

$$p_{\mathrm{n}}=\left(1+0.02\times\frac{4\,500}{6.04}\right)\times\frac{\rho v_{\mathrm{n}}^2}{2}=24.17(\mathrm{Pa})$$

$$k_1=\lambda\frac{4\,500}{d_{\mathrm{e}}}=14.9,\quad k_2=\lambda\frac{5\,910}{d_{\mathrm{e}}}=19.6,\ k=1.5+\lambda\frac{l}{d_{\mathrm{e}}}=36.0$$

自然风速 2.6 m/s，三通阻力系数 $m=1.1$。

轴流风机提供风量向隧道下游段、中间段分配，流量比为：

$$R=\frac{-mk_2-2+\left[(mk_2+2)^2+\left(mk_1-mk_2+\frac{kv_{\mathrm{n}}^2}{v_1^2}\right)\times\left(mk_2+2\times\frac{32.3}{26.8}\cos\theta+2\right)\right]^{0.5}}{mk_1-mk_2+\frac{kv_{\mathrm{n}}^2}{v_1^2}}$$

$$=0.50$$

平导风量 $Q_0=\frac{5\times 32.3}{R}=323.0(\mathrm{m^3/s})$

平导实际风速 $v_{\mathrm{f}}=6.84(\mathrm{m/s})$

平导损失压降 $p=230.51(\mathrm{Pa})$

自然风等效压差 $p_{\mathrm{n}}=23.41(\mathrm{Pa})$

连接横通道损失压降 $p_{\mathrm{h}}=28.74(\mathrm{Pa})$

风机的功率

$$N=\frac{Q_0(p+p_{\mathrm{h}})p+Qp_{\mathrm{n}}}{\eta}=145(\mathrm{kW})$$

(2)中间段：

下游轴流风机提供风量向隧道下游段、中间段分配

该段洞内风速与自然风同向，$v=\frac{323-32.3\times 5}{32.3}=5.00(\mathrm{m/s})$

隧道损失压降 $p=47.72(\mathrm{Pa})$

自然风等效压差 $p_{\mathrm{n}}=7.63(\mathrm{Pa})$

选用 SLFJ90-1T 型射流风机，功率 22 kW，出口压力 p_{j} 按照 8.97 Pa 计，需要射流风机台数为：

$n=\frac{p-p_{\mathrm{n}}}{p_{\mathrm{j}}}=4.5$(台)，选用 5 台，配套功率 110 kW。

(3)上游段：

1)射流风机功率计算

洞内风速 $v=\frac{6\,902.4-4\,390}{(15-5.8)\times 60}=4.55(\text{m/s})$

隧道损失压降 $p=114.3(\text{Pa})$

自然风等效压差 $p_n=23.69(\text{Pa})$

选用 SLFJ90-1T 型射流风机，功率 22 kW，出口压力 p_j 按照 8.97 Pa 计，需要射流风机台数为：$n=\frac{p+p_n}{p_j}=15.4$(台)，选用 16 台，配套功率 352 kW。

2)排风机功率计算

上游段、中间段气流通过该段平导排出洞外，平导段风量为：

$$Q=(5+4.55)\times 32.3=308.46(\text{m}^3/\text{s})$$

平导段风速 $v_f=6.53(\text{m/s})$

平导损失压降 $p=205.15(\text{Pa})$

连接横通道损失压降 $p_h=26.19(\text{Pa})$

风机的功率 $N=\frac{Q(p_h+p)}{\eta}=118(\text{kW})$

该方案计算结果汇总见表 8.12。

表 8.12　利用平导与射流风机组合进行送排式通风方案计算结果

通风时间(min)	洞内风速(m/s)			射流风机						轴流风机		功率合计(kW)
	上游段	中间段	下游段	上游段		中间段		下游段		风(kW)	送风(kW)	
				台数(台)	功率(kW)	台数(台)	功率(kW)	台数(台)	功率(kW)			
15	4.55	5.0	5.0	16	352	5	110	17	374	118	145	1 099

平导方案施工是否采用有待最终确定，该方案与横洞送(排)风与射流风机组合方案原理相同，但风机配套功率比横洞送(排)风与射流风机组合方案大。因此，不作为最佳方案。

六、小　　结

对盆因拉隧道进行了分段式通风、横洞送(排)风与射流风机组合、送排组合式通风、横洞送风＋斜井集中排风、平导与射流风机组合送排式通风等方案配套风机功率计算。建议采用分段式通风，即 2 号、4 号横洞排风、拉萨端、日喀则端、3 号横洞进风方案。结合防灾，选用射流风机。正洞内安装风机开启后风向应与车行方向一致。

参 考 文 献

[1] http://bbs. hasea. com/thread-253449-1-1. html.

[2] http://iask. sina. com. cn/b/17989268. html.

[3] 王效良,赵勇．从数字看中国铁路隧道的建设．现代隧道技术,2006,43(5):7-22.

[4] 李茂淦．单线铁路隧道射流通风的研究—焦柳线牙已隧道射流通风研究试验结果．铁道建筑,1995,(2):2.

[5] 铁道部第二勘测设计院编．铁路设计技术手册—隧道．北京:中国铁道出版社,1995.

[6] 刘蓓．拉日线铁路隧道运营通风研究:(硕士学位论文)．成都:西南交通大学,2005.

[7] M. S. Howe,Lida. Influence of separation on the compression wave generated by a train entering a tunnel. Intenational Jounal of Aeroacoustics, 2003, 2(1):13-33.

[8] Mame William-Loui, Claude Tournier. A wave signature based method for the prediction of pres-sure transients in railway tunnels. Journal of Wind Engineering and Industrial Aerodynamles,2005,(93):521-531.

[9] M. S. Howe. Design of a tunnel entrance hood with multiple windows and variable cross section. Journal of Fluids and Structures, 2003, 17:1111-1121.

[10] Fukuda, Ozawa, Iida, etc. Propagation of compression wave in a long tunnel with slab tracks. Qua-rterly Report of RTRJ,2005,46(3):188-93.

[11] W. K. Chow,K. Y. Wong,W. Y. Chung. Longitudinal ventilation for smoke control in a tilted tun-nel by scale modeling. Tunnelling and Underground Space Technology,2010,25:122-128.

[12] Brousse, B. , Perard, M. , Voeltzel, A. , Botlan, Y. L. ,Ventilation and fire tests in the Mont BlancTunnel to better understand the catastrophic fire of March 24th, 1999. In: Third International Confe-rence on Tunnel Fires and Escape from Tunnels, Washington DC, USA, 9-11October 2001,211-222.

[13] F. Colella, G. Rein, R. Carvel, P. Reszka, J. L. Torero. Analysis of the ventilation systems in the Dartford tunnels using a multi-scale modelling approach. Tunnelling and Underground Space Technology,2010,25:423-432.

[14] Robert Gehrig,Matz Hill, etc. Contribution of railway traffic to local PM10 concentrations in Switzerland. Atmospheric Environment,2007,41:923-933.

[15] Jae Seong Roh a, Hong Sun Ryou. Critical velocity and burning rate in pool fire during longitudinal ventilation. Tunnelling and Underground Space Technology,2007,22:262-271.

[16] Ripanucci,G. ,Grana,M. ,Vicentini,L. ,Magrini,A. . Dust in the underground railway tunnels

of an Italian town. Journal of Occupational and Environmental Hygiene,2006,3:16-25.
[17] J. C. Raut, P. Chazette, A. Fortain. Link between aerosol optical, microphysical and chemical measure-ments in an underground railway station in Paris. Atmospheric Environment,2009, 43:860-868.
[18] 铁道部第二勘测设计院编．铁路隧道运营通风设计规范．北京:中国铁道出版社,2011.
[19] 卢传福．铁路隧道运营通风方式发展方向之我见．铁道建筑,1997,12(5):32-33.
[20] 杨昌智,孙一坚．铁路双线隧道通风的空气动力特性．湖南大学学报,1997,24(2):86-91.
[21] 孙一坚．铁路双线隧道通风的模型试验研究．湖南大学学报,1994,21(6):112.
[22] 李炎,高孟理等．列车与隧道环隙空间流场特性的研究．铁道学报,2009,31(6):117-120.
[23] 李炎,高孟理等．铁路隧道列车活塞风的理论研究与计算方法的探讨．铁道学报,2010, 32(6):140-145.
[24] 李炎．铁路隧道列车活塞风特性分析及理论研究:(博士学位论文)．兰州:兰州交通大学,2010.
[25] 史晓蕾．铁路隧道内热湿环境与通风研究:(硕士学位论文)．成都:西南交通大学,2007.
[26] Jojo S. M. Li, W. K. Chow. Numerical studies on performance evaluation of tunnel ventilation safety. Tunnelling and Underground Space Technology,2003,18: 435-452.
[27] 徐志胜．运行旅客列车隧道火灾模型实验及数值模拟．铁道学报,2004,26(1):124-128.
[28] 曾满元,张开鑫．电气化铁路隧道移动式运营通风系统研究．现代隧道技术,2004,41(1): 19-21.
[29] 张学富,赖远明,喻文兵．寒区隧道三维温度场数值分析．铁道学报,2003,25(3):84-90.
[30] Y. M. Lai etc. Nonlinear analysis for the coupled problem of temperature and seepage fields in cold-region tunnels. Cold Regions Science and Technology,1999,29(1):89-96.
[31] Lai Yuanming, Liu Songyu, Wu Ziwang, Yu Wenbing. Approximate analytical solution for tempera-ture fields in cold regions circular tunnels. Cold Regions Science and Technology, 2002,13(4):43-49.
[32] 何春雄,吴紫汪,朱林楠．严寒地区隧道围岩冻结状况分析的对流换热模型．中国科学, 1999,29(增刊 1):1-7.
[33] 舒磊,楼文虎,王连俊．羊八井隧道地温分析．冰川冻土,2003,25(增刊 1):24-29.
[34] 刘蓓,余南阳,赵海恒．青藏铁路隧道内有害气体浓度标准探讨．铁道劳动安全卫生与环保, 2008,35(2):83-87.
[35] 李琰,史有仓,穆娟等．奎先运营隧道空气质量卫生学评价．铁道劳动安全卫生与环保, 2000,27(3):179-182.
[36] 吴国雄．我国青藏高原气候动力学研究的近期进展．第四纪研究,2004,24(1):1-9.
[37] Y. M. Lai etc. Nonlinear analysis for the coupled problem of temperature, seepage and stress fields in cold-region tunnels. Tunneling and Underground Space Technology, 1998, 13(4): 435-436.
[38] PoPe C W. The simulation of flows in railway tunnel using 1/25th scale moving model

facility. In: Proc. 7th ISAVVT, British Railways Board, 1991:709-737.

[39] 乜凤鸣．寒冷地区隧道气温状态．冰川冻土,1988,10(4):450-453.

[40] Zhang Xuefu, Yu Wenbing, Wang Cheng, etc. Three-dimensional nonlinear analysis of coupled problem of heattransfer in the surrounding rock and heat convection between the air and the surrounding rock in the Fenghuo mountain tunnel. Cold Regions Science and Technology, 2006, 44:38-51.

[41] 梁淦波,聂玉文．石牙山隧道运营通风方案比选．四川建筑,2005,25(1):115-117.

[42] 王东,胡松涛,张瑜．青藏高原气候对旅客列车室内环境品质的影响．暖通空调,2005,35(5):23-25.

[43] 晁庚奇．青藏高原高寒地区长大隧道通风技术．隧道/地下工程, 2007,1:74-76.

[44] 朱德康．基于智能控制的隧道通风节能系统的研究:(硕士学位论文)．湖南:湖南大学,2007.

[45] 谷柏森．隧道高地温应对措施及通风设计-高黎贡山铁路特长隧道可行性研究．现代隧道技术,2007,44(2):66-71.

[46] 纪杰．地铁站火灾烟气流动及通风控制模式研究:(博士学位论文)．合肥:中国科学技术大学,2008.

[47] 杨晖,贾力,杨立新．活塞风对地铁隧道内烟气扩散特性影响的数值模拟．中国安全科学学报,2008,18(11):36-40.

[48] 何丹农．隧道通风问题研究和净化隧道有机气体研究方案．第四届中国隧道国际峰会,上海,2010.

[49] 甘甜,王伟,赵耀华．地铁活塞风 Fluent 动网格模型的建立与验证．建筑科学,2011,27(8):75-81.

[50] 刘伊江．地铁隧道内列车活塞风的计算方法．都市快轨交通,2006,19(3):55-58.

[51] 贺江波,边志美,吴喜平．列车经过某单线无竖井隧道时的活塞风速计算．上海节能,2006,6:83-87.

[52] 王韦,陈正林,魏鸿．高速铁路隧道内列车活塞风和空气阻力的解析计算．世界隧道,1999,1:63.

[53] 任明亮,陈超,郭强等．地铁活塞风的分析计算与有效利用．上海交通大学学报,2008,42(8):1376-1380.

[54] 顾红生,赵毅山．磁悬浮列车在隧道内影响活塞风速的因素．同济大学学报,2003,31(3):324-328.

[55] 贺江波,吴喜平,边志美．无竖井单线隧道活塞风影响因素分析．城市轨道交通研究,2007,3:46-50.

[56] Kim JY, Kim KY. Experimental and numerical analyses of traininduced unsteady tunnel flow in subway. Tunneling and Underground Space Technology, 2007, 22(2):166-172.

[57] 王丽慧,吴喜平．地铁活塞风对车站环控速度场的影响．地下空间与工程学报,2007,3(1):161-166.

[58] 王丽慧．地铁活塞风与地铁环控节能：(博士学位论文)．上海：同济大学，2007.
[59] 黄鹏．地铁隧道及车站内流动特性的数值模拟研究：(硕士学位论文)．北京：北京交通大学，2007.
[60] 杨晖．地铁列车活塞风对站台空气环境影响的数值模拟．北京建筑工程学院学报，2007，23(2)：8-13.
[61] Ogawa T，Fujii K. Rical investigation of three-dimensional compressible flows induced by a trainmoving into a tunnel. Computers & Fluids，1997，26(6)：565-585.
[62] Chang-Hoon Shin，Warn-Gyu Park. Numerical study of flow characteristics of the high speed tra-in entering into a tunnel. Mechanics Research Communications，2003，30(4)：287-296.
[63] 刘丹，杨立中，于苏俊．运营隧道空气污染研究的现状与发展．铁道工程学报，2006，62(4)：62-65.
[64] 冯炼．新龙门隧道射流通风与污染物浓度的数值分析．西南交通大学学报，1997，32(2)：203-207.
[65] 兰州铁道学院．双线铁路隧道运营射流通风技术研究．兰州：兰州铁道学院，1996.
[66] 铁道第一勘察设计院等．秦岭特长隧道修建技术电化特长单线隧道运营通风必要性及综合配技术．兰州：铁道第一勘察设计院，2002.
[67] 梁文灏，李国良．乌鞘岭特长隧道方案设计．现代隧道技术，2004，41(2)：1-7.
[68] 中铁二院工程集团有限责任公司．铁路隧道运营通风设计规范(TB 10068—2010)．北京：中国铁道出版社，2010.
[69] 中铁第一勘察设计院集团有限公司，兰州交通大学．羊八井、关角、奎先隧道有害气体监测报告．西安：中铁第一勘察设计院集团有限公司，2008.
[70] 中铁第一勘察设计院集团有限公司，石家庄铁道大学，兰州交通大学. 高原隧道长距离施工通风与安全保障措施研究阶段报告．西安：中铁第一勘察设计院集团有限公司，2009.
[71] 范建成，李恩惠，陈德景．大秦铁路隧道内有害因素调查．工业卫生与职业，2001，27(4)：233-235.
[72] http://ct. cctv. com/20100519/103031. shtml.
[73] 袁文忠．乌鞘岭特长铁路隧道空气环境质量调查分析．环境研究与监测，2009，22(1)：29-32.
[74] http://www. hudong. com/wiki/.
[75] 中华人民共和国铁道部．铁路运营隧道空气中机车废气允许浓度和测试方法(TB/T 1912—2005)．北京：中国铁道出版社，2005.
[76] 铁道部劳动卫生研究所工业毒物研究室．关于运营隧道内空气中内燃机车废气容许浓度的建议．铁道劳动安全卫生与环保，1978，6(1)：11-26.
[77] 吴延民．NJ2 型机车主要技术特点及初期运用情况(上)．内燃机车，2009，419(1)：2-5.
[78] 陈信，袁修干．青藏高原气候对旅客列车室内环境品质的影响．人机环境系统工程生理学基础，北京：北京航空航天大学出版社，2000.
[79] 贾司光．青藏高原气候对旅客列车室内环境品质的影响．生理学与防护装备，北京：人民军

医出版社,1989.
[80] 格央．高原气候环境与人类健康．西藏科技,2006,156(4):50-51.
[81] 陈定梅,吴明芳．山南雅鲁藏布江中游干季沙尘天气的气候特征、成因分析及预防．西藏科技,2007,177(12):50-53.
[82] 孙三祥,张云霞,李国良等．高海拔隧道内燃牵引运营通风标准研究．铁道工程学报,2011,156(9):70-74.
[83] 金学易,陈文英．隧道通风及隧道空气动力学．北京:中国铁道出版社,1983.
[84] 秦仁佩．青藏铁路羊八井一号隧道设计与施工技术研究:(硕士学位论文)．成都:西南交通大学,2004.
[85] Ferro V, Borchiellini R, Giaretto V. Description and application of tunnel simulation model. Aerod-ynamics and ventilation of vehicle tunnels, 1991, London: Elsevier Science Publishers Ltd, 1991. 487-498.
[86] Jacques E. Numerical simulation of complex road tunnels. Aerodynamics and ventilation of vehicle tunnels,1991,467-552.
[87] Riess I,Bettelini M,Brandt R. SPRINT-a design tool for fire ventilation. Tenth international symp-osium on aerodynamics and ventilation of vehicle tunnels. Boston,USA,2000.
[88] Cheng LH, Ueng TH, Liu CW. Simulation of ventilation and fire in the underground facilities. Fire Safety Journal,2001,36(6):597-619.
[89] Jang H,Chen F. On the determination of the aerodynamic coefficients of highway tunnels. Journal of Wind Engineering and Industrial Aerodynamics,2002,89(8):869-96.
[90] Armstrong J . Proceedings of the seminar on installation effects in fan systems, London: Mechanic-al Engineering Press,1993.
[91] Tabarra M. Optimizing jet fan performance in longitudinally ventilated rectangular tunnels. Separated and complex flows,ASME FED,1995,217:35-42.
[92] Karki KC, Patankar SV. CFD model for jet fan ventilation systems. Tenth international symposium on aerodynamics and ventilation of vehicle tunnels. Boston,2000.
[93] 王瑞金,Fluent 技术基础与应用实例．北京:清华大学出版社,2007.
[94] 那艳玲．地铁车站通风与火灾的 CFD 仿真模拟与实验研究:(博士学位论文)．天津:天津大学,2003.
[95] 朱艳峰．高速铁路长大隧道热力效应研究:(博士学位论文)．兰州:兰州交通大学,2010.
[96] 陈文艺．青藏铁路羊八井一号隧道空气污染数值模拟．环境科学与技术,2012,35(8):133-137.